btb

Die »Zwangsehe«, wie Günter Grass sie einmal nannte, wurde offiziell am 1. Januar 1960 geschlossen: An diesem Tag besprach der damals 39-jährige Kritiker Marcel Reich-Ranicki »Die Blechtrommel« des gerade 32-jährigen Autors. Er verriss den Roman. Und so begann das wechselhafte, von Rivalität wie Respekt getragene Verhältnis der beiden herausragenden Protagonisten der deutschen Nachkriegsliteratur. 1958 waren sie sich schon einmal im Warschauer Hotel Bristol begegnet – und hatten beide bereits ein Leben hinter sich: Der eine war bei der Waffen-SS gewesen, der andere Überlebender des Warschauer Ghettos. Doch beide einte ihre große Liebe zur deutschen Literatur und ihr unbedingter Wille, ihr weiteres Leben dieser Literatur zu widmen. Und so lagen über ein halbes Jahrhundert der Auseinandersetzungen, zahlreiche Romane und Verrisse, Liebeserklärungen und Wut vor ihnen. Volker Weidermann erzählt so farbig wie schillernd von der wechselseitigen Abhängigkeit von »MRR« und »GG«, von Streit und Nähe, Empörung und Entspannung. Davon, wie auf den großen Eklat 1995, als Reich-Ranicki auf dem berühmt gewordenen Titelbild des Spiegels »Das weite Feld« von Grass buchstäblich zerreißt, 2003 ein versöhnliches Treffen folgt. Zugleich aber weitet Weidermann seine fulminante Doppelbiografie der beiden Könige der deutschen Nachkriegsliteratur zu einem grandiosen Panorama, in dem sich die Geschichte des 20. Jahrhunderts spiegelt.

Volker Weidermann, geboren 1969 in Darmstadt, studierte Politikwissenschaft und Germanistik in Heidelberg und Berlin. Er war Feuilletonchef der Frankfurter Allgemeinen Sonntagszeitung, ab 2015 Autor beim SPIEGEL und Gastgeber des »Literarischen Quartetts« im ZDF. Seit Herbst 2021 leitet er das Feuilleton der ZEIT. Zuletzt erschien von ihm »Ostende. 1936, Sommer der Freundschaft«, »Träumer. Als die Dichter die Macht übernahmen« und »Das Duell. Die Geschichte von Günther Grass und Marcel Reich-Ranicki«.

Volker Weidermann

Das Duell

Die Geschichte von
Günter Grass und
Marcel Reich-Ranicki

btb

MIX
Papier aus verantwortungsvollen Quellen
FSC® C014496

Penguin Random House Verlagsgruppe FSC® N001967

1. Auflage
Genehmigte Taschenbuchausgabe November 2021
btb Verlag in der Penguin Random House Verlagsgruppe GmbH
Neumarkter Straße 28, 81673 München

Covergestaltung: semper smile, München
nach einem Entwurf von Rudolf Linn, Köln
unter Verwendung eines Motivs von Vorderseite: © Givaga/stock.adobe.com;
Rückseite: © dpa – Fotoreport
Druck und Einband: GGP Media GmbH, Pößneck
MK · Herstellung: sc
Printed in Germany
ISBN 978-3-442-71649-4

www.btb-verlag.de
www.facebook.com/btbverlag

ZWEI LACHENDE ALTE HERREN in Lübeck unter einer niedrigen Holzbalkendecke. »Welch Glanz in meiner Hütte«, hatte der Mann mit dem vollen Haar und der Pfeife in der Hand zur Begrüßung gesagt. Es hatte etwas ironisch geklungen, aber auch herzlich, etwas distanziert und doch melancholisch und bewegt. Der andere, mit der großen Brille und dem Haarkranz um die Glatze, hatte gelacht und »Mein Lieber« gesagt.

Es ist der Sommer des Jahres 2003. Sie kennen sich schon lange, beinahe fünfzig Jahre lang. Als sie sich das erste Mal trafen, 1958 im Grandhotel Bristol in Warschau, hatten sie schon ein ganzes Leben hinter sich. Aber ihre gemeinsame Geschichte, ihr Ruhm, die Romane, die Verrisse, die Liebeserklärungen, die Tränen und die Wut, ihr Leben als untrennbares Paar der deutschen Literatur – das lag alles noch vor ihnen. Der SS-Mann und der Jude. Der Dichter und sein Kritiker. Die beiden Deutschen aus Polen. Verstrickt in eine lebenslange Liebesgeschichte mit der Literatur.

Neun Jahre hatten sie sich jetzt wieder nicht gesehen. Der letzte Angriff des Kritikers war zu viel für den Dichter gewesen. Aber es half ja nichts. »Es gibt Ehen, die werden auf keinem Standesamt besiegelt und auch von keinem Scheidungsrichter getrennt«, hatte der Schriftsteller geschrieben. »Ich werde ihn nicht los, er wird mich nicht los.«

So ist es. Sie wissen es beide. Jetzt stehen sie sich hier in Lübeck gegenüber. Der Schriftsteller Günter Grass und der Literaturkritiker Marcel Reich-Ranicki. »So hängen wir aneinander und tragen uns unsere Zerwürfnisse nach«, wird Grass später über dieses Treffen schreiben. Und bedauernd hinzufügen: »Ich hätte ihn umarmen sollen.« Als Marcel Reich-Ranicki das später liest, wird er ausrufen: »Wissen Sie was? Grass hat recht. Wir hätten einander wirklich umarmen sollen.«

Doch es ist zu spät. Es wird ihr letztes Treffen bleiben.

Peer Gynt in Włocławek

Marcel Reich. 1920–1929

EIN KLEINER JUNGE LEHNT im weißen, kurzen Hosenanzug mit Frotteegürtel, in weißer Strumpfhose und schwarzen Schnallenschühchen an der Rückenlehne eines Jugendstil-Sofas. Die linke Hand auf die goldenen Holzblümchen neben sich gestützt. Etwas pausbäckig, leicht schiefer Pony. Er schaut fragend. Nicht streng, eher ein wenig verwundert. Es ist das Jahr 1922 oder 1923, wir sind in einem Fotoatelier in Włocławek an der Weichsel.

Der andere ist noch viel kleiner. Er liegt auf einem Schafsfell nackt auf dem Bauch, vor sich ein weißes Kätzchen drapiert, das ihn aber nicht zu interessieren scheint. Er wirkt ein wenig beleidigt. Als wenn er gleich weinen möchte. Auf jeden Fall will er wohl nicht auf diesem Fell liegen. Im Hintergrund verschwommene Blumen auf einer Fototapete, sie sehen aus wie Palmen am Strand. Das Bild ist in Danzig-Langfuhr aufgenommen worden, gut 220 Kilometer nördlich von Włocławek und gut vier Jahre nach der Aufnahme des staunenden Jungen mit dem Frotteegürtel.

Bleiben wir also erst einmal bei dem Älteren, dem Frotteeknaben. Er ist ein Muttersöhnchen und ein Nachzügler. Seine beiden Geschwister sind viel größer als er, die Schwester Gerda ist dreizehn, der Bruder Herbert neun Jahre älter. Er heißt Marcel und ist am 2. Juni 1920 auf die Welt gekommen. Seinen Namen hat wahrscheinlich das katholische Dienstmädchen vorgeschlagen, denn der katholische Heiligenkalender gedenkt an jedem 2. Juni des heiligen Marcellus, einem Märtyrer aus der Zeit des römischen Kaisers Diokletian. Dem kleinen Jungen war der Name recht, denn während seine Schwester Gerda aufgrund ihres deutsch klingenden Namens die ganze Schulzeit über gehänselt wurde, kam er mit Marcel eigentlich ganz gut durch.

Włocławek gehörte bis 1918 zu Russland. Inzwischen liegt das Städtchen im Herzen der Zweiten Polnischen Republik. Doch 1920, im Sommer von Marcels Geburt, droht es mit dieser schon wieder zu Ende zu gehen. Sowjetische Armeen sind nach Polen eingedrungen, stehen wenige Kilometer vor Warschau und auch hier, in Włocławek. Marcel Reich ist wenige Monate alt, als er mit seiner Familie zum ersten Mal flieht. Sie fahren mit dem Dampfer die Weichsel hinauf, bis nach Płock, der Geburtsstadt von Marcels Vater.

Hier warten sie ab. Hier hören sie vom »Wunder an der Weichsel«: Die polnische Armee hat die Russen zurückgeschlagen. Im Spätsommer 1920 kehren sie zurück in ihre Stadt an der Weichsel. Die eindrucksvolle Brücke von Włocławek war von der polnischen Armee gesprengt worden und lag nun wie ein riesiges Eisenkrokodil im Wasser.

Eine umkämpfte Stadt. Seit Napoleons Zeiten hatte sie zum russischen Zarenreich gehört, im November 1914 geriet sie nach der Schlacht von Włocławek unter deutsche Besatzung. Alle Verbindungen nach Russland wurden gekappt. Marcels Vater David Reich, Teilhaber einer Firma, die für die Straßenbeleuchtung der Stadt verantwortlich war, stand kurz vor dem Bankrott, weil keiner für die Beleuchtung zahlen wollte. Die Russen nicht, die Deutschen nicht. Nach langem Prozess kam schließlich die deutsche Stadtverwaltung für die Beleuchtung auf.

Aber das Geschäftsglück des Mannes war nur von kurzer Dauer. Nach dem Krieg gründete er eine Baufirma. Leider baute beinahe niemand, und das Geschäft lief schlecht. David Reich, randlose Brille, schmaler Schnurrbart, Rundglatze, war ein musikalischer Mann ohne Geschäftssinn und ohne Durchsetzungskraft. Sein Vater war ein erfolgreicher Kaufmann gewesen, er besaß ein großes Mietshaus und ein kleines Vermögen. Der Sohn durfte in der Schweiz studieren, um auch Kaufmann zu werden, doch er brach sein Studium ab und kehrte zurück nach Hause. 1906 heiratete er Helene Auerbach, Tochter eines armen Rabbiners, die im Grenzgebiet zwischen Schlesien und der Provinz Posen in Deutschland aufgewachsen war und die nichts so sehr liebte wie die deutsche Kultur und Literatur. Hier in Polen, in Włocławek, wohin ihr Mann sie geführt hatte, fühlte sie sich wie in der Verbannung. Sie sprach schlecht Polnisch, stattdessen ein schönes, melodisches Deutsch. Sie war verträumt und entschlossen zugleich. Und sie verachtete ihren Mann. Wenn er Särge produzieren würde, würden die Menschen aufhören zu sterben, klagte sie.

Ihr Geburtstag war der 28. August. Und wann immer in seinem späteren Leben ihr Sohn Marcel ihr gratulierte, fragte sie ihn, wer heute noch Geburtstag habe. Es war ein festes Ritual zwischen den beiden. Für sie war dieses Datum Symbol ihrer Sehnsucht und ihres verfehlten Lebens. Die erwünschte Antwort lautete: »Goethe«. Die Mutter und Goethe. Geburtstagszwillinge.

Włocławek war eine freundliche, etwas verschlafene Stadt. Knapp 40 000 Einwohner, die meisten polnische Katholiken, 9000 Juden und 800 Deutsche. Die Reichs lebten in einer Wohnung in der Piekarska-Straße 4.

Einmal wollte auch der Vater in die Erziehung des kleinen Sohnes eingreifen. Er hatte einen Mann mit langen Schläfenlocken und Kaftan ins Haus geholt, einen orthodoxen Juden, der Marcel Hebräisch beibringen sollte. Die Mutter warf ihn raus. Der Junge sei noch zu klein dafür, behauptete sie. Es blieb David Reichs einziger Versuch, die Erziehung des Sohnes in eine von ihm gewünschte Richtung zu lenken.

Dabei stammte ja eigentlich die Mutter aus einem religiösen Elternhaus. Nicht nur ihr Vater, auch ihr Großvater und die Väter vieler Generationen zuvor waren Rabbiner gewesen. Aber Helene Reich wollte hinaus aus dieser Welt. Sie wollte von Religion grundsätzlich nichts wissen. Es war ihr Protest gegen das rückständige, provinzielle Elternhaus.

Also raus mit dem Rabbiner! Hinein mit dem Jungen in die deutschsprachige evangelische Grundschule. Zu Hause wurde meist polnisch gesprochen. Nur wenn die Eltern wollten, dass die Kinder sie nicht verstehen, sprachen sie deutsch miteinander. Marcels Muttersprache war also Polnisch. Aber er lernte auch das Deutsche schnell. Ein Kinderfräulein brachte ihm das Lesen bei, das Lesen deutscher Bücher. Und als die Mutter mit dem Sohn zur Einschulung ging, durfte sie sich aussuchen, ob sie den Sohn gleich in die zweite Klasse schicken wollte. Das wollte die ehrgeizige Mutter unbedingt.

Und so fühlte sich Marcel Reich sogleich als Außenseiter, weil er auch in der zweiten Klasse der Einzige war, der schon Bücher las und davon gern und stolz berichtete.

Marcel Reich war zu Hause umgeben von Kultur, umgeben vor allem von Musik. Er liebte das Grammofon, liebte die Platten seines Vaters, er hörte Edvard Griegs »Peer Gynt«, Rimksij-Korsakows »Scheherazade«, Opern wie »Aida«, »Tosca«, »Madame Butterfly« von Verdi und Puccini und »Lohengrin« von Richard Wagner. Er lebte in diesen Jahren vor allem in der Musik. Das war die Vater-Welt. David Reich liebte Musik, liebte die Opern, träumte sich fort aus der Geschäftswelt.

Die Mutter lebte in Büchern. Sie bekam regelmäßig deutsche Neuerscheinungen aus Berlin zugeschickt, las sie sofort und stellte sie anschließend in ihren Bücherschrank. Marcel las »Oliver Twist« und »Robinson Crusoe« und versenkte sich mit Leidenschaft in ein mehrbändiges deutsches Konversationslexikon. Regelmäßig kam seine Deutschlehrerin zu Besuch, eine junge Frau aus Deutschland, Laura, die sich die neuesten deutschen Bücher lieh, wenn die Mutter sie ausgelesen hatte. Marcel fiel an der Besucherin vor allem ihr großer Busen auf – und dass sie um die Zeit des Jahreswechsels 1928/29 besonders häufig zu ihnen nach Hause kam, weil sie auf einen neuen Roman mit besonders großer Ungeduld wartete, der in Deutschland Furore machte und umkämpft war wie kaum ein Buch zuvor: Erich Maria Remarques »Im Westen nichts Neues«.

Die Mutter hatte währenddessen andere Sorgen. Die Firma ihres Mannes war bankrott. Da ließ sich nichts mehr beschönigen, nichts mit Musik übertönen, mit Literatur wegfantasieren. An viele Tränen wird sich der Sohn später erinnern – und daran, dass sich die Mutter nicht mehr auf die Straße traute. In der abgeschiedenen polnischen Provinz, unter Menschen, denen sie sich fremd und überlegen fühlte – und jetzt diese Schande. Kein Geld, kein Geschäft und ein jämmerlicher Mann, der keine Kraft, keine Lust, keine Möglichkeiten zu haben schien, sich dem Untergang zu widersetzen.

Helene Reich allerdings auch nicht. Sie war nicht geschäftstüchtiger als ihr Mann. Aber sie hatte Brüder mit Geld und übernahm die Initiative. Es war demütigend, peinlich und unangenehm, aber es musste sein. Vier ihrer fünf Brüder waren Anwälte in Berlin, der Älteste war, wie die Vorväter, Rabbiner geworden. Den Reichsten von allen, Bruder Jacob, bat sie telegrafisch um Geld. Er schickte die gewünschte Summe sofort.

Aber Geld allein würde die Familie Reich in Włocławek an der Weichsel auf Dauer nicht retten. Und Helene erkannte ihre Chance, das Familienunglück in eine Art Glück zu verwandeln. In Polen war für sie alles verloren. Es war Zeit für ihr Traumland, für ihre Traumstadt. Zeit für Deutschland, Zeit für Berlin. Der neunjährige Sohn wurde vorausgeschickt, ganz allein im Zug in das fremde Land. Ein kleiner Peer Gynt, dessen Vater alles verloren hatte und dessen Mutter in Fantasievorstellungen einer besseren Welt lebte. Die Fantasien der Mutter waren auch die Fantasien des Sohnes. Laura mit dem großen Busen und der Liebe zu den deutschen Büchern sagte ihm zum Abschied: »Du fährst, mein Sohn, in das Land der Kultur.«

Marcel wusste, dass sie recht hatte. Und Marcel fuhr.

Peer Gynt in Danzig

Günter Grass. 1927–1939

INZWISCHEN HATTE MAN DEM nackten Bürschchen auf dem Schafsfell in Danzig-Langfuhr längst etwas angezogen. Am 16. Oktober 1927 war Günter Grass in Danzig auf die Welt gekommen. Im Frühjahr 1929, als der neunjährige Marcel Reich im Zug nach Deutschland sitzt, ist er also anderthalb.

Auch seine Mutter heißt Helene, liebt Bücher und nennt ihren Sohn »meinen kleinen Peer Gynt«. Ihre Familie sind Kaschuben, ein »Dazwischenvolk«, nie polnisch genug, nie deutsch genug, ursprünglich aus dem Umland von Danzig, der Kaschubei. Sie sprechen Kaschubisch, ein breites, warmes, baltisch gefärbtes Plattdeutsch. Aber schon die Vorfahren von Helene Grass waren Stadtkaschuben, angepasst an die deutsche Bevölkerung von Danzig. Vater Willy Grass ist Deutscher, Danziger, seit Generationen.

Seit 1920 ist Danzig eine Freie Stadt. Nach der deutschen Niederlage im Ersten Weltkrieg wurde die alte Hafenstadt mit den vielen Giebelhäusern, die seit 1815 zu Preußen gehört hatte, aus dem Deutschen Reich herausgetrennt und in die Freiheit entlassen. Freie Stadt, umgeben von Polen, dem nach wie vor zu Deutschland gehörenden Ostpreußen und der Ostsee. Der Widerstand der zum großen Teil deutschen Bevölkerung gegen den Beschluss des Völkerbundes war enorm gewesen. Frankreich hatte in den Friedensverhandlungen eigentlich durchsetzen wollen, dass Danzig an Polen fiel, um der neuen polnischen Republik den versprochenen freien Zugang zum Meer zu gewährleisten, doch schließlich setzte sich der britische Premierminister David Lloyd George mit seinem Vorschlag durch, Danzig zu einem kleinen übernationalen Modellstaat zwischen ehemals verfeindeten Völkern zu machen.

Die Familie Grass betreibt einen kleinen Kolonialwarenladen in Langfuhr, einem Vorort von Danzig mit kleinen Gassen und spitzgiebeligen Häusern. Willys Vater Friedrich hat eine Tischlerei ein paar Straßen weiter, die Wohnung der Familie Grass, die wie das Geschäft im Erdgeschoss liegt, ist winzig: zwei Zimmer, Außenklo, Außenbad. Günter Grass wird sich zeitlebens vor allem an den »Mief« erinnern, den »Mief« der Kleinbürger, den »Mief« der Enge. Als Helene mit ihm schwanger war, hat ihr ein Freund der Familie, den er Onkel Max nennt, stets von Berlin vorgeschwärmt, den Tiller-Girls, dem Wintergarten, dem Admiralspalast, der großen Welt: »Unbedingt müsst ihr mal in Berlin vorbeischauen. Da ist immer was los!«

Mal vorbeischauen – Berlin ist mehr als 500 Kilometer entfernt. Die Ausflüge der Familie gingen natürlich an die Ostsee, nach Zoppot oder ins Strandbad Brösen gegenüber der Westerplatte. Da sitzt der kleine Günter im Frühjahr 1928 mit der Familie im Sand, prüft mit beiden Händen seine Strandschühchen, hockt zwischen den Beinen der Mutter Helene, gemusterter Strandpulli, Rock, nackte Beine; daneben ihr Mann Willy, mit Fliege, weißem Hemd, Weste, Strümpfen, Schuhen, Zigarette in der rechten Hand, Haar an der Seite rasiert. Neben ihm Günters Großvater Friedrich, der Tischler, großer Schnurrbart, Weste, selbstbewusst im Mittelpunkt, daneben seine Frau Mathilde, die kleine Enkelin im Arm, Tochter der Schwester von Willy; vorne ihr Mann, dunkle Weste, Uhrenkette über die Brust, und eine weitere kleine Tochter, die im Sand buddelt.

Familie Grass an der Ostsee: jovial die Männer, neugierig die Frauen, die kleinen Leute mit sich selbst und dem Sand beschäftigt.

Wie klingt die Welt? Wie macht die Ostsee?

Günter Grass wird später in seinem Gedicht »Kleckerburg« schreiben:

Wer fragt noch wo? Mein Zungenschlag
Ist baltisch tückisch stubenwarm.
Wie macht die Ostsee? – Blubb, pifff, pschsch …
Auf deutsch, auf polnisch: Blubb, pifff, pschsch …

Immer wieder ist er als Kind an der Ostsee, Kleckerburgen bauen, Bernstein suchen, aufs Meer schauen:

hier, wo ich meine ersten Schuhe
zerlief, und als ich sprechen konnte,
das Stottern lernte: Sand, klatschnaß,
zum Kleckern, bis mein Kinder-Gral
sich gotisch türmte und zerfiel.

In der kleinen Wohnung in der Langfuhrer Labesgasse hat er seinen Platz unter einer Fensterbank, wo er seine Kinderschätze hortet. Das ist sein Kinderzimmer, vielleicht zwei Quadratmeter Freiheit. Ihm gehört die rechte Fensternische, seiner Schwester Waltraut, die drei Jahre nach ihm auf die Welt kommt, die linke.

Er ist verliebt in seine Mutter. Sie ist zärtlich, warmherzig, leicht zu Tränen gerührt, sie träumt, raucht, spielt Klavier, liest und liest. Sie ist Mitglied in einer Buchgemeinschaft. Ständig kommen neue Bücher ins Haus, die sie in ihren Bücherschrank stellt. Sie sieht ein wenig bäuerisch aus auf den Fotos, die es von ihr gibt: derb, offen, selbstbewusst. Sie hatte einst drei Brüder, alle hatten Künstler-Träume. Zwei blieben im Krieg, der Jüngste, Alfons, starb 1918 an der Spanischen Grippe, bevor er einrücken konnte. Er wollte Koch werden, hatte seine Ausbildung schon hinter sich, träumte, so schrieb er in seinen Briefen, von einer Koch-Karriere in den Grandhotels der Welt. Der Mittlere, Paul, wollte Maler werden, hatte schon Bühnenbilder entworfen für den »Freischütz«, für »Lohengrin« und den »Fliegenden Holländer«. Der Älteste schließlich, Arthur, Helenes Lieblingsbruder, wollte Dichter werden, Schriftsteller, hatte während seiner Lehrzeit in einer Filiale der Reichsbank schon Gedichte geschrieben, von denen die Danziger Lokalzeitung einige gedruckt hatte. Dann ein Bauchschuss im Krieg und auch seine Träume wurden nicht wahr.

Auf dem Dachboden wird der junge Günter Grass später einen Koffer mit Briefen, Zeichnungen und Gedichten finden. Geschriebene und gemalte Hoffnungen der drei früh gestorbenen Onkel. Für seine Mutter waren die drei nicht wirklich tot. Ihre Träume lebten in ihr fort, und sie hat sie in ihren kleinen Peer Gynt jeden Tag hineingeträufelt.

Helene Grass war, anders als Helene Reich, geschäftstüchtig und lebenspraktisch. Sie war es, die das Geschäft führte, auch offiziell: Geschäftsführung Helene Grass, so stand es im Handelsregister. Ihr Mann Willy dekorierte das Schaufenster, kümmerte sich um Einkäufe beim Grossisten, beschriftete Preisschilder. Günter hasste ihn früh, den Weichling, den Schilderbeschrifter, das Würstchen mit dem Schnurrbart. Dann hasste er ihn nicht mal mehr. Er nahm ihn einfach nicht mehr ernst. Er und seine Mutter – das war ihm die Welt.

Abends rauchte sie Orient-Zigaretten mit Gold-Mundstück, trank Cointreau und spielte Klavier. In den Zigarettenpackungen steckten Gutscheine, die man einschicken und gegen Reproduktionen von Kunstwerken aller Epochen eintauschen konnte. Günter war ein besessener Sammler. Alle Verwandten sammelten Gutscheine für ihn. Die Kunst-Alben, in die man die Werke einkleben konnte, besaß er alle drei. Blau für die Malerei der Gotik und Frührenaissance, rot für die Renaissance, goldgelb für Barock. »Ich lebte in Bildern«, erinnert er sich. Und in den Vorstellungen seines kommenden Ruhms. Er will selbst Künstler werden – und berühmt. Für seine Mutter und für sich.

Der Laden läuft schlecht. Er ist klein, es gibt viel und große Konkurrenz, das neu eröffnete Kaisers-Kaffeegeschäft am anderen Ende der Straße, dazu die hohen Zollgebühren, die man für Einfuhren in die Freie Stadt entrichten muss. Die Sorgen sind groß, die Mutter trägt sie fast allein. Den meisten Danzigern geht es nicht besser. So schreiben viele Kunden ihre Schulden beim Kolonialwarenladen Grass an. Und zahlen sie nicht oder spät zurück. Irgendwann kommt Helene Grass die Idee, das wäre doch eine Aufgabe für ihren

Sohn. Sie schickt ihn los, mit einer Liste der Schuldner und geschuldeten Beträge. Einen Lohn verspricht sie auch: Fünf Prozent der eingetriebenen Summe gehe an ihn.

Und Günter quasselt den Leuten das Geld aus der Tasche. Lässt sich nicht abwimmeln, kommt vorzugsweise freitags, wenn die Leute ihren Lohn bekommen haben, stellt den Fuß in die Tür, wenn sie ihm diese vor der Nase zuschlagen wollen, lässt keine Ausreden gelten. Das läuft so gut, dass die Mutter schon bald Günters Gewinnanteil von fünf auf drei Prozent herabsetzt.

Dennoch hat der Junge mit zehn oder elf mehr Geld in der Tasche als seine Klassenkameraden, die in großen, repräsentativen Wohnungen oder Häusern leben. Er kauft sich Zeichenblöcke, Farbstifte, Bücher, »Brehms Tierleben« zum Beispiel, und geht ins Kino.

Und er liest und liest und liest. Er ist ein komplett in Büchern versunkener Junge. Seine Mutter macht sich eines Tages einen Spaß, indem sie das Marmeladenbrot des lesenden Günter gegen ein Stück Palmolive-Seife austauscht. Vor Publikum. Angeblich, so wird er sich später erinnern, fällt es ihm erst nach einer drei viertel Buchseite auf, in was er da gebissen hat.

Er liest »Oliver Twist«. Er findet Karl May langweilig. Er liest »Onkel Toms Hütte«. »Das Bildnis des Dorian Gray«. »David Copperfield«. »Die drei Musketiere«. »August Weltumsegler«. Mereschkowskis »Leonoardo da Vinci«. Der Vater sagt, in einem matten Versuch, den Buch-Abhängigen zu tadeln: »Vom Lesen ist noch keiner satt geworden.« Hilft nichts. Günter liest Storms »Schimmelreiter«, Falladas »Kleiner Mann, was nun?«, er versinkt vollkommen zwischen den Seiten. Er habe immer schon weranders woanders sein wollen, wird er später schreiben.

Und er erfindet Geschichten, schneidet auf, vor allem der Mutter verspricht er das Blaue vom Himmel. Über ihre und seine Zukunft, seinen kommenden Ruhm, sein Leben als Künstler. Sie hört ihm gerne zu und lässt sich in seine Traumwelt entführen.

In der Schule ist er eher mittel. In Deutsch sehr gut, und in Kunst natürlich, aber in Mathe, Chemie, allen technischen Fächern katastrophal. Er kommt zwar aufs Gymnasium, trägt mit Stolz die Gymnasiastenmütze, aber er ist widerborstig, lässt sich nichts gefallen, auch nicht von den Lehrern. Vom Conradinum, seinem ersten Gymnasium in Langfuhr, fliegt er, weil er sich einem prügelnden Turnlehrer gegenüber »aufsässig und unverschämt frech« gezeigt habe, wie die Eltern schriftlich erfahren. In der nächsten Schule, der Petri-Oberschule in der Danziger Altstadt, trifft er auf einen Musiklehrer mit Fistelstimme, dessen gesungenes »Heideröschen« die Schüler mit jazzartigen Rhythmus-Geräuschen begleiten. Was der nicht komisch findet und den Schüler Günter kräftig schüttelt. Doch da hat er den Falschen geschüttelt: Günter packt den Fistelsänger an seiner Papierkrawatte und zieht so lange daran, bis sie abreißt. Klingt nach Glück für den Musiklehrer. Was wäre wohl passiert, wenn die Krawatte aus widerständigerem Material gewesen wäre?

Der Schüler Günter Grass muss jedenfalls die nächste Schule verlassen. Aber Danzig ist groß, es gibt viele Schulen. Er kommt aufs Gymnasium St. Johann, so lange, bis ihn größere, patriotische Aufgaben von allen Schulpflichten entbinden.

Die Freie Stadt Danzig hat die Möglichkeiten, die in ihrem übernationalen Modellcharakter lagen, nie wirklich für sich nutzen können. Sie war ein Kampfplatz nationaler Interessen, nationalen Misstrauens, und eine Mehrheit der deutschsprachigen Bevölkerung – 95 Prozent der knapp 400 000 Einwohner sprachen deutsch – wartete darauf, dass man sich irgendwann dem großen Heimatland wieder würde anschließen können. Als Joseph Goebbels 1930 zum ersten Mal in seinem Leben in Danzig war, schrieb er überwältigt in sein Tagebuch: »Abends rede ich. Durch Lautsprecher zu 6000 Menschen in den überfüllten Sälen. Es ist am Ende eine unendliche Begeisterung. Man trägt mich durch die Säle. ›Wiederkommen!‹ schreien die Menschen. Ein explosiver Ausbruch von Volksführerschaft. Welch herrliche Bewegung! Sie wird einmal ganz Deutschland mit sich reißen.«

Nach der »Machtübernahme« der Nationalsozialisten in Deutschland entfielen im Juni 1933 bei den Volkstagswahlen in der Freien Stadt Danzig 50,03 Prozent der abgegebenen Stimmen auf die NSDAP. Am 20. Juni wählte der Volkstag daraufhin einen von der NSDAP geführten Senat ins Amt, dem anfangs noch das bürgerliche »Zentrum« angehörte. In der Debatte vor der Wahl hatte der NS-Abgeordnete Hans-Albert Hohnfeld den Abgeordneten der SPD gedroht: »Sie werden die letzten Erklärungen abgegeben haben, verlassen Sie sich darauf!«

Danzig blieb pro forma »frei«, das heißt unabhängig von Deutschland und von Polen. Aber faktisch gab es nun eine enge politische Kooperation zwischen der neuen Regierung in Berlin und der Danziger Stadtregierung. Der Schrecken, den SA und SS unter dem oppositionellen Teil der Bevölkerung und vor allem unter den Juden verbreitete, war hier und dort der gleiche. Vielleicht wollte man es in Danzig sogar noch ein klein wenig besser, deutscher, nationalsozialistischer machen. Man gehörte ja noch nicht wieder ganz dazu.

Günter Grass machte mit bei allem, wo man als kleiner Junge so mitmachen konnte. Im Sommer 1933 war er ja erst fünf Jahre alt. Aber in den Jahren darauf fieberte er mit der »Legion Condor« im Spanischen Bürgerkrieg mit, bejubelte Max Schmeling, den deutschen Medaillensegen bei den Olympischen Spielen in Berlin, später den deutschen Wunderläufer Rudolf Harbig, den Rennfahrer Bernd Rosemeyer. Vater Willy trat 1936 in die NSDAP ein, wohl nicht so sehr aus fanatischer Überzeugung, sondern weil er glaubte, es sei gut fürs Geschäft. Die Mutter wurde stiller, spielte kaum noch Klavier, ihre kaschubischen Verwandten vom Land kamen seltener zu Besuch.

Aber sie, die Familie Grass, fuhr immer mal wieder hinaus zu den halb polnischen, halb deutschen Verwandten aufs Land, Richtung Kokoschken, bei Goldkrug über die Freistaatsgrenze zur Großtante Anna.

Ihr ältester Sohn Joseph holte sie an der Grenze ab. Im Winter mit Pferd und Schlitten. Beschimpft wurde er von den deutschen wie den polnischen Grenzbeamten, die er jeweils in ihrer Landessprache begrüßte. Die Kaschuben – das waren die jeweils anderen. Dabei war Joseph eigentlich der perfekte Repräsentant der übernationalen, freien Stadt Danzig. Vor dem Krieg soll er zwei Fahnen, die polnische und die mit dem Hakenkreuz, aus dem Schrank geholt und gerufen haben: »Wenn Krieg jeht los, staig ich auf Baum und guck, wer kommt zuerst. Und denn hiß ich Fahne, die da oder die …«

Aber noch war es nicht so weit. Noch hissten die Kaschuben gar keine Fahnen. Der Besuch aus Danzig war da, und es wurde gefeiert und gelacht, getrunken, geschlemmt und geweint. Es gab Süßes und Saures, Pilze, Senfgurken, Käsekuchen, Hühnerklein mit Magen, Herz und Leber und dazu Kartoffelschnaps.

Günter schreibt in diesen Jahren seine erste lange Geschichte. Er nennt sie »Die Kaschuben« und lässt sie im 13. Jahrhundert spielen. Von der Geschichte ist nichts geblieben. Der alte Grass wird sich nur erinnern, dass nach dem ersten Kapitel alle Helden tot waren: geköpft, erdrosselt, gepfählt, verkohlt oder gevierteilt. Und niemand mehr da, die toten Helden zu rächen. Er sei ganz froh, dass davon nichts geblieben sei. Wer wisse schon, wie viel von deutscher Blut-und-Boden-Ideologie, wie viel deutscher Rassismus sich in dem Text gefunden hätte.

Mit zehn Jahren wurde er Mitglied beim sogenannten Jungvolk, der Aufbauorganisation der Hitlerjugend. Weihnachten 1937 wünschte er sich die Uniform mit Käppi, Halstuch, Koppel und Schulterriemen. Er war enthusiastisch dabei, selbst wenn ihn die ewige Singerei und das Getrommel anödeten: Zeltlager, Geländespiele in Strandwäldern, Sonnenwend- und Morgenfeiern. Es war ein Hinaus aus der Enge der Wohnung, die er hasste, weg vom Laden und dem Kundengeschwätz, weg vor allem vom Vater und den familiären Zwängen.

Im November 1938 – Günter Grass war gerade elf geworden – schaute er neugierig zu, als auch in Danzig-Langfuhr, in der Michaelistaße, nicht weit vom Labesweg, die Synagoge von einer Bande von SA-Männern geplündert, verwüstet, angezündet wurde. Und er sah der Polizei beim Zuschauen zu.

Mitleid, Ärger, Empörung gar – an nichts davon kann er

sich später erinnern: »Kein Zweifel hat meine Kinderjahre getrübt.«

Und dann endlich: das große Neue. Das Ende der Kindheit. Ende des Friedens.

Der erste Septembertag 1939. Günter ist beinahe zwölf. Er hört in Danzig-Langfuhr die Breitseiten eines Linienschiffes und den Anflug von Sturzkampfflugzeugen über dem Hafenvorort Neufahrwasser, dem der polnische Militärstützpunkt Westerplatte gegenüber liegt. Er steigt auf den Dachboden, zu seinen Büchern, dem Koffer der toten Onkel. Aus der Dachluke schauend, sieht er schwarzen Rauch über dem Freihafen. Zwei Panzerspähwagen fahren zur Polnischen Post, der kleinen Enklave des polnischen Staates am Heveliusplatz. Ein Onkel von Günter – Cousin seiner Mutter, Franz für die Deutschen, Franciszek für die Polen, mit Nachnamen Krause – ist im roten Backsteingebäude und verteidigt die Polnische Post vor den deutschen Angreifern. Hier, in der Freien Stadt Danzig, an der Westerplatte und auf dem Heveliusplatz, beginnt der größte Krieg der Menschengeschichte.

Die Post kann sich nur sehr kurz halten. Die Verteidiger, die noch am Leben sind, werden verhaftet und kurz darauf erschossen. Frantisek Krause ist eines der ersten Opfer des Zweiten Weltkriegs. Eine Gedenktafel an der Backsteinfassade erinnert noch heute an ihn.

Sein Name durfte in der Familie Grass von nun an nicht mehr erwähnt werden.

Im Traumland

Marcel Reich. 1929–1939

NEUN JAHRE ALT, ALLEIN im Zug in ein fremdes Land – und keine Angst dabei. Marcel war imprägniert mit den Traumvorstellungen seiner Mutter und seiner eigenen Fantasie. Er hatte so viel gehört. Nicht nur von der Kultur. Auch von den Zügen, die unter der Erde fuhren, und von den Treppen, die sich von selbst bewegten, und von Bussen mit Sitzen auf dem Dach. Er konnte das Ende der langen Bahnfahrt kaum erwarten. »So dachte ich, vor Erregung fiebernd, an das Wunder, das ich zu erleben hoffte – das Wunder Berlin.«

Es ist spät, als er schließlich am Bahnhof Zoo ankommt. Eine elegante Dame von vierzig Jahren erwartet ihn. Tante Else, die Frau des Bruders seiner Mutter, Onkel Jacob.

Sie nimmt den Knaben in Empfang, und dann geht es in die prunkvolle Wohnung der Familie in der Roonstraße, in unmittelbarer Nähe des Reichstags. Eine Wohnung von kalter Pracht, Marmorsäulen, ein plätschernder Springbrunnen in einem Zimmer, das man den Wintergarten nennt. Die zwei Cousins und die Cousine schlafen schon, Onkel Jacob ist nicht da.

Also sitzt er allein mit der Tante an einem Tisch, der ihm riesig vorkommt; eine junge Frau mit Schürze und Glacéhandschuhen serviert das Abendessen. Der eingeschüchterte Junge antwortet auf die ihm von Tante Else gestellten Fragen kurz und einsilbig. Die Frau mit der Schürze hat dem kleinen Gast ein weiches Ei serviert. Als er fertig gegessen hat, nimmt die Tante die Eierschale, blickt hinein und sagt: »So isst man Eier in Deutschland nicht.«

Willkommen im Traumland. Im Bett, allein, weint Marcel Reich bitterlich. Ist er hier willkommen? Hat ihn seine Mutter angelogen? Hat er etwas falsch verstanden? Zu allem Überfluss hängt über seinem Bett ein Gemälde, das ihm fürchterliche Angst einjagt. Ein bärtiges Wesen mit behaartem Rücken, halb Mensch, halb Fisch, auf einem Felsen inmitten des aufgewühlten, dunklen Meeres. Mit dem Muschelhorn scheint es die Bewohner der bedrohlichen Wasserwelt zu locken, von tief unten herauf zu ihm, zu uns. Vor ihm eine nackte Frau, lasziv auf dem Rücken, dem dunklen Wesen dargeboten, ihre linke Hand liegt am Nacken einer mächtigen Meeresschlange. Arnold Böcklins »Triton und Nereide«. Ein Albtraumbild. Unter ihm: Marcel Reich in seiner ersten Nacht in Deutschland.

Zum Glück fahren sie dann alle erst mal für den Sommer auf die Insel Sylt. Standesgemäß mit vielen Schrankkoffern, sogar die zwei Reitpferde der Familie kommen mit. Auf Sylt lernt Marcel im Spiel mit seinen Cousins dann so flüssig und gut Deutsch, dass er, als ihn nach den Ferien seine inzwischen nach Berlin nachgekommene Mutter auf Polnisch begrüßt, ihr auf Deutsch antwortet.

Er ist angekommen im neuen Land, in der neuen Sprache. Mit der kalten Prachtwohnung allerdings ist es nun, da die Eltern und seine Geschwister da sind, vorbei. Bruder Jacob hat entschieden, dass sie zu ihrem Vater, dem alten Rabbiner Mannheim Auerbach, in seine armselige Wohnung in Charlottenburg ziehen sollen. Sie haben keine Wahl, also ziehen sie zu ihm.

Der Vater hat in Berlin noch weniger Aussicht auf irgendeine Anstellung als in Polen, die Mutter ist zum Geldverdienen nicht geboren. Also sind sie vollkommen abhängig von Helenes Brüdern. Dieses demütigende Gefühl der Abhängigkeit hat Marcel tief geprägt. Niemals in eine solche Abhängigkeit zu geraten, von niemandem, das hat er sich früh als Lebensziel vorgenommen. Und als Zweites: niemals so werden wie sein Vater. So weich, untüchtig, zu schwach, dem Leben zu begegnen.

David Reich geht in Berlin öfter in die Synagoge als in Włocławek. Hier fühlt er sich offenbar ein wenig aufgehoben und zu Hause. Er wünscht sich, dass der Sohn ihn begleitet. Der kommt widerstrebend mit und langweilt sich schrecklich während der Gottesdienste: »Ich konnte nicht begreifen, daß erwachsene Menschen mehr oder weniger stumpfsinnige Texte murmelten und dies auch noch für ein persönliches Gespräch mit Gott hielten.«

Der Respekt für seinen Vater wird durch die gemeinsamen Besuche der Synagoge jedenfalls nicht größer. Es gibt viele Sätze in dem Buch, das Marcel Reich-Ranicki später über sein Leben schrieb, die den Leser schockieren. Ein Satz über seinen Vater ist einer der schockierendsten: »Auch später, als wir im Warschauer Getto lebten, blieb mein gutmütiger, mein gütiger Vater ein Versager.«

Jetzt, hier in Berlin, lebt Marcel mit dem verachteten Vater, der geliebten Mutter, seinen Geschwistern und dem Großvater in der engen Wohnung. Nach den Sommerferien kommt er in die Schule, eine Volksschule in der Witzlebenstraße. Er ist überrascht, was er hier gleich am ersten Schultag erlebt. Ähnlich überrascht wie am ersten Berliner Abend in der Säulenwohnung mit dem deutschen Ei. Ein Mitschüler hat irgendetwas angestellt, der Lehrer, ein Herr Wolf, ruft ihn nach vorne, sagt »Bück dich!«, holt den für solche Fälle in der Ecke lehnenden Rohrstock herbei und versetzt dem Schüler einige kräftige Hiebe.

Marcel ist erschrocken. Über den Vorfall und beinahe noch mehr darüber, dass niemand sonst in der Klasse irgendwie überrascht oder berührt zu sein scheint. Das ist hier offenbar ganz normal. In Polen hat Marcel so etwas nie erlebt.

Auch sonst ist die Volksschule kein Spaß. Er ist ein Ausländer, ein Fremder, trägt andere Kleidung als die Berliner Jungs, versteht ihre Scherze nicht. Er gehört nicht dazu.

Er selbst hat aus seinem frühen Fremdheitsgefühl die Verpflichtung abgeleitet, durch starke Schulleistungen seinen Platz in der Klassengemeinschaft zu erkämpfen. Das klappt auch. Nicht nur in Deutsch, auch in Rechnen ist er der Beste der Klasse. Und schafft schon im nächsten Jahr locker den Sprung aufs Gymnasium. Seine stolze Mutter spendiert ihm zur Belohnung einen Besuch beim Zirkus Sarrasani auf dem Tempelhofer Feld.

Aber auch auf dem Gymnasium bleibt er ein Außenseiter. Woher er denn komme, fragt der Lehrer den Jungen mit dem komischen Akzent. Marcel nennt den Namen seines Geburtsortes, der Lehrer findet ihn lächerlich und bemüht sich, zur großen Heiterkeit aller Mitschüler, den unaussprechlichen Namen aus unaussprechlicher Ferne so witzig wie möglich auszusprechen. »Lutzlawiek«? »Wutzlawazek«? Wahnsinnig komische Scherze auf Kosten eines Außenseiters. Marcel Reich erwidert etwas Freches und bekommt daraufhin vom Lehrer eine Ohrfeige.

Wer weiß, was geschehen wäre, wenn der Lehrer eine Papierkrawatte getragen hätte? Nein, zum Gegenangriff war Marcel Reich nicht der Richtige. Als mittelloses Ausländerkind wohl auch einfach nicht in einer Position der Stärke.

Die wollte er sich weiterhin durch Fleiß erarbeiten. Und jetzt fing die Sache mit dem Lesen so richtig an. Marcel Reich las und las und war, trotz der Fremdheit und den Demütigungen in diesen Jahren, zum ersten Mal in seinem Leben glücklich. Denn er war verliebt. Verliebt in die Literatur.

Er las und las. Edgar Wallace und »Ben Hur«, »Quo Vadis« und »Lederstrumpf«, nur die Bücher von Karl May, die seine Mitschüler lasen, konnte er nicht leiden. Er fand Old Shatterhand einen unerträglichen Angeber. Sein absolutes Lieblingsbuch damals: Erich Kästners »Emil und die Detektive«. Später las er alles, was der Bücherschrank seiner Mutter hergab, Dostojewskis »Dämonen«, Schillers Balladen, Balzac, Hamsun, Stendhal, Flaubert, Shakespeares Dramen. Als er zwölf war, ging er zum ersten Mal ins Deutsche Schauspielhaus am Gendarmenmarkt. Er sah Schillers »Wilhelm Tell« und war nun für die Welt da draußen endgültig verloren. Und für die Welt des Theaters gewonnen. Was immer er sehen konnte, wofür immer er Karten bekam – er sah es sich an.

Und er hatte bald schon das Glück, im Gymnasium auf einen Deutschlehrer zu treffen, der sich seinen Enthusiasmus für die Literatur bewahrt hatte. Er hieß Reinhold Knick, war Marcels Klassenlehrer am Werner-von-Siemens-Gymnasium in Schöneberg und einer »vom Geschlecht jener, die glauben, ohne Literatur und Musik, ohne Kunst und Theater habe das Leben keinen Sinn«, so wird sich Marcel Reich-Ranicki später dankbar an ihn erinnern. Keinem seiner Lehrer verdankte der junge Schüler mehr als diesem.

Vielleicht hat zu der großen Bewunderung, die der junge Schüler für seinen enthusiastischen Lehrer empfand, auch diese kleine Episode beigetragen: Irgendwann nach dem Reichstagsbrand im Februar 1933 kam es auf dem Schulhof »in der Hitze des Gefechts«, wie sich der jüdische Schüler Marcel später erinnert, beim Handballspiel zu einer Auseinandersetzung zwischen einem Schulführer der Hitlerjugend und einem Juden, den der HJler mit »Du Drecksjude!« beschimpfte. Daraufhin hielt Lehrer Knick in der Klasse mit zitternder Stimme eine feierliche Ansprache, in der er seine Schüler darauf hinwies, dass auch Jesus Jude gewesen sei und dass er als Christ solche Vorfälle nicht billigen könne. Knick wurde daraufhin von der HJ-Gebietsführung vorgeladen und von der Gestapo vernommen. Ende des Schuljahres wurde er an eine andere Schule versetzt.

Der Schüler Marcel ließ den Kontakt aber lange nicht abreißen. Lehrer Knick war für ihn die deutsche Klassik, der deutsche Idealismus, die verwirklichte, ideale deutsche Literatur. Knick ermutigte ihn, ihn in seiner Wohnung in Steglitz zu besuchen. Marcel nahm das Angebot gerne an und kam regelmäßig um siebzehn Uhr – stets gut vorbereitet mit einem Zettel, auf dem er Autorennamen und Buchtitel notiert hatte – und berichtete dem Lehrer von seinen Leseeindrücken und Urteilen. Die Zeit war kostbar. Um achtzehn

Uhr klopfte Knicks Frau an der Zimmertür, das Zeichen, dass die Besuchszeit vorüber war.

Es wurde einsam um Marcel Reich. Das alte Gymnasium war geschlossen worden, er vermutete, weil hier besonders viele jüdische Schüler zusammengekommen waren, er wechselte auf das Fichte-Gymnasium in Wilmersdorf. Bei der Anmeldung fragte die Mutter den Direktor ängstlich, ihr Sohn sei Pole und Jude: »Wie wird er an der Schule behandelt werden?« Der Direktor wies die Frage brüsk von sich. Die Befürchtungen seien ihm unbegreiflich, Gerechtigkeit und Gleichheit sei an seiner Schule oberstes Prinzip. Auch Marcel hörte die Ängste der Mutter mit leichter Verwunderung, denn, so hat er es später beschrieben, er hielt sich keinesfalls mehr für einen Polen, »eher für einen Berliner«.

Die Einsamkeit des Schülers kam vor allem daher, dass Juden nunmehr von Schulfeiern, Ausflügen und Sportwettkämpfen ausgeschlossen waren und dass fast alle nichtjüdischen Altersgenossen in dieser Zeit in die HJ eintraten und dort die wesentlichen außerschulischen Erlebnisse sammelten. Da konnte Marcel Reich nicht mitreden, nichts miterleben. Die HJ war für Juden selbstverständlich tabu.

Immerhin, es gibt den Jüdischen Pfadfinderbund. Er tritt bei, dort singen sie die gleichen Lieder wie die Altersgenossen in der HJ – »Görg von Frundsberg führt uns an«, »Wildgänse rauschen durch die Nacht« und »Jenseits des Tales standen ihre Zelte« –, sie machen Fahrten in die Mark Brandenburg, übernachten in Zelten, manchmal gibt es Themenabende, bei denen auch die große Leidenschaft unseres jungen Pfadfinders befriedigt wird: die Literatur. An einem dieser Abende sprechen sie über Theodor Herzl, diesen jüdisch-österreichischen Literaten und Propheten, dessen utopischer Roman

»Altneuland« von 1902 mit der Gründung des Staates Israel im Mai 1948 Wirklichkeit werden sollte. Die kühne Fantasie des assimilierten Juden Herzl imponiert Marcel Reich. Und später wird er über die Folgen dieses Buches staunen: »Der neuzeitliche Staat der Juden – das war erst einmal ein Stück deutscher Literatur.«

Einen Abend des Jüdischen Pfadfinderbunds hat er besonders eindrucksvoll in Erinnerung behalten. Ihr Führer hatte den Versammlungsraum abgedunkelt, hatte sich in den Nebenraum zurückgezogen und kehrte in einem langen Militärmantel aus dem Ersten Weltkrieg zurück, in der Hand eine Taschenlampe und ein dünnes grünweißes Buch. Er las: »Reiten, reiten, reiten, durch den Tag, durch die Nacht, durch den Tag. Reiten, reiten, reiten. Und der Mut ist so müde geworden und die Sehnsucht so groß. Es gibt keine Berge mehr, kaum einen Baum. Nichts wagt aufzustehen. Fremde Hütten hocken durstig an versumpften Brunnen. Nirgends ein Turm. Und immer das gleiche Bild. Man hat zwei Augen zuviel.«

Sie hat Marcel Reich tief beeindruckt und bewegt, diese melodramatische Lesung aus Rainer Maria Rilkes »Die Weise von Liebe und Tod des Cornets Christoph Rilke«. Kurz danach beschloss er, mit fünf Gleichgesinnten einen Literaturzirkel zu gründen. Sie lasen Theaterstücke in verteilten Rollen, Goethes »Iphigenie auf Tauris«, aber letztlich waren Marcel die Pfadfinder, die Natur, die Zelte, die Lieder egal. Er verließ die Pfadfinder und seinen kleinen Rilke-Kreis. Er las für sich. Und versank immer tiefer in seiner Gegenwelt der Bücher.

Das Buch, das Marcel Reich in diesen Jahren zu seinem Lebensbuch erwählt, ist »Tonio Kröger« von Thomas Mann. Er, der in der Schule in Polen nicht recht dazugehört hatte, in der Grundschule in Berlin nicht, in der Familie, die ihn aufnahm, nicht, im ersten Gymnasium nicht und im zweiten auch nicht, sieht sich in dem einsamen, sehnsüchtigen Kaufmannssohn gespiegelt. Tonio Kröger, der Hans Hansen liebt und später die blonde Inge, der die Sorglosen liebt, die blonden Blauäugigen, die Pferdebücher lesen, Sport treiben, eine unproblematische Familiengeschichte haben, kontinuierlich, stabil, gesund, selbstsicher. Während er, Tonio, »Don Carlos« liest, eine problematische Herkunft hat, eine verträumte Mutter von irgendwo. Zigeunerherkunft, liederlich. Der beim Tanzunterricht versehentlich in die Mädchen-Quadrille gerät, weil er wieder mal geträumt hat, und zum Gespött seiner Mitschüler wird. Der fortgeht, allein, und hofft, dass die aus der Ferne Geliebte, dass Inge einfach von selbst zu ihm kommt und sagt: »Komm herein zu uns, sei froh, ich liebe dich.«

Aber sie kommt nicht. Wird niemals kommen. Tonio Kröger bleibt allein, liebt das Leben aus der Ferne und erinnert sich später dennoch voller Wehmut: »Damals lebte sein Herz.« Und noch am Ende wird er seine Liebe zu den Gewöhnlichen, zum Leben, zu den anderen da draußen, gegenüber der klugen, spöttischen Künstlerin Lisaweta verteidigen: »Schelten Sie diese Liebe nicht, Lisaweta, sie ist gut und fruchtbar. Sehnsucht ist darin und schwermütiger Neid und ein klein wenig Verachtung und eine ganze keusche Seligkeit.«

Das war Marcel Reichs Buch. Er verfolgte ängstlich den Lebenslauf des Autors dieses Buches. Er wusste natürlich, dass Thomas Mann mit seiner Familie seit 1933 bei Zürich lebte, kannte die Angriffe der »Wagnerstadt« München und anderer, die in der Folge der »Machtergreifung« der Nazis gegen den Autor der »Buddenbrooks« und »Tonio Krögers« erfolgt waren. Marcel Reich wusste aber auch, dass sich Thomas Mann, im Gegensatz zu vielen anderen deutschen Autoren jener Jahre, bislang nicht eindeutig zu den neuen Machthabern in Deutschland geäußert hatte.

Für Marcel Reich war das mit der Zeit beinahe so etwas wie eine Überlebensfrage geworden. Die Bücherverbrennung im Mai 1933 in Berlin und vielen anderen deutschen Städten sowie die daraufhin veröffentlichten Listen der von den neuen Machthabern »verbotenen Bücher« waren für ihn wie eine Lektüreempfehlungsliste. So lernte er die Bücher von Joseph Roth und Stefan Zweig, Arnold Zweig, Kurt Tucholsky und vielen anderen, die auf der Liste standen, kennen. Trotz Verbots waren die Bücher nach wie vor nicht schwer zu beschaffen.

Und jetzt, wir sind im Februar 1937, wird der bald 17-jährige Marcel Reich in eine geräumige Wohnung in Berlin-Grunewald eingeladen. Sein Schwager Gerhard Böhm, Ehemann von Marcels großer Schwester, hat ihm Bescheid gesagt. Es ist die Wohnung eines Freundes des Schwagers, es sind sieben oder acht Personen eingeladen worden. Der Wohnungsinhaber schaltet das Licht aus, nur eine Stehlampe gibt etwas Licht, Gerhard Böhm sitzt auf einem Sessel, der Gastgeber übergibt ihm ein kleines Päckchen Papier, und der Schwager liest im Schein der schummrigen Stehlampe. Es ist der Brief, den Thomas Mann an den Dekan der Philologischen Fakultät der Universität in Bonn geschrieben hat, jener Universität, die Thomas Mann, nachdem ihm die deutschen Machthaber kurz zuvor die deutsche Staatsbürgerschaft entzogen hatten, die Ehrendoktorwürde aberkannte. Dieser Brief war das eindrucksvolle Zeugnis des Bruchs Thomas Manns mit dem Hitler-Regime. Er kursierte in Deutschland als eingeschmuggelte oder abgeschriebene Kopie.

Der Schwager beginnt vorzulesen, und Marcel zittert. Dieser Brief, die Antwort auf die Frage, was Thomas Mann den deutschen Machthabern mitzuteilen hat, hat für ihn, den jüdischen Außenseiter aus Włocławek, lebenswichtige Bedeutung. »Ich übertreibe nicht«, wird er später diesem Wort hinzufügen. Ob Thomas Mann auf seiner Seite steht, auf der Seite der Juden, der Ausgeschlossenen und womöglich bald schon Ausgestoßenen, das ist für den 16-jährigen Berliner Marcel Reich eine Frage von existenzieller Bedeutung: »lebenswichtig«.

Und Thomas Mann enttäuscht ihn nicht. Der Brief ist ein rhetorisches Meisterwerk. Vor allem aber ist er in seiner Klarheit und Eindeutigkeit nicht zu übertreffen: »Sie haben die unglaubwürdige Kühnheit, sich mit Deutschland zu verwechseln«, schreibt Mann und meint damit die Nationalsozialisten. Er fährt fort: »Wo doch vielleicht der Augenblick nicht mehr fern ist, da dem deutschen Volke das Letzte daran gelegen sein wird, nicht mit ihnen verwechselt zu werden.«

Stille nach dem letzten Satz. Niemand wagt zu sprechen. Marcel Reich verabschiedet sich schnell, er sagt, er habe am nächsten Tag eine Klassenarbeit, er müsse nach Hause. Doch das stimmt nicht. Er will nur allein sein, allein mit seinem Glück. Es ist vor allem ein Gefühl, das ihn an diesem Abend erfüllt: Dankbarkeit.

Er geht nach Hause in die kleine Wohnung in der Güntzelstraße. Allein sein mit seinem Glück und seinen Büchern. Schwager Gerhard ist der Einzige, so wird sich Marcel Reich-Ranicki später erinnern, der sich Sorgen um den manischen Leser macht, Sorgen, dass er zu viel liest und darüber das Leben versäumt. Und dass die Frage, ob sich Thomas Mann endlich gegen die Nazis stellen würde, für ihn zu einer Überlebensfrage werden konnte.

Seine Situation und die seiner Familie im wirklichen Leben waren inzwischen bedrängend und fatal. Der Großvater, der alte Rabbiner, war 1936 gestorben. Es hatte zu Marcels Pflichten gehört, ihm jeden Tag eine Viertelstunde Gesellschaft zu leisten und sich mit ihm zu unterhalten. Sie sprachen über dies und das, nur nicht über Politik.

Der Großvater war seit Jahren blind. Die Familie hatte sich darauf geeinigt, ihm nichts von den neuen politischen Verhältnissen in Deutschland zu erzählen. Er wünschte nur, dass die Folianten seiner Vorfahren mit den hebräischen Schriften vor ihm auf dem Tisch ausgebreitet lagen, damit er sie berühren konnte. Ein bisschen wie in einer Novelle von Stefan Zweig, »Die unsichtbare Sammlung«, in der ein blinder alter Mann jeden Tag über die Blätter seiner Sammlung wertvoller alter Drucke fährt. Doch die Drucke gibt es längst nicht mehr. Die Familie hat sie in Geldnot verkaufen müssen. Der blinde Greis streicht über leere Blätter und wähnt sich reich. Die Folianten des alten blinden Rabbis sind zwar noch da, aber er weiß nicht, dass die Welt, aus der sie hervorgegangen sind, dem Untergang geweiht ist. Kurz davor, für immer zu verschwinden.

Nachdem der Großvater gestorben und auf dem Jüdischen Friedhof in Berlin-Weißensee beerdigt worden war, stellten die reichen Brüder von Marcels Mutter die Zahlungen an die Familie ein. Sie hatten dem Großvater eine regelmäßige finanzielle Unterstützung gezahlt, von der auch die Reichs noch leben konnten. Die fiel nun weg. Die Reichs waren arm.

Sie nahmen eine Untermieterin auf, um wenigstens etwas Geld zu haben. Sie hieß Lotte, war eine sogenannte Arierin mit der Kurzhaarfrisur von Marlene Dietrich und engen schwarzen Samthosen. Sie hat den einsamen, vor Lebenssehnsucht schier platzenden Mitbewohner Marcel erheblich verwirrt und angezogen. Sie sprachen über Literatur und meinten die Liebe. Zumindest der einsame junge Mann: »Die norddeutsche Blondine kam von der Liebe zur Literatur, ich wollte von der Literatur zur Liebe kommen. Wir trafen uns auf halbem Wege.«

Natürlich musste sie bald ausziehen. Als »Arierin« zur Untermiete bei Juden wohnen – das war nun langsam auch den Mutigsten zu mutig. Die Verbote für Juden im öffentlichen Leben nahmen jeden Tag zu. Bänke, Busse, Cafés, Restaurants – die für Juden verbotenen oder nur eingeschränkt zugänglichen Bereiche des öffentlichen Lebens wurden immer größer und umfangreicher. Die Cousins von Marcel wurden inzwischen nach England aufs College geschickt. Er nicht. Seine Eltern hatten kein Geld. Ein »nicht einmal so hoher monatlicher Betrag«, so wird er später in seinen Erinnerungen schreiben, wäre dafür nötig gewesen. Für ihn zahlte keiner. Er blieb.

Es machten sich langsam alle Verwandten, also auch die Eltern der Cousins, für die Emigration bereit. Die Reichs nicht. Es fehlte ihnen an Geld, aber auch an Initiative. Der Vater war inzwischen mit Bruder Alexander wieder nach Warschau gezogen und überließ Mutter und jüngsten Sohn sich selbst. Er wäre ihnen ohnehin keine Hilfe gewesen. Marcel ging weiter zur Schule, studierte täglich die Zeitung, um zu erfahren, welche neuen antijüdischen Maßnahmen die Regierung erlassen haben könnte. Es war keineswegs sicher, dass er jetzt, im Jahr 1938, noch würde Abitur machen können. Obwohl er – er wird das später immer wieder betonen – im Berlin jener Jahre »keine Feindseligkeiten zu ertragen hatte«, waren die Auswirkungen antijüdischer Regierungspolitik doch jeden Tag spürbar.

Aber er machte Abitur. Wollte sich in Deutsch über Georg Büchner prüfen lassen, was als Thema nicht zugelassen wurde. Dafür Gerhart Hauptmann, den Marcel 1937 im Schauspielhaus gesehen hatte, wie er zu Ehren des neuen Regimes den Arm zum »deutschen Gruß« erhoben hatte. Also Hauptmann, kein Problem. Doch der Direktor unterbrach die Prüfung mit der Frage, wie das Verhältnis des Nationalsozialismus zu Gerhart Hauptmann sei. Der jüdische Prüfling antwortete geistesgegenwärtig. Das Dritte Reich schätze es besonders, dass Hauptmann ins Zentrum seines Werkes die soziale Frage gestellt habe. Damit war der Direktor zufrieden, und der Jude Marcel Reich machte im Berlin des Jahres 1938 ein gutes Abitur, auch wenn seine Deutsch-Note – wie man annehmen darf, aus politischen Gründen – von »Sehr gut« auf »Gut« herabgestuft wurde.

Sein letzter Deutschlehrer Carl Beck hatte seinen Musterschüler zu einem Germanistik-Studium ermutigt. So ein Ausnahmeleser, da spiele Politik gar keine Rolle. Beck täuschte sich. Die Bewerbung wurde natürlich abgelehnt. Aber Helene Reich wollte es nicht wahrhaben. So drängte sie ihren Sohn, den Rektor der Berliner Friedrich-Wilhelms-Universität in einem persönlichen Gespräch von sich zu überzeugen.

Der Rektor ließ den Juden tatsächlich kommen. Er war sehr höflich, schämte sich womöglich selbst, dem jungen Mann den wahren Absagegrund zu nennen. Auf einen Mangel an Studienplätzen berief er sich im Gespräch. Ein kleiner amtlicher Vermerk auf dem Antragsformular hat den wahren Grund der Ablehnung bewahrt: »jüd.«

Trotzdem bleibt Marcel. Inzwischen ist auch seine Mutter

dem Vater nach Warschau gefolgt. Aber Marcel ist nun mal Berliner, er muss, er will sich hier durchschlagen. Mit etwas Glück bekommt er eine Ausbildungsstelle bei einer Exportfirma in Charlottenburg, die einem Juden gehört, der aus irgendwelchen Gründen noch nicht enteignet worden ist. Die Ausbildung ist anstrengend und langweilig zugleich. Aber es ist auch nicht für lange.

Im August wird die offizielle »Kennzeichnung« von Juden eingeführt, mit Vermerken in den Ausweisdokumenten und einem zusätzlichen Namen für jeden. Sara für Frauen und Mädchen, Israel für Männer und Jungs. Marcel wohnt inzwischen in einem winzigen möblierten Zimmer in der Spichernstraße in Charlottenburg. Wie würde es weitergehen? Welche Demütigung würde als Nächstes kommen?

28. Oktober 1938, vor 7 Uhr morgens. Ein Polizist weckt Marcel Reich, lässt sich den Pass vorzeigen und präsentiert daraufhin dem Kontrollierten selbst ein Dokument. Marcel Reich werde aus dem Deutschen Reich ausgewiesen. Er solle sich sofort anziehen und mitkommen. Marcel entgegnet, da stehe doch, er habe vierzehn Tage Zeit. Der Polizist erklärt das für Spitzfindigkeiten. Er nehme ihn sofort mit.

Marcel Reich hat kaum Zeit, eine Aktentasche zu packen. Er nimmt ein Reservetaschentuch mit, fünf Mark und den Roman »Die Frau von dreißig Jahren« von Honoré de Balzac. Sonst nichts. Die zwei Männer gehen durch die dunklen Straßen von Berlin bis zum nächsten Polizeirevier. Dort sitzen schon zehn oder zwanzig Männer, Juden, die alle tadellos Deutsch sprechen, aber alle, wie Marcel, einen polnischen Pass haben.

Ahnt er, ahnen sie alle, was ihnen bevorsteht? Sie warten eine Weile, dann geht es mit der »grünen Minna« zum Sophie-Charlotte-Platz zu einer höheren Polizeidienststelle, wo weitere Juden warten.

Erst am Nachmittag, als es schon wieder dämmert, werden sie zu einem Nebengleis am Schlesischen Bahnhof gebracht. Alles verläuft ganz ruhig. Kein Schuss, kein lautes Brüllen. Bitte einsteigen. Wohin der Zug fährt, wird nicht gesagt. Jeder bekommt einen Sitzplatz, es ist kalt, Marcel liest in dem Balzac-Roman, den er schlecht findet. Es geht in Richtung polnischer Grenze.

Kurz vor der Grenze müssen die Passagiere aussteigen und sich in Kolonnen aufstellen. Dann werden sie von deutschen Polizisten brutal in bereitstehende polnische Züge gejagt. Die Waggons sind drängend voll, hinter den Menschen werden die Türen zugeschlagen und plombiert.

Es geht eine kurze Strecke durch die Wälder, durch die Nacht. Dann bleibt der Zug stehen. Nach einigen Stunden öffnen sich die plombierten Türen. Sie sind in Polen.

Insgesamt 18 000 polnische Juden, auch aus vielen anderen deutschen Städten, wurden an diesem Tag aus Deutschland deportiert. Es war die erste von den Behörden organisierte Massendeportation von Juden.

Im kleinen polnischen Grenzort Zbąszyń, wo in der Nacht vom 28. auf den 29. Oktober 1938 die jüdischen Vertriebenen aus Deutschland ankamen, herrschte heilloses Chaos, Hilflosigkeit, Ratlosigkeit. Auch die polnischen Behörden waren von der massenhaften Blitz-Abschiebung total überrascht worden. Polen war in diesen Tagen von deutscher Seite politisch stark unter Druck gesetzt worden. Am 24. Oktober hatte das Deutsche Reich in Geheimgesprächen mit Polen die Übergabe von Danzig und einen exterritorialen Korridor nach Ostpreußen verlangt. Die Lage wurde immer bedrohlicher.

Die Polen ließen die Juden ins Land. Von Zbąszyń durften sich die Abgeschobenen frei bewegen. Aber für die meisten war die Frage: Wohin? Was sollten sie hier? Wovon sollten sie leben? Niemand hatte größeres Gepäck mitnehmen dürfen. Niemand hatte diese nächtliche Reise für möglich gehalten.

Marcel Reich hatte Glück. Sein Bruder, der mit den Eltern in Warschau lebte und inzwischen eine gut gehende Zahnarztpraxis betrieb, war bereit, ihm sofort telegrafisch Geld anzuweisen. Er kaufte eine Fahrkarte und fuhr nach Warschau.

Dort war er fremd. Er war in seinem eigenen Geburtsland im Exil. Er zog beim Bruder und den Eltern ein. Für den Neuankömmling wurde ein Feldbett aufgestellt. Und die Zahnarztpraxis des Bruders ernährte die Familie.

Es war eine elende Zeit. An ein Studium war auch hier nicht zu denken, dafür war kein Geld da. Er gab manchmal Nachhilfeunterricht in Deutsch, ging abends ins Theater, wann immer er es sich leisten konnte. Sein Land, seine Stadt waren drüben, jenseits der Grenze. Für ihn verbotenes Terrain. Sein Vater, als wolle die Geschichte auch ihm noch mal einen besonders bösen Streich spielen, gründete noch im August 1939 voller Hoffnung mal wieder eine Firma. Nein, auch aus ihr ist nichts geworden.

Dann kam der 1. September, die Schüsse auf die Westerplatte, auf die polnische Post, auf Frantisek Krause. Marcel Reich war begeistert. »Die Weltgeschichte erlöst mich«, dachte er. Und als am 3. September England und Frankreich Deutschland den Krieg erklärten, war die Freude in Warschau grenzenlos. Es war herrlich. Es war ein Traum. Die

Niederlage Nazi-Deutschlands würde nicht lange auf sich warten lassen. Der Spuk würde bald vorbei sein.

Marcel schrieb eine Postkarte an Schwester und Schwager, die inzwischen nach London emigriert waren: Es werde gewiss nicht leicht und vielleicht schrecklich werden, aber alle in der Stadt seien guten Mutes, denn die Niederlage Deutschlands sei gewiss.

Die Postkarte ist nie in London angekommen.

Hoffentlich dauert es lange

Günter Grass. 1939–1943

WÄHRENDDESSEN STEHT GÜNTER GRASS an seinem Dachlukenfenster und schaut in den Rauch. Er ist noch nicht dreizehn Jahre alt. Er hofft, dass dieser Krieg lange währen wird, denn er will unbedingt dabei sein. Warum ist er noch so jung?

Günter glaubt sich von feindlichen Mächten umstellt. Er hört als Sondermeldung im Radio die Schreckensnachrichten vom »Bromberger Blutsonntag«: In Bromberg in Pommern, der seit 1920 zu Polen gehörenden Stadt, sollen nur zwei Tage nach dem deutschen Überfall auf Polen zahlreiche Deutsche aus Rache von Polen ermordet worden sein. Von nun an gelten alle Polen nachrichtlich als hinterhältige, verschlagene Meuchelmörder. Günter sieht im Kino regelmäßig die deutsche Wochenschau. Das ist sein Bild von der Welt.

Er streift am Strand umher, sammelt Granatsplitter, begehrte Tauschware unter Kindern. Er tauscht sie gegen Dinge, die ihm doch noch wichtiger sind als Kriegsreliquien: Briefmarken, Zigarettenbilder und zerlesene Bücher. Sven Hedins

»Reise durch die Wüste Gobi« und andere Abenteuerbücher. Noch baut er Kleckerburgen:

Getauft geimpft gefirmt geschult.
Gespielt hab ich mit Bombensplittern.
Und aufgewachsen bin ich zwischen
Dem Heiligen Geist und Hitlers Bild.
Im Ohr verblieben Schiffssirenen,
gekappte Sätze, Schreie gegen Wind,
paar heile Glocken, Mündungsfeuer
und etwas Ostsee: Blubb, pifff, pschsch …

Und wenn er nicht liest, nicht Splitter und Bernstein sammelt, nicht Burgen baut, dann ist er bei Onkel Walther, dem Bruder des Vaters, im Kino. Er ist Filmvorführer im Tobis-Palast und lässt den kleinen Günter in sein »Guckloch« mit hinein – und das auch noch umsonst. Vor allem darf er schon Filme für die Großen sehen, die erst ab vierzehn freigegeben sind. Und so sieht Günter, Schock der Schönheit, eine nackte Frau in einem hölzernen Badezuber in einem Film, der »Das Bad auf der Tenne« heißt.

Marcel Reich hatte, als er etwa so alt war wie Günter Grass jetzt, in Berlin ähnliche Erlebnisse gesammelt. Er hatte zwar keinen Onkel, der Filmvorführer war, aber die Berliner Kinobetreiber saßen meist selbst an der Kasse und hatten kein Interesse daran, weniger Karten zu verkaufen, nur weil sie allzu streng auf die Altersbeschränkungen achteten. So sah Marcel Reich als Vierzehnjähriger den ab achtzehn Jahre freigegebenen Film »Maskerade« mit Paula Wessely. Auch dieses Erlebnis muss herrlich gewesen sein, jedenfalls suchte sich Marcel, der sich für Filme sonst eher mäßig interessierte, seine Filme danach aus, ob sie erst ab achtzehn zugelassen waren. Das schien ihm der zuverlässigste Maßstab zu sein, um sein spezielles Interesse zu befriedigen.

Es war ja alles andere als leicht, sich sexuell zu informieren in dieser Zeit. Marcel Reich-Ranicki berichtete, dass er seine Wissensgrundlagen durch den Beipackzettel einer leeren Kondom-Schachtel, den er gründlich studierte, geschaffen habe. Außerdem durch »Narziß und Goldmund« von Hermann Hesse, »Das Gänsemännchen« von Jakob Wassermann und durch das Deutsche Konversationslexikon, in dem er sich von »Vagina« über »Klitoris« zu »Koitus« und »Orgasmus« sorgsam voranlas. In einem Roman von Émile Zola las er, wie ein Mädchen ihre erste Menstruation erlebt, und in Gustave Flauberts »Madame Bovary« fand er einen Halbsatz, der sich ihm für immer einprägte: »... und in Gedanken entkleidete er sie.«

Günter in Danzig fand auch wichtige Informationen in der Literatur. Am meisten faszinierte ihn in diesen Jahren ein Roman der Schriftstellerin Vicki Baum mit dem Titel »Stud. chem. Helene Willführ«, den er wohl im Bücherschrank seiner Mutter gefunden hatte. Eine Art Skandalbuch, das 1928 erschienen war. Den jungen Leser interessierte vor allem die darin beschriebene Abtreibung. »Selbstvergessen« habe er darin gelesen, berichtete Günter Grass später.

Ansonsten erfuhr er vor allem akustisch, wie diese geheimnisvollen Liebesdinge funktionierten. Die Wohnung im Labesweg war eng, klein – und hellhörig. Und auch wenn ihm nicht mehr zugemutet wurde, im Elternschlafzimmer zu übernachten: Er blieb »Zeuge eines Ehelebens, das sich regelmäßig vom Sonnabend auf den Sonntag vollzog: ›Ich hörte oder meinte zu hören, was ich, wenn auch gedämpft nur, von Kindheit an im Ohr und somit als monströses Ritual im Kopf hatte: ankündigendes Geflüster, Schmatzlaute, das knarrende Bettgestell, die seufzende Roßhaarmatratze, Ächzen, Gestöhn, alle Geräusche, die dem Geschlechtsverkehr eigen und, im Dunkeln erlebt, besonders einprägsam sind.‹«

Krieg und Sex und Langeweile. Leiden unter der Schule, den Lehrern, Leiden unter der miefigen Enge im Labesweg, »Falle der Herkunft«, verhasste, peinliche, armselige Winzigkeit. Die guten Nachrichten, die Hoffnungen lieferte der Krieg.

Sommer 1940 an der Ostsee, Nivea-Creme und Berichte der Helden aus dem Norden. Gerade erst war Frankreich hinweggefegt worden, jetzt kamen aus dem norwegischen Narvik die Siegesberichte der Saison. »Wir lagen im Sand, sonnten uns im Familienbad, wären aber sehnlichst gerne in dem umkämpften Fjord ›hoch oben im Norden‹ dabeigewesen.« Siegen musste herrlich sein. Und so leicht. Federleicht.

Komisch war nur einer der Jungs – mit verkrüppelter linker Hand, für alle Zeiten »marineuntauglich« und somit von seinen Freunden tief bedauert. Er hieß Wolfgang Heinrich, sagte: »Ihr spinnt ja alle«, und berichtete von schweren Verlusten dort oben im Norden. »Ihr habt ja keinen Schimmer von dem, was wirklich da oben im Norden los war.« Stimmt. Hatten sie nicht. Aber sie glaubten. Und woher sollte dieser Wolfgang wohl diese anderen Informationen haben? Egal. Sie ließen sich ihre Siege nicht verderben.

Und fragten nicht nach. Fragten nicht nach, warum der Vater dieses Wolfgang im Herbst verhaftet wurde. Die Mutter daraufhin Selbstmord verübte. Und Wolfgang verschwand.

Fünfzig Jahre später hat Günter Grass diesen Wolfgang Heinrich auf Hiddensee wiedergetroffen. Er erzählte ihm von der Verhaftung seines Vaters, der Mitglied der USPD war und heimlich Feindsender hörte, durch die Gestapo. Vom Selbstmord seiner Mutter aus Verzweiflung. Seiner eigenen Verschickung zur Großmutter aufs Land. Von der Freilassung seines Vaters aus dem KZ Stutthof und seiner Versetzung in ein Strafbataillon nach Russland, wo er im Frontbereich Minen zu räumen hatte und wie durch ein Wunder überlebte. Günter Grass und seine Freunde hatten nicht nachgefragt, nicht gezweifelt, nicht nachgeforscht. Gefangen im geschlossenen Weltbild des Krieges: »... weil ich mich begnügt hatte, nichts oder nur Falsches zu wissen, weil ich mich kindlich dummgestellt, sein Verschwinden stumm hingenommen und so abermals das Wort ›warum‹ vermieden hatte, so daß mir mein Schweigen nun, beim Häuten der Zwiebel, in den Ohren dröhnt.« So schrieb Grass nach dem späten Wiedersehen mit dem Jungen von damals, der seinen Freunden die Wahrheit über die »Siege« von Narvik gesagt hatte.

Von »Stutthof« hatte Günter Grass in diesen Jahren gehört. Als Drohung? Als Ort gerechter Bestrafung? Es war das KZ nur 37 Kilometer östlich von Danzig, das als Lager schon seit dem 2. September 1939 bestand. Ab 1. Oktober 1941 galt es als »Sonderlager« der Danziger Gestapo, ab 29. Januar 1942 offiziell als ein »Konzentrationslager, Stufe I«. Ja, davon war zu hören. Ein Lateinlehrer zum Beispiel, der nebenbei katholischer Priester war, verschwand für Monate, und die Schüler wussten: Der ist in Stutthof. Er hieß Stachnik und ließ sich von seinen Schülern »Monsignore« nennen. Nach Monaten kam er zurück. Niemand hat ihn gefragt, wo er war und warum. Auch der Schüler Günter nicht, der sonst alles fragte und als vorlaut und respektlos galt. Viele Jahr später, als er schon weltberühmt ist, wird er den alten Lateinlehrer im »Butt« auftreten lassen. Das schlechte Gewissen tief in ihm verankert.

Später – wahrscheinlich im Herbst 1943, als er sich, endlich 16 Jahre alt, als Luftwaffenhelfer freiwillig gemeldet hatte und von den Ausbildern gedrillt wurde – traf er auf einen Kameraden, der keine Waffe tragen wollte. Gab ihm der Ausbilder eine in die Hand, ließ er sie fallen. Egal, welche Strafe man sich für ihn ausdachte, es war ihm egal. Er fasste keine Waffe an. »Wir tun so was nicht«, sagte er beharrlich. Als »Wirtunsowasnicht« hat ihn Grass in »Beim Häuten der Zwiebel«, seinem späten Erinnerungsbuch, beschrieben. Seine Kameraden wurden mit ihm bestraft. Es half nichts. Seine Kameraden und er hätten sich zugeflüstert, der sei »schon lange reif fürs KZ«.

Eines Tage wurde sein Spind ausgeräumt, und er war weg, »abkommandiert«, hieß es. Sie wussten alle, wohin. Da sei er »gut aufgehoben«, meinten sie. Und dort werde man ihn »schon kleinkriegen«.

Beinahe siebzig Jahre später porträtiert Günter Grass das 16-jährige Selbst so: »... sehe ich mich, wenn nicht froh, dann erleichtert, seitdem der Junge verschwunden war. Der Anflug von Zweifel an allem, was sich als Glaube felsenfest gab, flaute ab. Und die Windstille in meinem Kopf wird wohl keinen Gedanken erlaubt haben, flügge zu werden. Nur Stumpfsinn machte sich in mir breit. Zufrieden bin ich mit mir und satt. Ein Selbstbild aus diesen Tagen gäbe mich gut ernährt wieder.«

Die einzige Opposition, die sich Günter Grass in diesen Jahren des Krieges erlaubt und die ihm eine Idee einer anderen Welt vermittelt, die ihn weit über die Kriegszeit hinaus tragen wird, ist die Kunst. Das Betrachten von Kunstwerken und das selber Malen. Seine rauchende Mutter hat ihm Zigarettenpäckchen für Zigarettenpäckchen und Bildchen für Bildchen die Grundlage dafür geschaffen. Aber dann hat er auf der Schule das ungeheure Glück, auf eine andere, mutige Frau zu treffen: Lilly Kröhnert, seine Kunstlehrerin an der Petrioberschule 1942, 1943, 25 Jahre alt, ausgebildete Bildhauerin, ihr Mann an der Front, sie nach Danzig zwangsverpflichtet. Die anderen Jungs in der Klasse sind an Zeichnen, Kunst, Bildhauerei nicht interessiert. Sie interessieren Stalingrad, Waffengattungen, Frontverläufe und der Zeitpunkt ihrer Einberufung. Nur Günter Grass ist interessiert, saugt ihr Wissen förmlich ein, hat selbst ganz offensichtlich Zeichentalent.

Lilly Kröhnert lädt ihn ein zu sich an die Ostsee nach Zoppot. Auf dem Tisch Ausstellungskataloge aus den Zwanzigerjahren. Verbotene Kunst. Verbotene Bilder. Werke von Kirchner, Beckmann, Barlach, Picasso, Nolde, Heckel. Sie sprechen über die Bilder, die Maler. Die Lehrerin riskiert einiges. Woher weiß sie, dass der Junge das niemandem verraten wird? Sie vertraut ihm. Seine Liebe zur Kunst, zu dieser Kunst, genügt ihr.

Und Günter Grass weiß seit diesem Nachmittag in Zoppot, was er werden will. Künstler. Bildhauer. Grafiker. Maler. Und berühmt. Wie er es seiner Mutter versprochen hat. Er wird von diesem Traum nicht mehr ablassen.

Aber Zweifel lösen diese Bilder, die die deutsche Regierung verboten hat, diese Künstler, die um ihr Leben fürchten mussten, die das Land verlassen mussten, das der Sechzehnjährige mit seinem Leben verteidigen will, nicht in ihm aus. Zweifel an Hitler, Zweifel an Deutschland, Zweifel an der Richtigkeit seines Weltbilds aus der Wochenschau kommen ihm nicht.

Bevor er mit dieser Künstlersache beginnen kann, hat er daher noch anderes vor. Raus aus der Schule. Zu den Panzern. In den Krieg. Gebraucht werden. Nützlich sein. Und erwachsen. Vor allem raus aus der muffigen Zwei-Zimmer-Eltern-Hölle. Raus aus dem friedlichen, giebeligen, für immer unzerstörbaren Danzig. Hinein in den deutschen Krieg.

Der Übersetzer

Marcel Reich. 1939–1943

DIE EUPHORIE IN WARSCHAU nach Beginn des Krieges währte nicht lange. Als am 7. September ein Oberst des Polnischen Generalstabs im Rundfunk mitteilte, dass die deutschen Panzer sich der polnischen Hauptstadt näherten und allen waffenfähigen Männern geraten werde, die Stadt in Richtung Osten zu verlassen, brach blanke Panik aus. Zwar hieß es kurz darauf, natürlich müsse die Stadt verteidigt werden, aber es war zu spät. Chaotische Zustände auf den Straßen, Angst und Schrecken. Aber wie sollte man hier jetzt noch rauskommen?

Marcel und seinem Bruder bot sich völlig unverhofft die Gelegenheit, zusammen mit Verwandten in einem gemieteten Lastwagen nach Osten zu fahren. Und sie fuhren. Es war ja klar, dass die Deutschen niemals ganz Polen besetzen würden; und jenseits der östlichen Grenze war Hitlers Erzfeind, Stalins Sowjetunion. Im Osten also würde es sicher sein. Die Eltern ließen sie zurück. Alten Menschen wird man nichts tun, waren sich die Brüder sicher.

Weiter, immer weiter nach Osten fuhren sie. Wo immer sie

hinkamen – die deutschen Flieger waren schon da gewesen. Sie sahen zerstörte Dörfer, Leichen, brennende Häuser, sie passierten die menschenleere Stadt Siedlce. Schließlich endete ihre Fahrt in einem öden Landstrich im heutigen Weißrussland, den »Pripjetsümpfen«. Hier schienen sie zwar sicher, aber mit hellem Entsetzen musste Marcel Reich feststellen, dass es im damaligen Polen Orte gab, in denen die Menschen ohne Bücher lebten. Auf der Suche nach irgendeinem Buch fragte er die Bewohner nach einer Bibel. Nein, hätten sie nicht, auch kein Gebetbuch, nie gehabt. Wozu auch? Sie könnten ja mal beim Pfarrer nachfragen, meinten die Dorfbewohner.

Marcel hatte Glück, dass ein achtzehnjähriges Mädchen mit zu ihrem kleinen Flüchtlingstrupp gehörte, mit dem er über Theodor Storm reden und das er küssen konnte – bis er, wie er sich später erinnert, beim Blick in den Himmel wieder Flugzeuge sah. Sie flogen hoch über ihnen, aber merkwürdig war es doch. Sie sahen auch anders aus als die deutschen. Waren es russische Flugzeuge? Was wollten die hier? Was war los? Kämpfte die Sowjetunion schon an polnischer Seite? Wurde Deutschland schon vernichtend zurückgeschlagen? Es war nichts zu erfahren in den Sümpfen.

Das Warschauer Lkw-Trüppchen fuhr langsam zurück, von Dorf zu Dorf in Richtung Westen. Niemand wusste etwas. Bis sie auf einige polnische Soldaten trafen. Die berichteten von der Kapitulation. Nein, nicht Deutschlands, sondern Polens. Hitler und Stalin seien ein Herz und eine Seele. Sie hätten Polen unter sich aufgeteilt.

Sie fahren zurück in die Stadt, die sie nur wenige Tage zuvor verlassen hatten. Warschau ist ein Trümmerfeld. Die Brüder eilen voran, durch die zerstörten Häuser, die rauchenden Trümmer, weiter bis zu ihrer Straße, dem Haus, das sie in Panik verlassen hatten. Es steht noch, nur teilweise zerstört, die Wohnung unter der ihren liegt in Schutt und Asche. Sie klopfen, keiner antwortet. Schließlich ein Schlurfen, ängstliches Öffnen der Tür: »Vor uns standen zwei, wie uns schien, sehr alte Menschen, die uns in der Dunkelheit nicht erkannten und denen offenbar der Schreck die Sprache verschlagen hatte – meine Mutter und mein Vater.«

Stumme Eltern, zwei Söhne, eine zerstörte Stadt. Es ist schlimm. Und wird von nun an Tag für Tag schlimmer werden. Die deutschen Soldaten wüten in der Stadt, Juden sind für sie Freiwild, die sie beliebig schlagen, demütigen, berauben dürfen. Am 1. Dezember wird eine Kennzeichnungspflicht eingeführt. Jeder Jude über zehn Jahre muss von nun an eine weiße Binde mit blauem Davidstern tragen. Die Gekennzeichneten sind vogelfrei.

Aber selbst in ihren Wohnungen sind sie nicht sicher. Schon im Oktober werden die Reichs zum ersten Mal von deutschen Soldaten in ihrer Wohnung heimgesucht. Mit gezogenen Waffen verlangen sie vom Zahnarzt Gold und von der Mutter Schmuck. Die Reichs übergeben, was sie haben, nach drei Minuten sind die Soldaten wieder weg. Helene Reich ist empört, ist sicher, dass es sich um ein Missverständnis gehandelt hat, das die verlässlichen deutschen Behörden aufklären werden. Und so macht sie sich auf zur deutschen Kommandantur, um sich zu beschweren und ihren Schmuck und ihren Ehering zurückzufordern. Ihr Sohn Marcel begleitet sie.

Sie kommen nicht weit. Ein leutseliger Wachtposten empfiehlt ihnen dringend, das Weite zu suchen.

Für den neunzehnjährigen Marcel ergab sich aus den

neuen Machtverhältnissen aber auch eine Chance für eine sinnvolle, zumindest irgendwie fordernde Beschäftigung. Die deutschen Machthaber hatten eine Judenzählung befohlen. Die Jüdische Kultusgemeinde, die bald in »Jüdischer Ältestenrat« und schließlich in »Judenrat« umbenannt wurde, war damit beauftragt und stellte Marcel Reich als Übersetzer ein. Zunächst für zwei Wochen. Doch Marcel blieb und wurde aufgrund seiner glänzenden Deutschkenntnisse bald schon Leiter des »Übersetzungs- und Korrespondentenbüros« des Judenrates. »Ich wurde zum ersten Mal in meinem Leben gebraucht«, erinnert er sich.

Aber der Schrecken für die Familie wächst von Tag zu Tag. Im November wieder deutsche Soldaten an der Tür: Sie brauchen Arbeitskräfte. Nehmen Marcel und seinen Bruder mit, draußen warten schon dreißig oder vierzig weitere Juden. Sie marschieren durch die Stadt, sollen singen. Sie singen polnische, dann jiddische Lieder, schließlich befehlen die Soldaten ihnen zu brüllen: »Wir sind jüdische Schweine. Wir sind dreckige Juden. Wir sind Untermenschen.« Sie müssen dann in einem als Kaserne genutzten Studentenwohnheim ein riesiges Schwimmbad reinigen. Wer nicht schnell genug arbeite, werde mit einem Fußtritt ins Becken befördert.

Die Willkür und Demütigungen sowie die unverhofft und selten gewährte Möglichkeit deutscher Freundlichkeit waren von nun an fester Bestandteil des Alltags der Juden von Warschau. Im folgenden Jahr begannen die Behörden mit der Umsiedlung der Juden in ein gekennzeichnetes Wohngebiet. Zum Schutz der Juden vor Ausschreitungen und Übergriffen, hieß es zunächst, dann zum Schutz der Deutschen vor Seuchen und Krankheiten. Eine drei Meter hohe Mauer wurde um das Wohngebiet errichtet, und am 16. November 1940 wurden alle Eingänge des Bezirks geschlossen und von Soldaten der SS überwacht. Das Warschauer Getto. Ein Stadtviertel als Gefängnis.

Auch die Reichs hatten umziehen müssen. Das Leben war grauenvoll, aber im Vergleich zu anderen ging es ihnen nicht schlecht. Zahnärzte wurden gebraucht – und auch Marcel hatte einen Beruf, der ihm ein Gehalt sicherte. Als Chef des Übersetzerbüros war er außerdem über alle neuen Verordnungen und Ereignisse früh unterrichtet. Auch über die Schrecken des Alltags im Getto. Denn auch Zeugnisse und Berichte von Übergriffen, von besonders brutalen und willkürlichen Maßnahmen der SS landeten oft bei dem Übersetzer Marcel Reich.

Dass jederzeit noch Ungeheuerlicheres geschehen konnte, wusste er so gut wie wenige andere jüdische Bewohner des Gettos. Seine Gier nach Neuigkeiten, die ihn in seinem späteren Leben jedes Gespräch mit der beharrlich geäußerten Frage »Was gibt es Neues?« beginnen ließ – die habe in diesen Getto-Tagen ihren Ursprung gehabt, schreibt er. Damals sei es eine Überlebensfrage gewesen.

Im Leben des jungen Marcel Reich hatte sich in diesem Jahr 1940 noch eine Neuigkeit ereignet. Eine gute Neuigkeit an einem weiteren schrecklichen Tag. Eine Frau und ihre Tochter waren am 21. Januar kurz aus dem Haus gegangen, um ein paar Besorgungen zu machen. Der Mann und Vater war für die Zeit allein zu Hause geblieben. Er hatte in letzter Zeit kaum noch davon gesprochen, sich umzubringen. Wahrscheinlich hatte er sich an die neue Situation gewöhnt. Er war Mitinhaber einer florierenden Textilfabrik in Łódź gewesen. Bis der Krieg begann. Da wurde die Fabrik plötzlich von einem Treuhänder verwaltet, der ihm den Zugang zu seiner eigenen Fabrik untersagte. Am Tag darauf wurde er von einem deutschen Soldaten auf der Hauptstraße von Łódź geohrfeigt. Warum? Einfach so.

Er ging nach Hause und sagte, ihm bliebe nichts anderes, als sich umzubringen. Aber er tat es nicht. Die Familie floh nach Warschau. Die Tochter, die gerade Abitur gemacht hatte, sollte eigentlich in Paris Kunstgeschichte studieren. Da wurde jetzt nichts draus.

Als Mutter und Tochter von ihrem Einkauf zurück nach Hause kommen, finden sie Pawel Langnas, den Vater und Ehemann. Er hat sich an seinem Hosengürtel erhängt.

Helene Reich sieht aufgeregte Nachbarn auf dem Hof, sie ruft Marcel zu sich, was da wohl los sei. Da klingelt es auch schon an der Tür. Der Arzt, der Arzt solle kommen, Herr Langnas habe sich aufgehängt. In der Not hatten die Menschen ihre Hoffnung auf den Zahnarzt Alexander Reich gerichtet. Doch der war gar nicht da.

Nein, ein Arzt war nicht in der Wohnung. Aber sein kleiner Bruder. Dessen Mutter überlegt nicht lange: »Geh sofort dahin, der Langnas hat doch eine Tochter, ihrer muss man sich jetzt annehmen.« Und sie fügt hinzu: »Kümmere dich um das Mädchen!«

Marcel kümmert sich. Teofila heißt sie, alle nennen sie nur Tosia. Eigentlich hat sie ein lustiges Kasperlgesicht, mit Zahnlücke und neugierigen dunklen Augen. Jetzt steht sie hier in der Wohnung, in der sie eben versucht hat, ihren Vater vom Gürtel loszuschneiden, aber es ist ihr nicht gelungen. Sie hat Tränen in den Augen, Marcel, neben ihr, hilflos, überfordert, den Auftrag der Mutter im Kopf, streichelt ihr den Kopf, küsst ihre Tränen.

Am nächsten Tag wird Pawel Langnas beerdigt. Es ist noch die Zeit, in der Juden beerdigt werden. Marcel Reich begleitet Tosia, am offenen Grab stehen sie nebeneinander: »Wir empfanden es schon als selbstverständlich, daß wir an diesem düsteren, diesem regnerischen Tag im Januar 1940 zusammen waren. Und wir blieben zusammen.«

Tosia hat ihm dann im Sommer des nächsten Jahres, zu seinem 21. Geburtstag, ein Geschenk gemacht. »Nie habe ich eins bekommen, auf das mehr Mühe verwendet wurde – und mehr Liebe.« Es war »Die lyrische Hausapotheke« von Erich Kästner, Tosia hatte die Gedichte abgeschrieben und Aquarelle dazu gemalt und gebunden. Gedichte von Erich Kästner, dessen »Emil und die Detektive« der kleine Marcel in Berlin so geliebt hatte. Auflage: ein Stück. Nur für ihn. Sie lasen gemeinsam. Die wehmütige »Sachliche Romanze«:

Als sie einander acht Jahre kannten
(und man darf sagen: sie kannten sich gut)
Kam ihre Liebe plötzlich abhanden.
Wie andern Leuten ein Stock oder Hut.

Oder »Apropos Einsamkeit«:

Man kann mitunter scheußlich einsam sein!
Da hilft es nichts, den Kragen hochzuschlagen
Und vor Geschäften zu sich selbst zu sagen:
Der Hut da drin ist hübsch, nur etwas klein …
…
Da spürt man, wie es wäre: Klein zu sein.
So klein wie nagelneue Kinder sind!

Dann schließt man beide Augen und wird blind.
Und liegt allein …

»Das Land, wo die Kanonen blühn«:

Dort reift die Freiheit nicht. Dort bleibt sie grün.
Was man auch baut – es wurden stets Kasernen.
Kennst Du das Land, wo die Kanonen blühn?
Du kennst es nicht? Du wirst es kennenlernen!

»Das Wiegenlied«:

Vergiß den Mond! Schlaf ein, mein Kind!
Und laß die Sterne scheinen.
Vergiß auch mich! Vergiß den Wind!
Nun gute Nacht! Schlaf ein, mein Kind!
Und, bitte, laß das Weinen …

So lasen sie und lasen. Sie versuchte ihn für polnische Lyrik zu begeistern, er sie für die deutsche Literatur. Einmal lasen sie Stefan Zweigs »Sternstunden der Menschheit«, darin auch den melodramatisch-lyrischen Bericht »Heroischer Augenblick«, der vom Todesurteil gegen und der Begnadigung von Fjodor Dostojewski erzählt:

Seine Stimme schneidet hell und klar
In die harrende Stille:
Der Zar
Hat in der Gnade seines heiligen Willens
Das Urteil kassiert,
Das in mildere Strafe verwandelt wird.

Doch ihre große gemeinsame Leidenschaft war die Musik. »Unsere Gier nach Musik«, hat es Marcel Reich-Ranicki später genannt. Beethoven, Mozart – es gab viele fantastische Konzerte im Getto unter der Leitung Simon Pullmanns. 1890 in Warschau geboren, hatte er am Konservatorium in St. Petersburg Violine studiert, vor dem Krieg vorrangig in Wien gespielt, im Sommer 1939 seine Familie in Warschau besucht und war nicht rechtzeitig herausgekommen. »Es läßt sich kaum vorstellen, mit welcher Hingabe damals geprobt, mit welcher Begeisterung musiziert wurde.« Besonders oft und besonders gut spielten sie Beethovens Streichquartett opus 59, Nr. 3, C-Dur. Als man Marcel Reich-Ranicki viele, viele Jahre später, in einer anderen Welt, in einem anderen Zeitalter, fragte, was er sich für eine Musik für seine Fernsehsendung »Das Literarische Quartett« wünsche, nannte er die ersten Takte des Allegro molto aus diesem Stück – und schrieb später dazu: »Wann immer ich beim ›Literarischen Quartett‹ diese Takte von Beethoven höre, denke ich an die Musiker, die sie im Getto gespielt haben. Sie wurden alle vergast.«

Damals im Warschauer Getto hat der gierige Musikhörer auch seine ersten Kritiken geschrieben, regelmäßige Konzertkritiken für die zweimal wöchentlich in polnischer Sprache erscheinende »Gazeta Żydowska«. Als man ihn fragte, ob er dort als Kritiker anfangen wolle, zögerte er, »denn ich hatte ja nie im Leben Kritiken publiziert. Ich hatte Angst.« Aber er schrieb. Und er war begeistert und – Getto hin oder her – auch streng. Sein Pseudonym: Wiktor Hart.

»Daß ich aber erfahrene und zu einem guten Teil längst anerkannte Künstler öffentlich beurteilte«, schrieb er später, »wenn auch mit Gewissensbissen – das war schon ein starkes Stück, genauer: eine Frechheit. Ich wußte es, ich tat es dennoch. Wenn ich heute meine damaligen Artikel lese, schäme ich mich.«

Irgendwann im Frühjahr 1942 wurden die öffentlichen Konzerte verboten. Marcel Reich organisierte daraufhin im Hauptgebäude des Judenrates Privatkonzerte. Außerdem trafen sich jüngere Leute regelmäßig zu Schallplattenkonzerten am Grammofon. »Mir will es scheinen, daß in unserem Leben Musik niemals eine derartige Rolle gespielt hat wie in jener düsteren Zeit.«

In diesen Wochen hörte man im Getto auch zum ersten Mal Gerüchte, dass die Deutschen irgendwo in Polen Autoabgase in kleine Räume leiteten, um damit Juden zu ermorden. Ja, es war ein vollkommen unglaubliches, absurdes Gerücht. Aber mit jedem weiteren Tag, den das Getto währte, wurden unglaubhafte Geschichten glaubhafter. In der Nacht vom 17. auf den 18. April waren 53 Juden, die auf irgendeiner Liste standen, aus ihren Wohnungen geholt und sofort in unmittelbarer Nähe erschossen worden. Sie galten als potenzielle Anführer eines Aufstands. »Das Getto erstarrte vor Schrecken.«

Dann kam der Sommer. Der 22. Juli. Das Wetter ist herrlich. Unter den Bewohnern des Gettos hat die Angst in den letzten zwei Tagen noch zugenommen. Auffallend viele Juden waren auf offener Straße erschossen, Mitglieder des Judenrates, der als eine Art Regierung, als Interessenvertretung der Juden und Ansprechpartner für die Machthaber fungierte, waren als Geiseln genommen worden. Es schien etwas bevorzustehen. Etwas noch Schrecklicheres als der schreckliche Alltag.

Vor dem Hauptgebäude des Judenrates fahren einige Fahrzeuge vor und zwei Lastwagen, aus denen Soldaten steigen. Das Haus wird umstellt. Etwa 15 SS-Männer entsteigen den

Wagen. Sie betreten das Gebäude, das Zimmer des Obmannes des Judenrates, Adam Czerniaków. Im ganzen Gebäude wird es schlagartig still.

Czerniaków ruft den Leiter seines Übersetzungsbüros zu sich. Marcel Reich denkt, jetzt werde auch er als Geisel verhaftet. Aber er nimmt zur Sicherheit Block und zwei Bleistifte mit, wie er es immer tat, wenn er zum Chef zum Diktat gerufen wurde. Auf den Korridoren stark bewaffnete Posten, das Büro Czerniaków steht offen, er selbst steht hinter seinem Schreibtisch, umgeben von einigen Offizieren der SS. Als er seinen Übersetzer sieht, wendet er sich an einen wohlbeleibten, glatzköpfigen SS-Mann, der neben ihm steht: »Das ist mein bester Korrespondent, mein bester Übersetzer.« Es ist Hermann Höfle, dem der junge Marcel Reich da so lobend vorgestellt wird. Leiter der »Hauptabteilung Reinhard« beim SS- und Polizeiführer. Im Allgemeinen gab man der Abteilung einen einprägsameren Namen: Ausrottungskommando.

Ob er denn stenografieren könne, fragt Höfle den Übersetzer. Nein, könne er nicht, gibt Reich zurück. Aber ob er schnell genug Schreibmaschine schreiben könne, um die nun folgende Sitzung zu protokollieren? »Ja.«

Sie sitzen sich dann gegenüber an einem langen Tisch. Auf der einen Seite die SS, auf der anderen Seite die Juden. Höfle diktiert. Und Marcel Reich schreibt mit.

Er hat sich später, als er schon längst Marcel Reich-Ranicki hieß, sehr genau an diesen sonnigen Nachmittag erinnert. An das offene Fenster zur Sonne hinaus, die SS-Männer, die draußen warteten, sich die Zeit vertrieben und offenbar ein Grammofon im Wagen dabeihatten, mit dem sie Walzer von Johann Strauß hörten.

Das Diktat, das nun beginnt, ist sein eigenes Todesurteil. Es ist das Todesurteil für seine Eltern, für seinen Bruder, für Tosias Mutter, für Tosia, es ist das Todesurteil der SS für die Juden von Warschau. Von Marcel Reich eilig getippt.

Wobei: Das stimmt nicht ganz. Denn er schreibt auch, dass einige Personengruppen von der Verurteilung ausgenommen sein sollen. Und zwar alle arbeitsfähigen Juden, alle Juden, die bei deutschen Behörden beschäftigt sind oder die zum Personal des Judenrates gehören – und auch deren Ehefrauen und Kinder. Ja, sie sind von der Verurteilung ausgeschlossen, doch dass das Todesurteil zu einem späteren Zeitpunkt auch für sie gelten würde, daran kann für niemanden ein Zweifel bestehen. Ausgeschlossen vom Kreis der Verurteilten sind sie bestenfalls »vorerst«.

Aber auch vom Tod ist in dem Protokoll eigentlich gar nicht die Rede. Nur für den Fall der Widersetzung gegen die Maßnahmen wird mit stoischer Wiederholungskraft der Refrain »... wird erschossen« angefügt. Und für den Fall, dass der Judenrat nicht für eine tadellose Durchführung des Befehls sorge, zeigt Höfle durch das offene Fenster zu einem Kinderspielplatz vor dem Haus: »Andernfalls werdet ihr alle aufgeknüpft, dort drüben.«

Die Sitzung hat er mit den Worten eröffnet: »Am heutigen Tag beginnt die Umsiedlung der Juden aus Warschau. Es ist Euch bekannt, daß es hier zu viele Juden gibt.« Und auch im weiteren Verlauf des Protokolls ist nur von »Umsiedlung« die Rede und vom »Osten«. Und davon, dass die »Umsiedler« nur fünfzehn Kilo Gepäck mitnehmen dürfen, dabei aber bitte »sämtliche Wertsachen, Geld, Schmuck, Gold usw.«. Die Umsiedlung müsse unverzüglich beginnen. Noch am selben Tag, dem 22. Juli 1942, habe der Judenrat dafür zu sorgen, dass sich 6000 Juden an einem Platz in der Nähe einer Bahnlinie einfinden, dem sogenannten Umschlagplatz. Von dort gehe es dann in diesen »Osten«. 6000 Juden, jeden Tag.

Irgendwann ist das Diktat vorbei. Die SS verlässt das Haus, und die Juden bleiben zurück.

Die Stille verwandelt sich in Lärm und Tumult. Panik, Entsetzen, Schreie – und Marcel Reich am Tisch hat den Auftrag zu erfüllen, den Befehl in Auszügen ins Polnische zu übersetzen, damit er noch am selben Tag im ganzen Getto plakatiert werden kann.

Er diktiert nun seinerseits den polnischen Text einer selbstbewussten, schönen Frau, die auch im Judenrat arbeitet. Sie lebt allein mit ihren zwei Söhnen. Sie heißt Gustawa Jarecka, ist eine polnische Schriftstellerin, hat schon vor dem Krieg sozialkritische Romane mit einigem Erfolg veröffentlicht – und sie ist viel erwachsener, selbstbewusster als Tosia. Marcel schrieb später über sie: »Unbewußt fand ich bei ihr jenen Beistand, den meine Mutter mir nicht mehr bieten konnte – und Tosia noch nicht.« Einmal habe er ihr seine Hand auf ihre Schulter gelegt, woraufhin Gustawa mit sanfter Entschiedenheit gesagt habe: »Laß das.« Und rasch hinzufügte: »Lassen *wir* das.« Er habe schließlich Tosia, und dabei solle es bleiben.

Jetzt, beim Diktieren, gibt es eine Stelle, an der sie den Übersetzer kurz unterbricht und, ohne von der Maschine aufzusehen, sagt: »Du solltest Tosia noch heute heiraten.« Es ist die Passage, in der verkündet wird, dass auch die Ehefrauen der Angestellten des Judenrates vorerst von der »Umsiedlung« ausgenommen sind.

Sofort nach dem Diktat schickt Marcel Reich einen Boten zu Tosia und bittet sie, augenblicklich zu kommen und ihr Geburtszeugnis mitzubringen. Er selbst geht hinunter ins Erdgeschoss, wo, wie er weiß, ein Theologe arbeitet, der berechtigt ist, die Pflichten eines Rabbiners zu übernehmen. Der ist sogleich bereit. Tosia kommt, durch die Panik auf den Straßen ziemlich aufgeregt, und Marcel informiert sie über seinen Plan. Sie ist nur mäßig überrascht, und in Windeseile und aller Sachlichkeit wird die Blitzheirat vollzogen. Ob er seine Braut geküsst hat, daran kann Marcel Reich sich in den Jahren danach nicht mehr erinnern. Aber welches Gefühl sie beide beherrscht hat, bei ihrer Hochzeit, das hat er nie vergessen: Angst.

Adam Czerniaków, der nach dem Willen der SS der Henker der Juden von Warschau werden sollte, hat sich am nächsten Tag das Leben genommen. In seinem Abschiedsbrief schreibt er: »Ich habe beschlossen abzutreten. Betrachtet dies nicht als einen Akt der Feigheit oder eine Flucht. Ich bin machtlos, mir bricht das Herz vor Trauer und Mitleid, länger kann ich das nicht ertragen.«

Hermann Höfle hat die Deportation der Juden aus Warschau in die Gaskammern von Treblinka vom 22. Juli bis September 1942 organisiert und überwacht. Er war 1911 in Salzburg geboren worden und hatte vor dem Krieg im Salzburger Wasserwerk und als Taxifahrer gearbeitet. Nach dem Ende des Krieges wurde er in Kärnten von Engländern gefangen genommen und nach zwei Jahren Internierungslager im August 1947 der österreichischen Justiz übergeben. Schon am 30. Oktober 1947 wurde er entlassen und arbeitete wieder als Automechaniker in Salzburg. 1948 beantragte Polen seine Auslieferung, er floh nach Italien, wo er unter falschem Namen bis 1951 lebte. Dann kehrte er nach Österreich zurück und zog kurz danach nach Deutschland, wo er kurzzeitig als

Informant des Abwehrdienstes der US-Armee, CIC, eingesetzt wurde. Zehn Jahre später, 1961, wurde er erneut in Salzburg festgenommen. Am 2. Januar 1962 bat das Amtsgericht Hamburg Marcel Reich-Ranicki, als Zeuge im Prozess gegen Hermann Höfle auszusagen. Der Prozess fand nicht statt, da sich Höfle am 21. August 1962 in seiner Gefängniszelle in Wien erhängte.

Im Jahr 2000 gab der britische Geheimdienst bislang unter Verschluss gehaltene Unterlagen frei, darunter auch einen von den Briten abgefangenen Funkspruch Höfles, den dieser am 11. Januar 1943 an Adolf Eichmann gesendet hatte. Er schien den Briten damals rätselhaft und wenig ergiebig, enthielt er doch lediglich eine Liste von Zahlen, die zusammen eine Summe von 1274166 ergaben. Erst nach Freigabe des Funkspruchs ist ihre Bedeutung erfasst worden. Die übermittelte Summe stellt die Zahl der bis zum 31. Dezember 1942 in den Vernichtungslagern des Generalgouvernements getöteten Juden dar.

Eine Zahl in einem Funkspruch. 1274166. Für die Bewohner des Gettos nur die eine Frage: Wie konnte es gelingen, nicht Teil dieser Zahl zu werden? Die Zahl der »Umgesiedelten« nicht um sich selbst zu erhöhen. Was diese »Umsiedlung« bedeutete, war langsam jedem klar. Die Leute vom Judenrat, die die Züge am Umschlagplatz abfahren sahen, berichteten bald, dass jeder Zug nach spätestens fünf Stunden wieder da war. Leer. Die Züge fuhren zu einem Bahnhof, der zu Treblinka gehörte. Dort stiegen die Gefangenen um, in einen Zug, der auf einem Nebengleis weitere fünf Kilometer durch ein Waldstück fuhr. Am Ziel der Reise war kein Arbeitslager, überhaupt kein Lager, nur ein Gebäude mit drei Gaskammern.

Natürlich war man im Getto keinesfalls sicher, nur weil man im Judenrat arbeitete oder weil man verheiratet war mit einem Mitarbeiter des Judenrates. Es gab keine Sicherheit. Bald schon fanden auch im Gebäude des Judenrates spontane Selektionen statt. Die Mitarbeiter hatten sich im Hof zu versammeln. Ein gelangweilter SS-Mann mit Reitpeitsche ließ die Juden an sich vorbeimarschieren und entschied bei jedem Einzelnen, ob er nach rechts oder nach links zu gehen habe. Eine Seite bedeutete Tod. Die andere das Leben. Es schien so, dass er auf die Todesseite die schlecht gekleideten, schlecht rasierten Bewohner schickte. Auf die Seite des Lebens, so schien die Regel, kamen die Adretten, Ansehnlichen, Gepflegten. Marcel Reich-Ranicki hat später oft erzählt, dass er sich damals für den Rest seines Lebens angewöhnt hatte, sich zweimal am Tag zu rasieren. Aber natürlich war auch Rasieren kein Lebensgarant. Oft ließ sich der SS-Mann mit der Peitsche von einer Laune leiten und schickte, nur weil es ihm gefiel, eine Gruppe junger, adretter Leute in den Tod.

Schon im August war Tosias Mutter zum Umschlagplatz geschickt worden. Als Helene Reich hörte, dass Tosia nun ganz allein war, sagte sie: »Du bleibst jetzt bei uns.«

Doch dies »uns« währte nicht lang. Am 5. September erging eine neue Verordnung, nach der sich sämtliche Juden des Gettos in der Nähe des Umschlagplatzes zu versammeln hätten. Zur »Registrierung«, hieß es. Mitzubringen seien Lebensmittel für zwei Tage, die Wohnungen seien unverschlossen zu hinterlassen. Niemand war im Zweifel darüber, was das zu bedeuten hatte. Am Versammlungsort wurden »Lebensnummern« verteilt, an insgesamt 35 000 Juden. Das waren nur noch zehn Prozent der Juden, die zu Beginn der

Umsiedlung am 22. Juli im Getto gelebt hatten. Marcel und Tosia bekamen je eine Nummer. Die anderen zwei von jenem »uns« bekamen keine mehr: »Meine Eltern hatten schon ihres Alters wegen – meine Mutter war 58 Jahre alt, mein Vater 62 – keine Chance, eine ›Lebensnummer‹ zu bekommen, und es fehlte ihnen Kraft und Lust, sich irgendwo zu verbergen. Ich sagte ihnen, wo sie sich anstellen mußten. Mein Vater blickte mich ratlos an, meine Mutter erstaunlich ruhig. Sie war sorgfältig gekleidet: Sie trug einen hellen Regenmantel, den sie aus Berlin mitgebracht hatte. Ich wußte, daß ich sie zum letzten Mal sah. Und so sehe ich sie immer noch: meinen hilflosen Vater und meine Mutter in dem schönen Trenchcoat aus einem Warenhaus unweit der Berliner Gedächtniskirche. Die letzten Worte, die Tosia von meiner Mutter gehört hat, lauten: ›Kümmere dich um Marcel.‹«

Sie sind dann zurückgegangen, ohne Marcels Eltern, in Richtung ihrer alten Wohnung. Aber sie erreichten sie nicht mehr. Die SS hatte während der »großen Selektion« die Grenzen des Gettos neu gesteckt. Ihre alte Wohnung lag nun außerhalb des jüdischen Wohnbezirks. Aus der Ferne sahen sie Lastwagen der SS-Formation »Werterfassung«. Darum waren die abgeholten Juden angewiesen worden, ihre Wohnung nicht zu verschließen. Das machte es der SS leichter, die von ihren Bewohnern verlassenen Wohnungen leer zu räumen.

Marcel und Tosia wurden in die Mila-Staße geführt, jene Straße nahe des Umschlagplatzes, die später das Zentrum des Getto-Aufstandes werden würde. Dem jungen Ehepaar wurde hier eine kleine Wohnung zugeteilt. Ein Zimmer, Küche, winziger Waschraum. Die Betten waren nicht gemacht, der Küchentisch nicht abgeräumt, zwei halb volle Gläser Tee, ein angebissenes Stück Brot, das Licht im Waschraum brannte. »Die Kleider, die Möbel, die beiden Sofakissen und der Teppich – das alles schien noch zu atmen.«

Marcel Reich-Ranicki erinnert sich später, sie hätten keine Skrupel gehabt, keine inneren Widerstände überwinden müssen. Es war so. Sie waren abgestumpft. Sie waren kurzfristig verschont geblieben. Aber auch ihr eigener Tod würde nicht mehr lang auf sich warten lassen. Es war alles nur noch eine Frage der Zeit.

Natürlich hatten sie von Juden gehört, die irgendwie aus dem Getto geflohen waren. Von einem Überlebenden hatte man noch nichts gehört. Wer draußen, jenseits der Getto-Mauern, einen Juden sah, von einem Juden wusste und ihn nicht sogleich anzeigte, dem drohte die Todesstrafe. Es gab keine langfristige Lebensmöglichkeit. Nicht hier drin. Nicht dort draußen.

Noch hatte Marcel Reich seine Arbeit. Normalerweise begleitete Tosia ihn zur Arbeit, er hatte sie dort untergebracht, sie war mit kleinen grafischen Arbeiten beschäftigt, fertigte Schilder und Aufschriften an.

»Da geschah es« – so beginnt diese Episode in Reich-Ranickis Erinnerungen. »Da geschah es«, dass ihr Mann einmal ohne sie zur Arbeit gegangen war. Sie würde später nachkommen. Aber sie kam nicht. Und schließlich wurde Marcel Reich benachrichtigt. Sie sei am Umschlagplatz. Wo immer noch die Züge abfuhren.

Er eilte zum Platz, traf auf einen Kommandanten der jüdischen Miliz, den er kannte, der seinen Eltern noch einen Laib Brot mit auf die Fahrt gegeben hatte. An diesem Tag, so beschreibt es Marcel Reich-Ranicki, waren keine SS-Männer am Platz. Er konnte den Kommandanten überzeugen, Tosia freizulassen. Aber wie sie dorthin geraten war, was sie dort, am Umschlagplatz, erlebt hatte, konnte oder wollte sie nicht erzählen. »Ich habe es nie erfahren«, so Reich-Ranicki. Aber er wusste: »Wer, zum Tode verurteilt, den Zug zur Gaskammer aus nächster Nähe gesehen hat, der bleibt ein Gezeichneter, ein Leben lang.«

Bald schon war es für sie beide gemeinsam so weit. 18. Januar 1943. Kurz nach sechs wurden sie von Lärm auf der Straße geweckt. Hunderte oder Tausende Juden hatten sich auf der Straße versammelt. Laute Kommandos waren zu hören: Wer sich nicht sofort auf der Straße einfinde, werde erschossen. Zahlreiche Gendarmen bewachten die Versammelten, alle zehn, fünfzehn Meter ein Soldat mit schussbereitem Gewehr. Es dauerte nicht lange, bis die Juden in Marsch gesetzt wurden. Und jeder und jede wusste, wohin es ging. Zum Umschlagplatz. Die Mila-Straße war nicht weit davon entfernt. Und heute – so viel war klar – würde es von dort kein Entkommen mehr geben.

So gingen sie inmitten all der anderen. Gustawa Jarecka mit ihren zwei Söhnen lief in unmittelbarer Nähe mit. »Denk an die Dostojewski-Anekdote«, flüsterte Marcel seiner Frau ins Ohr. Die Sternstunde der Menschheit von Stefan Zweig, die Rettung des russischen Dichters in letzter Sekunde, die Begnadigung in der Sekunde der Vollstreckung seines Todesurteils – Marcel Reich hoffte, dass dieses Stück Literatur (das Stefan Zweig übrigens zum Teil frei erfunden hatte) seiner Frau Kraft und Zuversicht geben würde in diesem vollkommen zuversichtslosen Moment. Er hoffte, dass, für den Fall, dass sie beide getrennt würden, diese Anekdote von Zweig ihr die Kraft geben würde, nicht aufzugeben. Weiter zu hoffen und nach Auswegen zu suchen bis zum Schluss.

Offenbar hatten sich die beiden für den Fall, den sie ja täglich erwartet hatten und der nun eingetreten war, keinen Plan zurechtgelegt. Es gab da nichts zu planen. Und sie sahen jetzt: Auf alle, die aus der Kolonne ausscherten, wurde sofort geschossen. Aber es war der letzte Moment, die letzte Möglichkeit, dem sicheren Tod zu entkommen. Die zwei waren entschlossen, Marcel gab Gustawa ein Zeichen, dass sie ausbrechen werden und sie ihnen folgen solle. »Sie nickte.«

Wann war der Moment? Schon will er fliehen. Dann zögert er wieder. Da entscheidet Tosia und zerrt ihn aus der Reihe. Sie rennen in das Tor eines zerstörten Hauses. Vom Tor aus springen sie in einen Keller, der wiederum mit anderen Kellern verbunden ist. So erreichen sie schließlich einen letzten, weit von der Mila-Straße entfernten Keller. Hier ist es vollkommen still. Gustawa Jarecka und ihre Söhne sind ihnen nicht gefolgt.

Tosia und Marcel verlassen am Abend ihren Keller und verbergen sich in einem unbenutzten Haus des Judenrates, zusammen mit einigen Freunden, wie er schreibt. Hier gibt es nur einen Eingang, den verbarrikadieren sie mit alten Büchern der Jüdischen Gemeinde Warschaus, die hier gelagert sind. »Die Bücher haben uns das Leben gerettet.«

Der weitere Abtransport von Juden wurde in den nächsten Tagen kurzfristig unterbrochen, da sich Ungeheures ereignet hatte. Einige Juden, die der neu gegründeten »Jüdischen Kampforganisation« angehörten, hatten bewaffneten Widerstand geleistet. Das schuf eine neue Situation, auf die sich die SS erst noch einstellen musste. Marcel Reich und Tosia gehörten der Organisation nicht an. Aber an einer Aktion waren sie dann doch beteiligt.

Eines Abends saßen sie in einem Keller der Mila-Straße

mit zwei Freunden zusammen, beklagten ihre hoffnungslose Lage, und Marcel nannte es einen Skandal, dass der Judenrat immer noch regelmäßig Zahlungen an die Deutschen leistete. Und fügte nicht ganz ernst gemeint hinzu, man müsse die Kasse einfach überfallen. Einer der Freunde war Mitglied des Kampfbundes und horchte auf. Wie – überfallen? Und sie fassten einen Plan.

Marcel Reich lieferte ein Modell der Kasse, Informationen zum Zugang zum Kassenraum, über die Türschlösser. Er sprach mit dem Kassierer und erfuhr, wann die nächste Zahlung an die Deutschen geleistet werden sollte. Er entwendete Briefpapier des Judenrates, und Tosia fälschte die Unterschrift des Obmanns.

In der Nacht vom 30. auf den 31. Januar weckten einige Mitglieder des Kampfbundes, verkleidet als jüdische Milizionäre, den Kassierer. Überreichten ihm ein angebliches Schreiben des Obmanns, das ihn aufforderte, sofort zu kommen und den Kassenschlüssel mitzubringen. Die Deutschen forderten gerade jetzt eine größere Summe.

100 000 Złoty wurden in dieser Nacht erbeutet. Der Kampfbund wollte den Großteil der Summe für den Kauf von Waffen verwenden. Jeweils 5000 Złoty erhielten Marcel und Tosia Reich als Anerkennung und Dank für ihre Idee und Hilfe.

Mit diesem Geld wollten die zwei die Flucht aus dem Getto wagen. Es war Wahnsinn. Draußen, so wussten sie, hatte man nur eine Chance, wenn man erstens nicht auf den ersten Blick als Jude zu erkennen war. Das traf auf Marcel Reich, wie er selbst wusste, schon mal nicht zu. Er sah einfach aus wie der typische jüdische Intellektuelle jener Zeit – oder wie man ihn sich gemeinhin vorstellte. Zweitens brauchte man

Freunde dort draußen. Hatten die beiden auch nicht. Und drittens: Geld. Gut, davon hatten sie jetzt etwas. Drinnen im Getto lag die Chance zu sterben bei 100 Prozent, draußen bei 99 Prozent, hat Reich-Ranicki die einfache Rechnung später beschrieben. Die Entscheidung war leicht.

Sie handelten mit einem jüdischen Milizionär, der für sie die Flucht organisieren und die polnischen und deutschen Grenzposten bestechen sollte, eine Summe aus. Der Plan war, zwischen siebzehn und achtzehn Uhr, wenn die jüdischen Arbeiter, die außerhalb des Gettos arbeiteten, zurückkehrten und von den Grenzposten ausgiebig kontrolliert wurden, das Getto zu verlassen. Die bestochenen Grenzposten würden nichts unternehmen.

Der Grenzbereich war hell mit Scheinwerfern ausgeleuchtet, und der jüdische Milizionär hatte das Geld an die Grenzposten offenbar nicht weitergegeben – jedenfalls rief er Marcel und Tosia in dem Moment, in dem die Grenzposten den beiden den Rücken zuwandten, zu: »Jetzt geht geradeaus, schnell!« Und sie gingen.

Nach kaum mehr als zwanzig Schritten waren sie draußen. Draußen aus dem Getto. Es war der 3. Februar 1943.

Das doppelte S

Günter Grass. 1943–1945

WANN ENDLICH WIRD ES ERNST? Ernst für ihn, für seine Kameraden, für seine Stadt? Wie lange noch soll er Heldenberichte in der Wochenschau schauen, ohne selbst ein Held sein zu können? Am Ende ging die ganze Sache vorbei, und man selbst war ohne Chance, sich auszuzeichnen. Denn auch in der Heldenschau wurde bei genauem Hinhören deutlich, dass es nicht mehr so gut lief für sein Land. Dass Fronten »bereinigt« oder »begradigt« wurden, dass sich die deutschen Truppen neu aufstellen mussten, die großen Siege irgendwie ausblieben.

Günter Grass war, zusammen mit den anderen Jungen seines Jahrgangs, seit Herbst 1943 Luftwaffenhelfer, Angehöriger der »Batterie Kaiserhafen«. Die Schule war damit für den Fünfzehnjährigen praktisch vorbei. Zwar kamen am Anfang die Lehrer noch den Sandweg hinaus aus der Stadt zur Batterie, wo die Jungs gedrillt wurden, doch da der Unterricht häufig von Gefechtsübungen unterbrochen wurde, kamen sie bald nicht mehr. Endlich fort von zu Hause, wenn auch nur ein paar Kilometer, endlich Schluss mit der Schule, endlich ernst genommen werden in diesen ernsten Zeiten.

Aber lange war der Luftwaffenhelfer Günter Grass mit seiner Rolle im Krieg nicht zufrieden. Ihre »Achtkommaacht-Geschütze« kamen einfach zu selten zum Einsatz, nur zwei- oder dreimal in der Nacht, wenn Feindbomber in der Ferne gesichtet wurden. »Feierlich schön sah das aus« – so beschreibt er die Angriffe in seiner Autobiografie aus dem Jahr 2006. Aber Großangriffe wie auf Berlin, Köln, Hamburg – davon blieb man hier verschont.

Friedensstadt Danzig. Günter Grass war hier falsch. Einmal, nahe der Schichau-Werft, waren auf dem Fuchswall zwei Häuser getroffen worden, Grass vermerkt »wenige Tote«. Stolz waren Günter Grass und seine Kameraden immerhin, als ein viermotoriger Lancasterbomber abgeschossen worden war. Leider wurde der Erfolg nicht seiner, sondern der am Südrand der Stadt gelegenen Batterie Zigankenberg zugesprochen. Ärgerlich. Aber: »Die, wie es hieß, ziemlich verkohlten Besatzungsmitglieder sollen Kanadier gewesen sein.«

Irgendwann macht sich Günter Grass in seiner, wie er findet, schicken Luftwaffenhelfer-Uniform mit dem Zug auf nach Gotenhafen. Hier werden Marinerekruten zu U-Boot-Fahrern gedrillt. Unterwasserkrieg. Das ist sein Bild von sich als Held im Krieg.

Er findet die Meldestelle, wartet geduldig. Ein Stabsfeldwebel und ein Obermaat erwarten ihn hinter einem Schreibtisch. Sie wollen ihn nicht. »Zu jung«, sagt der eine. »Dein Jahrgang ist noch nicht reif«, der andere. Er komme schon noch dran, keine Sorge. Zur Übereile bestehe kein Grund.

Günter Grass bleibt beharrlich. Ausnahme unmöglich? Er müsse, er wolle. Die Herren entgegnen, freiwillige U-Boot-

Rekruten würden zurzeit ohnehin nicht genommen, egal welches Alter sie haben. Aber der Krieg werde ja nicht nur unter Wasser geführt. Man merke ihn vor. Für neu aufgestellte Panzerdivisionen gebe es, sobald der Jahrgang 27 eingezogen werde, gewiss Möglichkeiten für ihn, den Übereifrigen. »Nur keine Ungeduld Jungchen, euch holt man noch früh genug …«

Offenbar, so wird Günter Grass in seinen späten Erinnerungen mutmaßen, habe er einfach nicht lockergelassen. Ja, gut, Panzer sei natürlich auch in Ordnung, auf welches Gerät er sich wohl einstellen könne, ob er im »Tiger« zum Einsatz komme? Und habe dann noch so lange mit seinem Waffenwissen geprahlt, bis der Feldwebel und der Obermaat ihm schließlich in Aussicht stellen, seine Bewerbung an entsprechender Stelle zum entsprechenden Zeitpunkt zu befürworten. Aber vorher müsse er ja ohnehin noch zum Arbeitsdienst. Der bleibe auch Kriegsfreiwilligen nicht erspart. Spöttisch bis mitleidig hätten die beiden Herren ihn schließlich verabschiedet.

Es war Frühsommer. Mai 1944. Endlich der nächste Schritt ins Heldenleben. Der angekündigte Arbeitsdienst. In der Nähe von Leipzig.

Es begann mit einer enormen Verschlechterung. Die schicken Uniformen der Luftwaffenhelfer mussten gegen die kackbraunen Klamotten des Arbeitsdienstes getauscht werden, auf dem Kopf ein zerbeulter Filzhut, »Arsch mit Griff« genannt. Helden sahen anders aus.

Zweifel – das ist wohl das Wort, das Günter Grass in seinem Erinnerungsbuch, wenn er sich in diese Zeit zurückdenkt, am häufigsten gebraucht. »Ich verpaßte die Gelegenheit, in erster Lektion das Zweifeln zu lernen.« So viele

Momente, in denen er sich rückblickend wundert, dass ihn kein Zweifel anfiel. Zweifel fehlte. Zweifel war nicht vorgesehen. Und Zweifel wird er später eine Romanfigur nennen, deren Vorbild jetzt, etwas früher im Jahr, das Warschauer Getto verlassen hat, um irgendwo da draußen zu überleben.

Dem jungen Mann ohne Zweifel wird im Arbeitsdienst gleich ein sehr ziviler Auftrag erteilt, bei dem er seiner in den Hintergrund gerückten Zweitleidenschaft, der Kunst, nachgehen kann. Er soll die Wände des Kantinenraums für Ausbilder und Mannschaft mit naturnahen Motiven bemalen. Und so begibt sich Günter Grass zu Anschauungszwecken mit Aquarellkasten, Wasserflasche und Pelikanblock in den Wald. Wolken, Teiche, Birken, Eichen, Findlinge. Grass in der Natur. »Nicht frei von Furcht«, wie er schreibt. Der junge Mann, der unbedingt in den U-Boot- oder sonst irgendeinen Krieg ziehen will, hat im friedlichen Wald bei Leipzig Angst, dass »hinter kugeligem Wacholdergebüsch« womöglich ein bewaffneter Partisan auf der Lauer liege.

Nach drei Monaten war auch der Arbeitsdienst vorbei. Und immer noch kein Krieg für Grass. Wieder zurück ins Zweizimmerloch, zum verachteten Vater, der immer noch »unabkömmlich« geschrieben war. Zur Mutter, die immer schweigsamer wurde und überhaupt kein Klavier mehr spielte. Die Schwester Waltraut war aufs Land evakuiert, wie inzwischen alle Schulkinder. Mit ihr war wenigstens noch etwas Fröhlichkeit in der Langfuhrer Zwergenhölle gewesen. Jetzt gab es nur eins: Warten auf die Post. Warten auf die Erlösung.

Dann endlich, im September 1944, der Brief. Er liegt auf dem Esszimmertisch. Die Mutter weigert sich, den Jungen zum Bahnhof zu bringen. Das muss Vater Willy machen. Sie haben dem Jungen einen Pappkoffer gekauft für die Fahrt nach Berlin, für die ersehnte Fahrt in den Krieg. Der Vater trägt ihn jetzt. Die Straßenbahnfahrt verbringen sie schweigend. Am Bahnsteig kommen dem Vater die Tränen. Umarmen sie sich? Schütteln sie sich die Hände? Aus dem Zugfenster sieht der Junge den Vater winken, sieht seine Stadt, die Giebel, die Türme, unversehrt und alt.

Dann die Zugfahrt dritter Klasse nach Berlin. Die Hauptstadt brennt. »Auf dem Bahnhof kümmerte sich niemand um die Brände in Sichtweite. Normaler Betrieb herrschte: gegenläufiges Gedränge, Geschimpfe, plötzliche Lachsalven. Urlauber mußten zurück an die Front, kamen von dort. BdM-Mädel teilten Heißgetränke aus und nahmen es kichernd hin, von Landsern befummelt zu werden.«

In der Schalterhalle wird dem jungen Rekruten ein Marschbefehl zugeschoben. Er soll weiter nach Dresden. Dann aber: der Krieg. Fliegeralarm. Alle in das Kellergewölbe des Bahnhofs, das als Luftschutzraum genutzt wird. Eine Gruppe von kleinen Artisten, Liliputaner, sind schon dort, setzen hier unten ihr Theater fort, ein kleinwüchsiger Greis als Clown, eine zierliche Mini-Dame, die sich verknoten konnte. »Ein Bild, das blieb«, wird er später schreiben.

Dann geht es am nächsten Morgen hinaus aus dem brennenden Berlin nach Dresden. In »Vom Häuten der Zwiebel« hat Günter Grass das Kapitel seines Lebens, das nun beginnt, »Wie ich das Fürchten lernte« genannt. Es ist das Kapitel, in dem er beschreibt, was er ein Leben lang verschwiegen hatte. Wie er – wie soll man das benennen? – in die SS geriet. Wie er mit siebzehn Jahren Mitglied der Waffen-SS wurde.

Wir sind immer noch im September 1944, Dresden ist heil,

wie Danzig, als Günter Grass es verlassen hat. Es geht hinauf in den Ortsteil »Weißer Hirsch«, wo all die alten Villen stehen. Im Obergeschoss einer großbürgerlichen Villa wird er nun erfahren, welcher Truppe er angehören soll.

»Mein nächster Marschbefehl machte deutlich, wo der Rekrut meines Namens auf einem Truppenübungsplatz der Waffen-SS zum Panzerschützen ausgebildet werden sollte: irgendwo weit weg in den böhmischen Wäldern.«

Die Passiv-Konstruktionen, das Verschieben der Handlung in die dritte Person. Der einfache, klare Satz »Ich war Mitglied der Waffen-SS« wird auch in diesem Buch, das die so lange verdrängte Wahrheit enthüllen sollte, nicht ausgeschrieben.

»Zu fragen ist: Erschreckte mich, was damals im Rekrutierungsbüro unübersehbar war, wie mir noch jetzt, nach über sechzig Jahren, das doppelte S im Augenblick der Niederschrift schrecklich ist?«

Die Antwort: Nein.

»Die doppelte Rune am Uniformkragen war mir nicht anstößig. Dem Jungen, der sich als Mann sah, wird vor allem die Waffengattung wichtig gewesen sein.« Und: »Eher werde ich die Waffen-SS als Eliteeinheit gesehen haben.« Und: »Auch ging von der Waffen-SS etwas Europäisches aus.« Und schließlich: »Also Ausreden genug. Und doch habe ich mich über Jahrzehnte hinweg geweigert, mir das Wort und den Doppelbuchstaben einzugestehen.«

Es sich und uns in aller Klarheit und Eindeutigkeit einzugestehen, war er auch in diesem letzten Bekenntnisbuch nicht in der Lage. »Zwar war während der Ausbildung zum Panzerschützen, die mich im Herbst und Winter lang abstumpfte, nichts von jenen Kriegsverbrechen zu hören, die später ans

Licht kamen, aber behauptete Unwissenheit konnte meine Einsicht, einem System eingefügt gewesen zu sein, das die Vernichtung von Millionen Menschen geplant, organisiert und vollzogen hat, nicht verschleiern.«

Es ist der Krieg – wie Günter Grass ihn uns, seinen Lesern, viele Jahre später in seinen Erinnerungen beschrieben hat. Seine Angst, seine Langeweile, seinen Überdruss. Er selbst ist die Quelle seines Lebens. Eine andere haben wir nicht.

Einmal trinkt er, der sich doch gerade noch so nach Krieg und Heldentum gesehnt hat, heißes Öl aus der Sardinendose, um sich mit vorgetäuschter Gelbsucht krankschreiben zu lassen. Dann rettet er sich mit Furunkulose in die überfüllte Krankenbaracke. Aber schon geht es weiter mit dem Drill, den Schikanen, um die Rekruten kleinzukriegen.

Dann sein siebzehnter Geburtstag, ein Päckchen von zu Hause mit Wollsocken und zerkrümeltem Kuchen. Danach wieder Langeweile, Drill, Hoffen auf die Wunderwaffen V-1 und V-2, Gerüchte vom Dresdner Feuersturm. Schließlich die nächtliche Vereidigung bei Vollmond und klirrender Kälte und das Schwurlied der Waffen-SS: »Wenn alle untreu werden, so bleiben wir doch treu …«

Nun kommt die Zeit, diese Treue zu beweisen. Im Güterzug geht es über Tetschen-Bodenbach nach Dresden. Er riecht Brandgeruch, sieht ausgeglühte Fassaden. Weiter geht es in Richtung Niederschlesien, wo die Front vermutet wird. Endlich soll es so weit sein: sein Krieg. Die Wirklichkeit der Wochenschau. »Wir kamen bis Weißwasser«, schreibt er.

Hier irgendwo hört er die Gerüchte von der Zerstörung seiner Vaterstadt. Er sieht die ersten Toten. Erhängte Soldaten in Wehrmachtsuniformen an den Bäumen. »Wehrkraftzersetzende Feiglinge«, steht auf den Schildern um ihren Hals, ein

Leichenspalier. Dann, Mitte April 1945, brechen die sowjetischen Armeen zwischen Forst und Muskau durch die deutschen Linien. Über der Division Frundsberg, der Division von SS-Mann Grass, die Stalinorgel. Er in einem Waldstück, unter einen Panzer robbend, pisst sich in die Hose, Granateinschläge, die Orgel, Schreie der Verletzten, er kriecht durchs Laub. Körperteile, zerfetzte Tote, kriechende Überlebende, dann Ruhe. Ein zähneklappernder Vorgesetzter, Ritterkreuz unterm Kinn, neben Günter Grass. Er brüllt: »Loslos! Fertig zum Gegenangriff …« Grass sieht ihn über zerfetzte Körper hetzen, schreien, eine tragische, lächerliche Figur.

Die Division Frundsberg gibt es nicht mehr. Wirrwarr des Rückzugs, Günter Grass sucht Anschluss an irgendwen. Aber wo ist sein Marschbefehl? Wo seine Truppe? Er darf jetzt auf keinen Fall allein ohne Marschbefehl angetroffen werden. Der nächste Baum wäre ihm gewiss.

Er trifft auf seinem Weg in Richtung Westen auf einen zusammengewürfelten Trupp deutscher Soldaten, dem er sich anschließt. Sie sind in der Nähe von Spremberg in der Lausitz.

Irgendwann geraten sie in den russisch besetzten Teil eines noch umkämpften Dorfes. Sie verschanzen sich im Keller eines Hauses. Offenbar gehörte es mal einem Fahrradhändler, jedenfalls ist der Keller voller Räder. Der Feldwebel, sich selbst zur Entschlossenheit ermahnend, ruft den Kameraden leise zu: »Jetzt oder nie.« Um dann flüsternd hinzuzufügen: »Los, jeder schnappt sich ein Rad. Und dann mit Karacho rüber …«

Einer in diesem traurigen Trupp potenzieller Fahrradsoldaten hat das Radfahren leider nicht gelernt. Der Feldwebel beschließt, den SS-Mann Grass zurückzulassen. Er solle ihnen Feuerschutz geben. Sie würden ihn dann später nachholen.

Günter Grass beobachtet durch das Kellerfenster den kollektiven deutschen Fahrrad-Ausbruch. Und er sieht: »Da mähte sie auf der Mitte der Dorfstraße Feuer aus Maschinenpistolen nieder …« Wahrscheinlich sind alle tot. Grass ist im Keller allein. Leise und vorsichtig verlässt er das Haus des Fahrradhändlers durch den Garten hinter dem Haus.

Weiter geht es durch die Lausitz, einem ungewissen Frontverlauf hinterher. Wieder schließt er sich einer Kolonne deutscher Landser an. Ihr Auftrag: Front stabilisieren, Kampftruppen neu formieren, den Ring um die Reichshauptstadt schließen. Der Führer, so heißt es, hält die Stellung. Nun gilt es ihn und seine Stadt zu schützen.

Sie sind zwischen zwölf und fünfzehn Mann und sollen vorrücken und Feindberührung suchen. SS-Mann Grass immer noch eifrig bemüht, auch diesen Auftrag zu erfüllen. Kiefernwald, Nacht, jeder auf sich allein gestellt, Grass auf einer Schneise, sieht ein Licht auf sich zukommen, meldet: »Motorisiertes Fahrzeug, vermutlich Schützenpanzer, in Sicht!«, und will, geschult in zahllosen Wochenschauen, den heranrückenden Schützenpanzer mit Handzeichen stoppen. Doch der Panzer rückt gar zu furchtlos vor. Offenbar der Feind. Sein erster lebender Sowjetsoldat.

Panisch sprengen die Soldaten in die Kiefern. Jeder für sich, immer tiefer in den Wald. Allein. Irgendwann hört Grass Schritte, einen ebenfalls durch den nächtlichen Wald schleichenden Mann. Wahrscheinlich ein Russe? Oder nicht? Wie erfährt er es in der Nacht im Wald? Leise fängt er an zu singen und wiederholt immer wieder diese Zeile: »Hänschen klein, ging allein ...«, bis endlich jener andere antwortet, »... in die weite Welt hinein«.

Ah, ein deutscher Sänger. Keine Gefahr. Die beiden gehen aufeinander zu. Der neue Kamerad ist ein mickriges Männchen, älter und kleiner als Günter Grass, ohne Stahlhelm, mit zerdrücktem Feldmützchen auf dem Kopf. Redet ein nöliges Berlinerisch. Er ist Obergefreiter, somit Vorgesetzter der beiden. Er hat in Polen, Frankreich, Griechenland und auf der Krim gekämpft. Jetzt irrt er hier einsam in der Lausitz umher.

Die beiden gehen gemeinsam, bis sie in ein unbesetztes Dorf gelangen. Ein österreichischer Rittmeister befehligt den Ort. Er trägt ein Hündchen mit Perlenhalsband auf dem Arm und fragt die zwei Neuankömmlinge nach ihrem Marschbefehl. Haben sie nicht. Gut. Werden sie erst mal eingesperrt in den Keller eines Bauernhauses. Später wird man sehen. Feldgericht. Sie wissen ja.

Der Keller, in den man sie bringt, ist eine Art bislang unentdecktes Paradies im Krieg. Regale voller Einmachgläser mit Spargel, Gurken, Gänseklein, Schmalzfleisch, alles fein sauber in Sütterlinschrift beschriftet. Dazu Apfelsaft, Fliederbeerensaft. Sie fressen, saufen, fressen weiter. Der Obergefreite raucht und bläst wohlig Rauchringe in die Luft. SS-Mann Grass leert seine Gasmaskendose und füllt sie mit Erdbeer- und Kirschmarmelade.

Die Zeit vergeht. Wo bleibt das Feldgericht? Wo der Österreicher mit seinem Perlenhündchen? Mal rufen? Mal nachsehen? Die Tür ist unverschlossen. Niemand bewacht sie. Das Dorf ist inzwischen verlassen. Hat man sie vergessen? Ist es ein Scherz? Ist man in Panik geflohen?

Oben von der Küche aus können sie eine Panzersperre

erblicken, dahinter, in Schützenreihen gestaffelt, russische Soldaten. Schritt für Schritt kommen sie näher. »Ihre Bubengesichter. Abzählbar von links nach rechts. Jeder ein Ziel.«

Aber die zwei vergessenen deutschen Soldaten zielen nicht. Verdrücken sich ohne Geräusch. Unterwegs fordert der Obergefreite den SS-Mann auf, sich endlich seiner Jacke mit den SS-Runen zu entledigen. »Wenn uns der Iwan doch noch hopsnehmen sollte, biste dran, Junge, mit deinem Kragenschmuck. So was wie dich knallen die einfach ab. Genickschuss und fertig …«

Irgendwoher, von einem Toten wahrscheinlich, organisiert er sich eine Wehrmachtsjacke ohne das doppelte S. So endet für die Welt die sichtbare Laufbahn des Mitglieds der Waffen-SS Günter Grass irgendwo in der Lausitz. Nun ist er ein normaler deutscher Soldat.

Aber immer noch ohne Marschbefehl. Diese Lebensbedrohung ist geblieben. Sie erreichen die Straße von Senftenberg nach Spremberg, verstopft von Pferdewagen voller Flüchtlinge. Tagebaugebiet, Abraumkegel, Abrisskanten. Schaufelbagger. Braunkohle. Abseits der Straße finden die beiden eine Sammelstelle und erhalten endlich ein Papier mit Stempel: ihren Marschbefehl. Gleich neben der Sammelstelle eine mobile Feldküche mit Gulaschkanone. Sie löffeln und löffeln. Einem fällt ein, dass Hitlers Geburtstag ist. In den Jahren zuvor hatte es an diesem Tag stets Extraportionen für die Truppe gegeben. Schokolade, Zigaretten, Weinbrand. Aber heute, es ist der 20. April 1945, nichts. Als Geschenk nur das gerettete Leben bis hierhin.

Und dann plötzlich: Einschläge sowjetischer Panzergranaten. Chaos. Schreie. Drüben, oberhalb der vertieften Abbaufläche, fahren sowjetische Panzer aus einem Waldstück heraus. »Das sind T-34!«, schreit der Obergefreite.

Dann weitere Einschläge, Günter Grass wird der Stahlhelm vom Kopf gerissen, er verliert das Bewusstsein. Wieder erwacht, sieht er eine blutdurchtränkte Hose, sein linker Arm hängt kraftlos von der Schulter herunter. Neben ihm liegt der Obergefreite mit zerfetzten Beinen. »Oberhalb scheint er heil zu sein. Er guckt erstaunt, ungläubig …«

Sie werden zu einem Sanitätswagen gebracht, der Obergefreite wird getragen, Grass gestützt. Dann weiter zum Hauptverbandsplatz. Der Mann ohne Beine bittet mit seinem nöligen Berlinerisch Kamerad Grass um Feuer und eine Zigarette. Als Nächstes dann noch um diesen Freundschaftsdienst: Er solle ihm in die Hose greifen, ob wenigstens dort noch alles am Platze und in Ordnung sei. Grass greift hinein, fühlt und bestätigt: alles noch da. Der Obergefreite grinst, raucht, gleitet in den Schlaf.

Diesen Griff in die Hose wird Günter Grass später in der »Blechtrommel«, seinem ersten Roman, der ihn weltberühmt machen würde, in Literatur verwandeln. Er wird Jan Bronski, den Cousin von Oskar Matzeraths Mutter, zugreifen lassen, in der Polnischen Post, damals, als dieser ungeheure Krieg am Heveliusplatz in Danzig begann.

Vor einer Ewigkeit. Als Danzig noch stand und heil war und unversehrt. »Ein heiterer bis wolkiger Septembertag, die Sonne pinselte Altgold, hauchdünn alles, empfindlich und dennoch schwerhörig. Es stand in den nächsten Tagen mein fünfzehnter Geburtstag bevor. Und ich wünschte mir, wie jedes Jahr im September, eine Blechtrommel, nichts Geringeres als eine Blechtrommel.« Und plötzlich dieser Krieg: »Da traf es nicht den Bronski, da traf es Kobyella, da hatte sich eine Granate einen Riesenspaß erlaubt, da lachten Ziegel sich zu Splitt, Scherben zu Staub, Putz wurde Mehl, Holz fand sein Beil, da hüpfte das ganze komische Kinderzimmer auf einem Bein ... Als wir den Kobyella aus dem Kinderzimmer geschleppt und endlich auf dem Korridor hatten, fand der Hausmeister die Kraft für einige, Jan Bronski verständliche Worte. ›Is noch alles dran?‹ besorgte sich der Invalide. Jan griff ihm in die Hose zwischen die Altmännerbeine, hatte den Griff voll und nickte dem Kobyella zu. Wie waren wir alle glücklich.«

In der Wirklichkeit der letzten Kriegstage in der Lausitz war niemand glücklich. Aber zum Lachen gab es etwas am Hauptverbandsplatz, wo es sonst nichts zu lachen gab. Sie schneiden Grass die rot durchsuppte Hose auf, um das Bein zu retten, die Wunde zu versorgen. Da finden sie: die durchschossene Gasmaskendose und die ausgelaufene Kirschmarmelade überall verteilt. Die Beine und zwischen den Beinen – alles verschont und heil.

Mit dem Lazarettzug geht es nach Meißen, auf Stroh gebettet zwischen Schwerstverwundeten, Jammernden, Schreienden, Betenden und Sterbenden. In Meißen werden die Toten und die Lebenden ausgeladen. Ein letzter Blick auf den Obergefreiten, der im Rollstuhl weggefahren wird, ein Rumpf ohne Beine. Sie werden sich nicht wiedersehen.

In Meißen dann der letzte Marschbefehl für Günter Grass: nach Marienbad, Lazarettstadt. Dort wird der Krieg für ihn enden. Dort hört er, dass sein Führer, dass Adolf Hitler nicht mehr lebt. »Gefallen im Kampf um die Reichshauptstadt«, wie es heißt. »Er war weg, als hätte es ihn nie gegeben.«

8. Mai 1945. Günter Grass kommt in amerikanische Kriegsgefangenschaft. In seinen Personalbogen wird eingetragen:

»Truppeneinheit: ›SS-Panzerdivision Frundsberg‹«. Eintritt: »Waffen-SS: 10.11.44«.

Als er später, zusammen mit anderen deutschen Soldaten, von den Amerikanern in das Konzentrationslager Dachau geführt wird, ist auch ein gelernter Maurer unter den Deutschen, der sagt: »Habt ihr die Duschräume gesehen mit den Brausen, angeblich fürs Gas? Waren frisch verputzt, haben die Amis bestimmt nachträglich gebaut …«

Und in der Tat hatten die Amerikaner kurz nach dem Krieg das KZ Dachau als Vernichtungslager rekonstruiert, was es in Wahrheit nie gewesen war. Günter Grass und seine Kameraden können ihren Unglauben also noch eine Weile behalten. Erst als er im Mai 1946 den Reichsjugendführer Baldur von Schirach vor dem Kriegsverbrechertribunal in Nürnberg hört, bricht sein vor allen Zweifeln geschütztes Weltbild in sich zusammen. »Es verging Zeit, bis ich in Schüben begriff und mir zögerlich eingestand, daß ich unwissend oder, genauer, nicht wissen wollend Anteil an einem Verbrechen hatte, das mit den Jahren nicht kleiner wurde, das nicht verjähren will, an dem ich noch immer kranke.«

Im Keller

Marcel Reich. 1943–1944

DAS IST DAS MÄRCHEN von 455 Nächten. Die Geschichte vom Setzer Bolek Gawin und seiner Frau Genia, die in einem kleinen Häuschen in einem Vorort von Warschau mit ihren zwei Kindern, Barbara und Waldemar, lebten. Und die im Sommer 1943 beschlossen, zwei Menschen bei sich aufzunehmen, die nach dem Willen des mächtigsten Mannes der Welt sterben sollten. Sie riskierten dafür ihr Leben. Sie haben gesiegt.

»Geschichten für Bolek« hat Marcel Reich-Ranicki dieses Kapitel seines Lebens in seinen Erinnerungen überschrieben. Und die unglaubliche Geschichte des Überlebens von Tosia und Marcel Reich in diesem Vernichtungskrieg wird noch etwas wundersamer und märchenhafter durch die Umstände, unter denen die beiden Juden in diesem kleinen Häuschen überlebten. Denn es waren Marcel Reichs Liebe und Leidenschaft für die Literatur, die einen vielleicht entscheidenden Anteil an ihrem Überleben hatten. Er, der damals im Gymnasium in Berlin zum ersten Mal von diesem »extremen, unheimlichen Gefühl befallen« worden war, von der Liebe zur Literatur nämlich – dieser Marcel Reich hat unter anderem deshalb in dem Keller der Familie Gawin überlebt, weil er dem Familienvater Bolek und seiner Frau Genia, die beide Geschichten liebten, Abend für Abend die Weltliteratur erzählte. Wie Scheherazade aus den Geschichten aus »Tausendundeiner Nacht« erzählte Marcel dem Setzer und seiner Frau, was er gelesen oder im Theater, der Oper, dem Kino gesehen hatte: »In der düsteren, kümmerlichen Küche bot ich meinen dankbaren Zuhörern schamlos verballhornte und auf simple Spannung reduzierte Kurzfassungen von Romanen und Novellen, Dramen und Opern, auch von Filmen. Ich erzählte den ›Werther‹, ›Wilhelm Tell‹ und den ›Zerbrochenen Krug‹, ›Immensee‹ und den ›Schimmelreiter‹, ›Effi Briest‹ und ›Frau Jenny Treibel‹, ›Aida‹, ›Traviata‹ und ›Rigoletto‹. Mein Vorrat an Themen und Geschichten war, wie sich erwies, enorm, er reichte für viele, viele Winterabende.«

Wie aber waren sie, die zwei Juden auf der Flucht, hierhin gekommen, in dieses Märchenreich?

»Halt!«, war das erste Wort, das sie hörten, als sie die Grenze des Gettos überschritten hatten. »Halt!« Dieses schreckliche deutsche Wort in ihrem Rücken. Kaum befreit, schon wieder vorbei? Zwei polnische Polizeibeamte befehlen Tosia und Marcel, stehen zu bleiben. Verlangen ihre Ausweise. Marcel Reich erklärt sogleich, sie hätten keine, sie seien Juden. Dann beginnen Verhandlungen, wie sie sie in den nächsten Wochen noch oft erleben würden. Es geht um Geld, Schmuck, Wertsachen. Warschau ist in diesen Tagen voller Halbwüchsiger, Herumtreiber, Rumsteher, die nach Juden suchen, um sie zu erpressen. Marcel und Tosia kommen gegen eine Summe frei, zunächst geht es zu einer proletarischen Familie, die ihnen ein Musiker aus dem Getto empfohlen hatte, bei der können sie ein paar Tage bleiben. Aber nicht lange. So geht es ein paar Wochen lang von heimlicher Unterkunft zu heimlicher Unterkunft. Nach der Niederschlagung des Aufstands im Getto am 16. Mai, bei dem einigen Juden die Flucht aus dem verschlossenen Bezirk gelungen war, ist die Jagd auf Juden oder jüdisch aussehende Menschen in Warschau auf einem Höhepunkt angelangt. Es würde auch für Marcel und Tosia nicht mehr lange gut gehen. Das ist den beiden klar.

Da werden sie in dem kleinen Zimmer, in dem sie sich verborgen halten, von einem Mann aufgestöbert, der im selben Haus wohnt. Ein hagerer, dürftig gekleideter Mann, der in ihr Zimmer eindringt, »Hände hoch!« ruft und ihnen den Rest Geld, einen Füllfederhalter und Kleidung abnimmt. Und sich danach mit seinen beiden Opfern unterhalten will. Warum?

Am nächsten Tag kommt er wieder. Wenn sie mehr Geld beschaffen könnten, könne er mal bei seinem Bruder nachfragen, der wohne am Stadtrand. Vielleicht nehme der sie auf. Oder einen von ihnen zumindest. Tosia hatte sich inzwischen sogenannte arische Personaldokumente besorgt und begonnen als Dienstmädchen zu arbeiten. Sie sah nicht so jüdisch aus wie ihr Mann.

Also fragt dieser »hagere Halunke«, wie Marcel Reich-Ranicki den Erpresser und Wohnungsscout beschreiben wird – er ist von Beruf Feinmechaniker –, seinen Bruder, preist ihm den Flüchtling an, er könne »gut erzählen«. Der Bruder antwortet, man solle ihn mal kommen lassen.

Marcel Reich, der im Getto gelernt hat, auf reinliche, ordentliche Kleidung und überhaupt auf Sauberkeit und Tadellosigkeit zu achten, verkleidet sich für den gefahrvollen Ausflug in das Häuschen am Stadtrand als zerlumpter Eisenbahner, mit Eisenbahnermütze und rostiger Zange in der Hand. Und der hagere Halunke geleitet ihn zu seinem Bruder Bolek.

Der erwartet sie schon in seinem kleinen Häuschen. Marcel Reich ist überrascht, als er ihn sieht. Er ist so ganz anders als sein hagerer, erpresserischer Bruder. Solide und sympathisch, denkt der verkleidete Eisenbahner. Bolek lädt den Gast sogleich auf ein Glas Wodka ein, obwohl diesem ein Stück Brot lieber gewesen wäre. Sie unterhalten sich eine Viertelstunde, und dann sagt der arbeitslose Setzer Bolek Gawin diesen schlichten Satz: »Es wäre doch so schön, wenn Sie diesen schrecklichen Krieg hier bei uns überleben könnten.«

Das war im Juni 1943. Marcel Reich zog ein. Zunächst allein, denn Tosia hatte mithilfe ihrer falschen Papiere noch eine Anstellung als Hausmädchen irgendwo in Warschau. Es war nicht leicht für sie, diese Rolle zu spielen. Denn sie hatte Französisch, Englisch, Deutsch gelernt, Klavier spielen, zeichnen. Kartoffel schälen, Gemüse putzen, bügeln – darin war sie nicht so gut. Aber es hätte wohl trotzdem eine Weile gut gehen können, wenn sie nicht einmal, als die Hausherrin aus dem Hause war, sich ans Klavier gesetzt und Chopin gespielt hätte. Die Dame des Hauses kehrte überraschend früh zurück, sah das falsche Hausmädchen am Klavier und folgerte entsetzt, dass es sich um eine Jüdin handeln müsse, die sich da mit falschen Papieren in ihr Haus geschlichen hatte. Damit war Tosia Reichs Tarnung aufgeflogen, und sie kam zu ihrem Mann in das kleine Haus am Rande von Warschau.

Es war verrückt, dass die Gawins sich darauf einließen. Ihre Kinder waren elf und sieben, Barbara und Waldemar. Barbara, die Elfjährige, ging zur Schule, Waldemar hüpfte tagsüber mit Freunden durch die Landschaft. Natürlich konnten die sich jederzeit verplappern. Außerdem verfügte das Haus nur über ein Plumpsklo auf dem Hof. Die geheimen Gäste mussten regelmäßig die geschützten Innenräume verlassen. Es lauerten überall Gefahren, die drohende Strafe für alle war der Tod.

Marcel Reich-Ranicki hat später berichtet, dass mal Bolek, mal Genia die Nerven verloren und ihre geheimen Gäste aus dem Haus werfen wollten. Aber gemeinsam waren und blieben sie ihr starker Schutz: »Wann immer er uns hinauswerfen wollte, redete Genia auf ihn ein: ›Die sollen noch bei uns bleiben. So lange haben wir es zusammen durchgehalten, vielleicht werden wir es doch schaffen.‹ Wann immer Genia die Geduld verlor, war er derjenige, der verkündete: ›Verflucht noch mal. Wir werden es schon schaffen, den Deutschen, der Teufel soll sie alle holen, zum Trotz.‹« Man kann sich denken, mit welchen Gefühlen die Verborgenen diesen Dialogen lauschten. Aber die Gawins blieben standhaft.

Eine von Marcels Aufgaben bestand darin, die Heeresberichte der deutschsprachigen Tageszeitung »Das Reich« für Bolek zu übersetzen. Naturgemäß frisierte der Gast die Berichte in eine polenfreundliche Richtung, in Richtung Hoffnung auf ein baldiges Ende des Krieges. Außerdem unterrichtete er Waldemar im Lesen und Schreiben, sodass der später nach Kriegsende, wie einstmals sein jüdischer Lehrer, statt in die erste gleich in die zweite Klasse eingeschult wurde. Und – so hervorragend war der Unterricht – er übertraf seinen Lehrer sogar. Kurz nach Schuleintritt wurde er direkt in die dritte Klasse weitergereicht. »In der zweiten gibt es für ihn nichts zu tun«, habe die Lehrerin gesagt. Das berichtete viele Jahre später Waldemars Schwester Barbara, als der deutsche Journalist Gerhard Gnauck für sein Buch »Wolke und Weide. Marcel Reich-Ranickis polnische Jahre« mit ihr über die Zeit mit den Reichs im Hause sprach.

Sie erzählte, wie die Einquartierung der geheimen Flüchtlinge das Leben der Familie grundlegend verändert hat. Wie sie darauf achten mussten, dass hinten das Gartentor und vorne das Tor zum Hof immer und grundsätzlich geschlossen waren. Dagegen blieb die Kellerluke im Wohnzimmer den ganzen Tag offen, da jederzeit jemand an die Tür klopfen konnte und die Reichs dann sofort im Keller zu verschwinden hatten: »Marcel und Tosia saßen dort auf dem Stuhl, auf dem Sofa«, erinnert sich die Tochter. »Wenn Mama und wir irgendwohin gingen, gingen sie auf den Dachboden, um ein bisschen Luft zu schnappen.«

Einmal war Barbara allein zu Haus, als ein Nachbarsjunge ins Haus und direkt die Treppe hinauf zur Dachbodentür stürmte, die von innen zugesperrt war. Er rief: »Ihr habt doch da zwei Juden versteckt!« Das war die von allen befürchtete Katastrophe. Barbara rannte zu ihrer Mutter, die beschloss, dass in diesem Fall nur ein Gegenangriff retten könne. Sie lief zu den Nachbarn, den Eltern des Jungen, und rief: »Wer hat bei mir einen Juden gesehen? Das war doch der Onkel Janek und seine Freundin! Die sind zu uns gekommen, um sich zu küssen, verstanden? Wenn ihr noch einmal was von Juden erzählt, verklage ich euch bei der Gestapo!«

Barbara vermutet, dass die Tatsache, dass ihre Mutter, eine geborene Hondelmeier, zur evangelisch-reformistischen Gemeinde gehörte und man ihr somit einen guten Draht zu den deutschen Besatzern nachsagte, ihr die Kraft und den Mut für diese Dreistigkeit gegeben hat. Jedenfalls funktionierte es. Niemand rief die Gestapo. Niemand forschte weiter nach.

Aber die Tochter berichtet auch von einem anderen Mal, als ihr Vater die Nerven verlor. Das war, als Tosia offenbar für ein paar Tage spurlos verschwunden war. Bolek bekam große Angst und sagte zu seinem Gast: »Geht weg! Ihr holt uns noch die Gendarmen ins Haus!« Aber, erinnert sich die Tochter: »Marcel, der immer eine Schnur zwischen den Fingern hin- und herdrehte, antwortete ihm: ›Wenn sie schlagen tut es weh.‹ Das sollte heißen: Wenn er gefoltert würde, dann würde er mit ziemlicher Sicherheit seinen Aufenthalt preisgeben. Vater verstand. Die beiden durften bleiben, doch er schickte sie erst einmal in das Kellerloch.«

Es war einfach ein verrücktes Experiment auf engstem Raum. Und keiner wusste, wann es enden würde. Ob es überhaupt gut enden würde. Sie hatten alle Angst, Todesangst, dazu kam der Hunger. Es gab kaum etwas zu essen, weniger als im Getto, erinnert sich Reich-Ranicki. All das sei grauenvoll gewesen. Aber am schlimmsten: die Demütigung. Das Sich-Verstecken in einem Kellerloch, das Gefühl des Ausgeliefertseins, das heimliche Schleichen auf das Plumpsklo in der Dunkelheit.

Tosia kam zwischendurch immer wieder an kleine Geldbeträge, die sie irgendwie von einer Tante, die in Warschau lebte, erhielt und die sie immer gleich weitergab an die Gawins. Viel war es nicht. Reichte immer gerade so zum Überleben für alle sechs. Dazu drehten sie illegal Zigaretten, die Genia dann auf einem Basar verkaufte.

Beim Zigarettendrehen hat Marcel Reich offenbar lieber nicht mitgemacht. »Der war dafür nicht geeignet«, hat Barbara erzählt. Dafür eben für diese andere Sache: Geschichten. Es war wohl Genia, die selbst gern Groschenromane las, die ihn eines Tages aufforderte, eine Geschichte zu erzählen. Und der begeisterte, gierige Überlebensleser aus Włocławek erzählte. Sicher hatte er selbst nicht geahnt, wie viele Geschichten in ihm steckten, wie viel er gelesen und so intensiv gelesen hatte, dass er nun mühelos als Mensch gewordenes Hörbuch, als plaudernde Bibliothek, als Erzähler ums Überleben fungieren konnte. Am liebsten hörte ihm Bolek zu.

Und am liebsten war dem Setzer Bolek ein alter deutscher Held, dem er einen falschen Namen gibt: »Der Teufel soll die Deutschen holen, alle zusammen«, hat er gerufen, so erinnert sich Reich-Ranicki. »Aber dieser Herr Hamburg, der gefällt mir. Er hat Schiß vor dem Tod – wie wir alle. Er will leben. Er pfeift auf Ruhm und Ehre. Ja, das gefällt mir. Ich sage es dir: Dieser Deutsche, der Teufel soll sie alle holen, ist der Mutigste von ihnen. Er hat Angst, aber er schämt sich nicht, er redet offen von seiner Angst. Solche, die leben wollen, die lassen auch andere leben. Ich glaube, dieser Herr Hamburg trinkt gern ein Gläschen Wodka und er gönnt auch anderen ein Gläschen. Schade, daß er nicht jetzt der Kommandant von Warschau ist. Dieser Deutsche, der Teufel soll sie alle holen, er würde niemanden hinrichten lassen. Komm, trinken wir auf die Gesundheit des deutschen Herrn Hamburg.«

Und dann, fügt Marcel Reich-Ranicki hinzu: »Er schenkte ein: je ein Gläschen Wodka, ausnahmsweise auch für Tosia und für mich. Jedes Mal, wenn ich am Kleinen Wannsee bin, denke ich an Bolek, der die Deutschen zu allen Teufeln wünschte und der auf das Wohl des Prinzen Friedrich von Homburg trank. Ich verneige mich im Geist – vor dem preußischen Dichter, der hier sein Leben beendete, und vor dem Warschauer Setzer, der sein Leben aufs Spiel setzte, um das meinige zu retten.«

Irgendwann war es vorbei. Der Zweikampf zwischen dem arbeitslosen Setzer Bolek und seiner Familie und dem mächtigsten Mann der Welt um das Leben dieser zwei Juden entschieden. Bolek und Genia und Barbara und Waldemar hatten gewonnen. Es war der 7. September 1944. Morgens um neun. Kriegslärm, alles bebt – und die Laune in dem kleinen Häuschen am Stadtrand von Warschau wird immer besser.

Während der junge Mann aus Danzig, der so gerne Grimassen schneidet und inzwischen Mitglied der Waffen-SS ist, dort drüben im Westen in den nächsten Monaten nichts so sehr fürchtet wie das Nahen der Roten Armee, hofft der Geschichtenerzähler mit seiner Frau und den Gawins auf nichts so sehr wie auf ebendiese Rote Armee. Jetzt, an diesem Septembermorgen, steht ihr Haus in der Mitte der Weltgeschichte. Der Scheitelpunkt des Weltkriegs verläuft für einige Minuten genau durch dieses Haus: »Aus dem Fenster der westlichen Seite sah man, erschreckend nahe, deutsche Artilleristen, auf der östlichen in einiger Entfernung – wir trauten unseren Augen nicht – tatsächlich russische Infanteristen.«

Etwa eine halbe Stunde später pocht jemand mit dem Gewehrkolben an die Haustür, und während die sechs im Hause fünfzehn Monate lang die Frage »Keine Juden hier?« gefürchtet hatten, wird nun auf Russisch gefragt: »Keine Deutschen hier?« Die Weltgeschichte ist gekippt.

Bolek holt seinen Schützling Marcel Reich herbei, damit der mit dem russischen Soldaten rede. Der Soldat schaut ihn an und fragt: »Jewrej?« – die russische Vokabel für Hebräer.

Marcel antwortet rasch: »Ja, ich Hebräer.«

Der russische Soldat lacht: »Ich auch Hebräer. Mein Name Fischmann.« Und drückt dem Mann aus dem Keller fest die

Hand und versichert ihm, bald wiederzukommen. Jetzt aber habe er es eilig: Er müsse dringend nach Berlin.

Sie sind frei. Wirklich frei. Ihr Krieg ist vorbei. Sie bleiben noch eine Nacht, dann verabschieden sie sich von ihren Beschützern. »Wir werden euch niemals wiedersehen«, murmelt Bolek lächelnd. Genia fährt ihn an: »Red keinen Scheißdreck!« Dann trinken sie noch einen Wodka zusammen. Bolek gibt den beiden zum Abschied diese bittere Bitte mit: »Ich bitte euch, sagt niemandem, daß ihr bei uns gewesen seid. Ich kenne dieses Volk. Es würde uns nie verzeihen, daß wir zwei Juden gerettet haben.«

Dann ist es Zeit. »Wir standen auf und verabschiedeten uns noch einmal. In wessen Augen gab es damals Tränen? In Boleks oder Genias? In Tosias Augen oder in meinen? Ich weiß es nicht mehr.«

Ein paar Monate später, so erinnert sich Tochter Barbara, sind die Reichs noch mal zu Besuch gekommen. Er inzwischen in der Uniform der polnischen Armee. Sie kommen, um sich noch einmal zu bedanken und den Gawins das Haus von Tosias Eltern in Łódź zu überschreiben. Aber Bolek lehnt ab: »Ich will doch gar nicht nach Łódź.«

Die Gedenkstätte Yad Vashem hat die beiden Gawins, die ihr Leben aufs Spiel setzten, um Tosia und Marcel Reich vor dem Tode zu retten, zu »Gerechten unter den Völkern« ernannt. Als Barbara viele Jahre später gefragt wurde, ob sie in vergleichbarer Lage so wie ihr Vater und ihre Mutter gehandelt hätte, sagte sie: »Ich weiß es nicht. Wohl kaum.«

Und Marcel Reich-Ranicki fielen in seinen Erinnerungen nur drei Worte ein, die die Gawins zu ihrer Tat bewogen haben mögen: »Mitleid, Güte, Menschlichkeit.«

Frei wozu? Frei wohin?

Marcel Reich. 1944–1945

ZWEI MENSCHEN SIND FREI. Teofila und Marcel. Frei in einer zerstörten Welt. Es ist der 7. September 1944. Niemand kümmert sich um sie. Sie sind schwach, dreckig, verlaust, in Lumpen gehüllt. Sie haben viele Jahre gelernt mit der Angst zu leben, Angst vor den Deutschen, Angst vor der SS. Jetzt stehen sie in der Welt und schauen. Sehen die Rote Armee, Soldaten in beklagenswertem Zustand, jämmerliche Uniformen, Essen aus Konserven, die die englische Aufschrift »Nur für Tiere« tragen. Menschen irren umher, Rauch und Gestank über der zerstörten Stadt Warschau.

Wohin in dieser leeren Welt? Sie haben keinen Menschen mehr. Kein Ziel. Einer sagt ihnen: Geht nach Lublin. Das ist die provisorische Hauptstadt des zerstörten Landes namens Polen. Marcel und Teofila Reich wollen Essen, Kleidung – vor allem wollen sie irgendwie helfen nach all den Jahren des Ausgeliefertseins, der Demütigungen und der großen Angst. Helfen im Krieg gegen den großen, übermächtigen Gegner, der sie aus der Welt schaffen wollte.

Sie finden Platz auf der Pritsche eines Lastwagens, der nach Lublin fährt. Einer, der auch dort sitzt, schätzt das Alter von Marcel Reich auf fünfzig Jahre. Er ist vierundzwanzig.

Sie kommen in Lublin an, übernachten, gemeinsam mit anderen Flüchtlingen, in einer Scheune, dann in einer Art Obdachlosenasyl, bekommen dort eine bescheidene Unterstützung, von der sie sich auf dem Marktplatz etwas zum Anziehen kaufen können. Sie sehen sich an, versuchen ein Lächeln. Teofila fragt ihren Mann: »Also haben wir wirklich überlebt?« Er küsst sie. Ein Soldat kommt vorbei und zeigt ihnen einen Vogel.

Sie melden sich freiwillig zur polnischen Armee, die dem Oberkommando der sowjetischen Roten Armee untersteht. Sie wollen ihren Teil dazu beitragen, dass dieser Krieg zu Ende geht. Hinzu kommt, dass sie bei der Armee verpflegt werden und eine Uniform bekommen.

Doch ein Arzt weist sie zurück. Zu mager, entscheidet er. Für die Armee nicht zu gebrauchen. Aber irgendwie erfährt ein Personal-Referent von den beiden, fragt, wie sie sich einbringen wollen. Marcel sagt, er denke an die Mitarbeit in einer Propaganda-Abteilung, er könne sehr gut Deutsch, er könne Flugblätter verfassen, die die Deutschen zur Aufgabe überreden sollten. Und Teofila könne sich um die Grafik kümmern. Der Eifer der beiden mageren Überlebenden überzeugt den Mann. Sie gehören dazu. Sie werden mobilisiert.

Ihr Ziel liegt irgendwo im Osten, in einem erbärmlichen Dorf, mit verschiedenen Militärautos machen sie sich auf den Weg, bis sie es schließlich am Ende zu Fuß erreichen. Um dort zu erfahren, dass es ihre Propaganda-Einheit noch gar nicht gibt, offenbar wünscht die Rote Armee eine solche

Einheit überhaupt nicht. So heißt es wieder warten, untätig sein, irgendwo im Nirgendwo.

Schließlich braucht man sie doch. Sie sollen Briefe zensieren, abgefangene Briefe deutscher Soldaten. Einerseits sollen sie natürlich militärische Geheimnisse aufspüren, andererseits galt damals schon Stalins Parole, dass die Hitlers kommen und gehen – die Deutschen aber bleiben. Das hieß für die beiden Zensoren, dass sie mitten im Krieg antideutsche Äußerungen suchen und unterbinden mussten. Wurde das Wort »deutsch« in einem negativen Zusammenhang verwendet, war es die Aufgabe der Zensoren, dieses mit Tinte unleserlich zu machen. So beschreibt es Reich-Ranicki in seinen Erinnerungen.

Die beiden Zensoren werden nach Lublin versetzt, dann nach Kattowitz, wieder nach Lublin und schließlich zurück nach Warschau. Es gibt keine Wohnung für die beiden in Warschau. Viele sagen, wenn der Krieg endlich zu Ende sei, müsse man eine neue polnische Hauptstadt irgendwo anders errichten. Hier, auf dem Boden dieser ehemaligen stolzen Hauptstadt, sei an einen Neubeginn nicht mehr zu denken. Aber die Warschauer sind Optimisten, so hat sie Marcel Reich-Ranicki später beschrieben. Und er und seine Frau, sie sind auch Optimisten. Sie schlafen auf zwei Feldbetten im Büro. Sie lesen Briefe, streichen Wörter, leben. Sie fiebern dem Kriegsende entgegen. Aber empfinden sie Freude? Daseinsfreude? Die Antwort ist: Nein.

Sie sind selbst überrascht, dass sie kein Glück empfinden. »Wir hatten doch überleben wollen. Und wir hatten, um überleben zu können, Leid erfahren, das wir für unsagbar hielten. Wir hatten Erniedrigungen und Demütigungen erduldet. Wir hatten Hunger ertragen müssen, den wir nie vergessen würden. Wir schwebten in tausend Ängsten, die Todesangst gehörte jahrelang zu unserem Alltag. Je näher jetzt das Ende des Krieges kam, desto schwerer lastete auf uns, den Befreiten, eine einfache Frage: Warum? Warum durften gerade wir überleben?«

Marcel Reich denkt an seinen Bruder Alexander. Es ist in seinen Lebenserinnerungen die traurigste Liebeserklärung, die er schreibt. Alexander war, so schreibt Marcel Reich-Ranicki, das Gegenteil seiner selbst. Er sei schüchtern, fast gehemmt gewesen. »Vor allem war er ein liebenswerter, ein überaus liebenswürdiger Mensch, er hatte ein gewinnendes Wesen, frei von Selbstbewusstsein, von Arroganz oder gar Aggressivität.« Und er hatte eigentlich viel bessere Chancen, das Getto zu überleben, als sein kleiner Bruder Marcel. Er hatte Freunde außerhalb des Gettos. Wenn ihm die Flucht gelungen wäre, es wäre ihm wahrscheinlich leichter gefallen, sich versteckt zu halten und zu überleben. Aber er hatte nicht den Mut zur Flucht. Er hatte auch keine »Lebensnummer« erhalten, und so kam er im November 1942 in ein Lager bei Lublin, dann ins Arbeitslager Poniatowa, wo er als Zahnarzt und Leiter der Poliklinik arbeitete. »Am 4. November 1943 haben SS-Einheiten sämtliche Gefangene aus den Baracken getrieben und zu den in der Nähe ausgehobenen Gruben gejagt. Dort wurden sie mit Maschinengewehren erschossen. Insgesamt hat die SS an diesem Tag im Lager Poniatowa 15 000 Gefangene ermordet. Unter ihnen war mein stiller, mein liebenswerter Bruder Alexander Herbert Reich.«

Als der Krieg schließlich wirklich zu Ende ist, es ist der 9. Mai 1945, Sonne über Warschau, da werden Marcel Reich und seine Frau von ihren fröhlichen Kollegen aufgefordert, mit ihnen zusammen in den Hof ihrer Arbeitsstätte zu gehen und feierlich in die Luft zu feuern. Alle schießen in den blauen Himmel, und auch Marcel Reich entsichert seine Pistole und gibt den ersten und letzten Schuss seines Lebens ab. Ein Triumph? Eine Erleichterung? Ein Startschuss in ein neues Leben? »Tosia stand neben mir. Wir schauten uns schweigend an. Wir wussten genau, dass wir das gleiche empfanden: Nein, nicht Freude empfanden wir, sondern Trauer, nicht Glück, sondern Wut und Zorn.«

Inmitten der zerstörten Stadt steht ein prachtvolles Hotel, kaum beschädigt ragt es stolz in den Himmel über Warschau. Es ist das Hotel Bristol; viele Jahre erstes Hotel des Landes, 1901 feierlich eröffnet. Hier fand 1919 die erste Kabinettssitzung des neuen, unabhängigen Polen statt, Artur Rubinstein feierte hier eine exzessive Dinner-Party nach einem Konzert des russischen Sängers Fjodor Schaljapin, der berühmte Maler Woijchiej Kossak wohnte hier und bezahlte seine Miete mit Bildern, die im Restaurant aufgehängt wurden. Hier hatte das neue Polen sich selbst gefeiert, die Reichen, die Herrscher, die Künstler. Zu Beginn des Zweiten Weltkriegs richtete man hier ein Krankenhaus ein, später wurde es von deutschen Behörden und Offizieren besetzt und blieb unzerstört.

Hier, in diesem prachtvollen Haus, werden sich im Sommer 1958 zwei Männer begegnen, Dichter der eine, Kritiker der andere, beide noch beinahe ohne Werk, noch ohne Ruhm, aber voller Hoffnung auf eine große Zukunft. Hier im Hotel Bristol in der wieder errichteten Stadt Warschau wird der eine von einem Jungen erzählen, der nicht wachsen will, wird der andere das für eine ganz und gar abwegige, alberne Geschichte halten, werden sich unsichtbare Ketten um dieses sonderbare Paar legen, die es ein Leben lang nicht mehr abstreifen wird.

Noch wissen die beiden nichts voneinander. Wissen nichts von dem Leben, das sie leben werden. Der Krieg, den sie beide auf entgegengesetzten Seiten der Front überlebt haben, der eine als Teil jener mörderischen Maschine, die dem anderen und den Seinen nach dem Leben trachtete, ist vorüber. Sie sind frei. Frei wozu? Frei wohin? Welches Leben beginnen auf diesen Trümmern?

Die Freiheit heißt Paris

Günter Grass. 1945–1958

GÜNTER GRASS IST in amerikanischer Kriegsgefangenschaft in Bayern. Bald wird er einem Arbeitskommando im Kasernenbereich des Flugplatzes Fürstenfeldbruck zugeteilt. Er und seine Kameraden fühlen sich von den Amerikanern keineswegs befreit. Besiegt sind sie. Sie sind Verlierer. POWs. Prisoners of War. Hier, auf dem Flugplatz, trifft Grass mit seinen Kameraden auf eine Gruppe sogenannter DPs. Displaced Persons. Juden, wohl ein halbes Dutzend, die aus reinem Glück, wie Teofila und Marcel, überlebt haben. Und nun gemeinsam mit den deutschen Kriegsgefangenen im Dienste der Amerikaner arbeiten.

Erste Kameraden werden entlassen, hinaus in die Freiheit, nach Hause. Aber Günter Grass hat kein Zuhause mehr. Seine Heimatstadt ist zerstört und gehört gewiss schon bald zu einem Land, das nicht seines ist. Wo sind seine Eltern? Wo die Schwester? Wie so viele andere vor den Russen in den Westen geflohen? Günter Grass bleibt im Lager in Bad Aibling, hier gibt es Arbeit und Verpflegung, hier wird er achtzehn Jahre alt. Anfang 1946 wird er in die englische Besatzungszone nach Munster-Lager überstellt. Er soll im Bergwerk arbeiten. Doch ein Granatsplitter in seiner Schulter hat sich verkapselt. Er wird freigestellt.

Jetzt gibt es wirklich keinen Grund mehr, im Lager zu bleiben. Günter Grass ist frei. Ein Kumpel gibt ihm die Adresse seiner Eltern in Köln-Mülheim. Wenigstens irgendwelche Eltern, wenigstens eine Art von Zuhause. Also auf nach Köln, in die völlig zerstörte Stadt. Er verkauft für die Mutter des Kumpels selbst gemachte Marmelade auf dem Schwarzmarkt, arbeitet als Erntehelfer, zieht weiter ins Saarland, dann nach Göttingen. Ein junger Mann in Trümmern, ohne Anker, ohne Ziel. In Göttingen trifft er zufällig einen alten Mitschüler, der ihm erzählt, man könne in Sonderklassen jetzt schnell das Abitur nachholen.

Gut, Abitur, er hat ja sonst nichts zu tun. Er setzt sich in die Klasse, neben ihm Achtzehnjährige, Fünfundzwanzigjährige, eben noch irgendwo da draußen Teil der Kriegsmaschine in Uniform, ehemalige Wehrmachtssoldaten, niemand weiß wo. Fragt auch niemand. Die Vergangenheit ist vergangen. Es gilt jetzt irgendwie neu anzufangen. Auch Günter Grass wird von nun an über seine Vergangenheit, seine Mitgliedschaft in der Waffen-SS, mehr als sechzig Jahre lang schweigen.

Die Schule in Danzig – das war in einer anderen Welt, in einem anderen Zeitalter. Kann er da jetzt einfach so weitermachen, wieder anknüpfen, als sei nichts gewesen? Die erste Stunde ist Latein, ja, da hört er zu, die nächste Stunde dann Geschichte. Grass hat das oft erzählt. Wahrscheinlich war es genau so: »Wo waren wir stehen geblieben?«, soll der Geschichtslehrer seine Stunde begonnen haben. Ja, wo waren sie eigentlich stehen geblieben, bevor der Krieg begann? Wo war die Welt stehen geblieben, bevor über sechzig Millionen Menschen starben, bevor die industriell betriebene Tötung der europäischen Juden begann? Der Geschichtslehrer gibt sich selbst die Antwort: »bei der Emser Depesche.«

Das ist für Grass das Signal zum Aufbruch. Er schnappt sich seinen Brotbeutel und verlässt unter den staunenden Augen der Mitschüler die Schule. Für immer. Keine Emser Depesche. Kein Abitur.

Grass zieht weiter durch das Land. Überall hängen Listen von Gesuchten und von Suchenden. Ein Land sucht sich selbst.

Irgendwann findet er auf einer Liste den Namen und die Adresse von Verwandten. Er schreibt ihnen, fragt, ob seine Eltern, seine Schwester leben und wo. Er bekommt Antwort. Alle drei leben in der Nähe von Köln bei einem Großbauern. Grass macht sich auf den Weg, kündigt sich aber nicht an. Gut zwei Jahre ist es her, dass der Vater ihn im damals beinahe unversehrten Danzig zum Bahnhof brachte und die Mutter sicher war, er fahre in den Tod.

Ihr Danzig gibt es nicht mehr. Mehr als 1100 Kilometer entfernt sehen sie sich wieder. Grass schreibt: »Der Sohn erschrak. Da standen sie, ärmlich in zu weit gewordene Mäntel gekleidet. Die Mutter verhärmt. Seinen Veloursbut hatte der Vater übers Kriegsende hinweg gerettet. Die Schwester, ohne Zöpfe, kein Kind mehr.«

Ihr Peer Gynt ist wieder da. Ihr Geschichtenerfinder. Durch die so unterschiedlichen Vergangenheiten der letzten zwei Jahre getrennt. Der Vater will den Sohn sogleich zu einer ordentlichen Verwaltungslaufbahn überreden. Nichts könnte Peer Gynt ferner liegen. Seit der geheimen Bilderlehre mit der Kunstlehrerin in Zoppot am Ostseestrand will er Künstler werden.

Er hat von der Kunstakademie in Düsseldorf gehört, fährt hinüber, steht vor verschlossenen Räumen. »Keine Kohle zum Heizen«, erklärt ihm ein Professor, den er trifft. Aber zurück zu den Eltern will er nicht. Stattdessen beginnt er eine Steinmetzlehre in Düsseldorf, irgendwann wird es schon wieder Kohlen geben. So lange lernt er eben Grabsteine zu bearbeiten, ein krisensicheres Geschäft.

Dann, 1948, wird er tatsächlich an der Akademie angenommen. Er lernt, malt, zeichnet – sein Einstieg in die Welt der Kunst. Nebenbei gestaltet er mit Freunden Rosenmontagszüge und macht Musik mit einer Band im Keller des »Czikós«.

Dieser Keller in Düsseldorf wird in der »Blechtrommel« zu dem Ort, an dem ein Land, das nicht trauern kann, Menschen, die nicht weinen können, die für unerzählbar halten, was ihnen die Kehle zuschnürt, zusammenkommen, um zu weinen. »Der Zwiebelkeller« heißt das Kapitel. Es sind offenbar besonders scharfe oder irgendwie verzauberte Zwiebeln, die hier für zwölf Mark das Stück verkauft werden. Ein Messer gibt's für achtzig Pfennig dazu. Und so trauert hier im Keller eine Gesellschaft, die unfähig ist zu trauern. Die Zwiebel »schaffte, was die Welt und das Leid dieser Welt nicht schafften: die runde, menschliche Träne«, wird es in Günter Grass' erstem Roman heißen. Und nach den Tränen kommen die Worte: »Zögernd noch, erstaunt über die eigene nackte Sprache, überließen sich die Gäste des Zwiebelkellers nach dem Genuss der Zwiebeln auf den unbequemen, rupfenbespannten Kisten, ließen sich ausfragen, wenden, wie man Mäntel wendet.«

Ein schweigendes Land findet in diesem Düsseldorfer Keller seine Stimme wieder. Und dem Dichter verkapselt sich ein Detail seiner Vergangenheit und wird lange im Verborgenen schwelen.

Günter Grass in diesen Tagen – er ist gierig nach Kunst, nach Büchern, Bildern, gierig danach, selbst zu malen, zu zeichnen und langsam auch zu schreiben. Begierig auch, die Welt zu sehen.

Zunächst natürlich: Italien. Juli 1951, er reist per Anhalter nach Mailand, Palermo, Perugia, Florenz, Rom, beinahe ohne Geld. Er porträtiert Touristen, schläft auf Parkbänken, unter Olivenbäumen, »jeder Tag ein Geschenk«. Dann wieder Düsseldorf, studieren und Geld verdienen im Tränenkeller. 1952 dann nach Frankreich, wieder per Anhalter, oft muss er singen, damit die Lastwagenfahrer nicht einschlafen. Dann schreiben, schreiben, Paris sehen, schreiben wie verrückt. Erste Gedichte entstehen dort, eines von einem Zwerg, »Der Säulenheilige« heißt es:

Ich aber, ein blauer Wald mit grünen Vögeln,
Ein säuerlich Brot voller witziger Steine,
Ich, zwar die Lüge, doch hoch auf der Säule,
Daß jeder es merkt,
Ich bin drei große Männer zusammen
Und spucke den Mädchen zwischen den Unsinn der Brüste,
Ich bin der Zwerg, der die Röcke der alten Weiber zählt.

Oder täuscht er sich und dieses Gedicht ist erst nach seiner Rückreise entstanden? Er fährt über die Schweiz zurück, will eine Freundin in Lenzburg besuchen. Sie sitzen zusammen bei Kaffee und Kuchen, eine Freundin der Freundin ist auch dabei, neunzehn Jahre, lachend, langer Hals und dunkle Haare, selbstbewusst, Tochter aus großbürgerlichem Hause. Sie heiße Anna, wolle Tänzerin werden und wisse auch schon wo und wie. Sie sei praktisch schon auf dem Sprung nach Berlin, wo sie bei Mary Wigman Ausdruckstanz lernen wolle. Irgendetwas in Günter Grass lässt ihn sagen, er wolle auch nach Berlin. Sein Kunststudium an der dortigen Akademie der Künste fortsetzen. Das sei ja wirklich sonderbar. Womöglich sehen sie sich da wieder. Dann verlässt Anna die Kaffeerunde, und – es klingt wie ein Roman, aber Grass hat es so oft erzählt, dass es vielleicht stimmt – in die Kaffeerunde tritt nun ein etwa dreijähriger Junge mit einer Blechtrommel. Der trommelt und trommelt und scheint von einem sonderbar unerschütterlichen Selbstvertrauen getragen. Als könne er die Zwänge der Erwachsenenwelt hinwegtrommeln.

Das Bild des trommelnden Jungen wird ihm bleiben. Und auch die Idee mit Berlin wird Wirklichkeit. Er verlässt Düsseldorf, wird an der Berliner Hochschule angenommen – und auch Anna Schwarz kommt. Eine Liebe beginnt.

Es ist der Winter 1952/53, noch liegt Ziegelstaub über Berlin, der sich auf die Zähne legt. Ein Zimmer in der Schlüterstraße in Charlottenburg, ganze Nächte tanzt er mit Anna durch in der »Eierschale«, »ein Paar wie aus göttlicher Laune gelungen«, schreibt er.

Bald schon heiraten sie, ihre Eltern sind skeptisch, er trinkt Pflaumenschnaps bei seinem Antrittsbesuch, um sich zu beruhigen. Zur Hochzeit bekommt er eine Reiseschreibmaschine von Olivetti. Es kann jetzt wirklich losgehen. Er schreibt Ballett-Libretti für seine Frau und Gedichte für sich.

Anna und er sind auch dabei, als Arbeiter im Juni 1953 im Ost-Sektor der Stadt auf die Straße gehen und Panzer mit Steinen bewerfen. Das beeindruckt sie beide sehr. Auch, dass da keine Studenten mitmarschieren, kein Schriftsteller. Bert Brecht sehen sie ein anderes Mal auf einem Podium, lächelnd, stumm auf seiner Zigarre kauend, »ohne Meinung zum Koreakrieg oder Atomtod«. Dass Kunst und Künstler eine Verantwortung haben, dass es eine luftdicht abgeschlossene Vakuum-Kunst nicht gibt, dass sie eingreift, Welt verändert, Geschichte formt – diese Überzeugung wächst in diesen Jahren in Berlin.

Tanzen in der Eierschale, leben im Ei, dann schlüpfen, dann eingreifen. So hat er es in seinem Gedicht »Im Ei« beschrieben:

Wir leben im Ei.
Die Innenseite der Schale
Haben wir mit unseren Feinden bekritzelt.
Wir werden gebrütet.

Wer uns auch brütet,
unseren Bleistift brütet er mit.
Ausgeschlüpft eines Tages,
werden wir uns sofort
ein Bildnis des Brütenden machen.

Ja, das war als Drohung gemeint. Aufforderung an sich selbst und seinesgleichen. Denn das Gedicht endet so:

Wenn wir auch nur noch vom Brüten reden,
bleibt doch zu befürchten, daß jemand,
außerhalb unserer Schale, Hunger verspürt,
uns in die Pfanne haut und mit Salz bestreut. –
Was machen wir dann, ihr Brüder im Ei?

Brüder – zur Pfanne.

Irgendwann im Spätsommer des Jahres 1954 lesen seine Schwester, die zu Besuch ist, und Anna in der »FAZ« eine Anzeige für einen Wettbewerb für junge Lyriker. Ihr Bruder, ihr Mann, der dichtet doch die ganze Zeit. Vielleicht ist es was wert? Sie stöbern seine Gedichtmappe durch, suchen raus, was ihnen gefällt. Der Dichter selbst lacht, sagt »alles Quatsch«, aber wenn sie wollen, sollen sie es halt schicken. Sie schicken sechs Gedichte, den »Säulenheiligen« und eines, das »Lilien aus Schlaf« heißt – und damit geht es los mit dem öffentlichen Dichter Günter Grass. Er erhält den dritten Preis für die »Lilien«, fliegt nach Stuttgart zur Preisverleihung, sein erster Flug. Als er wieder zu Hause in Berlin ist – sie wohnen jetzt in einer Kellerwohnung am Dianasee –, liegt ein Telegramm auf dem Tisch von diesem Dichter-Club. Ein Telegramm vom Chef der Gruppe 47, Hans Werner Richter, eine Einladung zur nächsten Tagung der Gruppe in Berlin am Wannsee, im Haus am Rupenhorn. Am Ende ein knapper Befehl: »Gedichte mitbringen!«

Und Günter Grass fuhr hin.

Am See draußen sitzen schon alle bei Kaffee und Kuchen. Grass kennt hier keinen, und keiner kennt ihn. Eine Dame mit Schürze und Häubchen kommt vorbei, fragt, ob er auch Dichter sei. Zum ersten Mal wird er das gefragt. »Diese Frage traf ins Herz«, wird er später schreiben. Er sagt »Ja«, was bedeutet, dass auch er Kaffee und Kuchen bekommt.

Plötzlich sitzt er mit der deutschen Literatur am See. Heinrich Böll ist da und Günther Eich, Erich Kästner ist zum einzigen Mal dabei, aus dem Osten Fritz J. Raddatz, später ein Freund für fast ein ganzes Leben, Joachim Kaiser, mit seinem ostpreußischen Akzent, der mit erschütternder Schnelligkeit, Schärfe und Eleganz formuliert, Ingeborg Bachmann, Martin Walser. Und schließlich kommt der Chef auf ihn zu. Wer ihn bitte eingeladen habe?

Richter erinnert sich später an sein Erschrecken, als er Grass da auf der Terrasse zum ersten Mal sah. Wie ein Zigeuner habe er ausgesehen, aber da er selbst Zigeuner zu seinen Vorfahren zählte, habe er nach dem ersten Schrecken eher Sympathie als Angst empfunden. Richters Frau Toni war da ängstlicher, mit verstaubter Jacke habe der dagesessen, raubtierhaft, wild, zum Fürchten. Der Mann ist wohl eine Erscheinung.

Grass sieht sich alles in Ruhe an, lässt sich die Regel erklären, dass der Dichter die auf seine Lesung folgende Kritik stumm anzuhören habe. Er hört die Urteile, findet sie scharf und manchmal auch verkehrt, er sieht die zarte Ingeborg Bachmann auf den »heißen Stuhl« steigen und denkt sich: Wenn die die fertigmachen, dann schreite ich aber ein.

Doch alle sind verzaubert von ihr, von ihrem Ton. Keine Kritik. Grass muss nicht eingreifen.

Er selbst liest drei Gedichte vor. Der Kritiker Kaiser findet ihn proletenhaft in sich ruhend, er verkörpere die nichtakademische Welt. Grass selbst fühlt sich schon bald unter diesen Leuten zu Hause. Die Gruppe ist eine Heimat für ihn – und sie wird es bis zum Ende bleiben, er wird kein Treffen verpassen.

Hier beim ersten Mal liest er seine Gedichte »Geöffneter Schrank« und »Drei Vaterunser«. Und dieses Herkunftsgedicht, fremd und stolz und stark. Vor dieser Gruppe von fast ausschließlich Männern, die meisten ehemalige Wehrmachtssoldaten wie er selbst. Es heißt »Polnische Fahne«:

Viel Kirschen, die aus diesem Blut
Im Aufbegehren deutlich werden,
das Bett zum roten Inlett überreden.

Die dritte Strophe lautet:

Die Tage schrumpfen, Äpfel auf dem Schrank,
die Freiheit fror, jetzt brennt sie in den Öfen,
kocht Kindern Brei und malt die Knöchel rot.

Und es endet so:

Die Fahne blutet musterlos,
so kam der Winter, wird der Schritt
hinter den Wölfen Warschau finden.

Danach ist er umringt von Lektoren, die ihre Verlage wie stolz präsentierte Rangabzeichen herausrufen: Suhrkamp, Fischer, Rowohlt, »Hier meine Karte«, »Nein, hier meine«, »Wir melden uns«, »Wir wollen Ihre Gedichte«, ein Kritiker, erinnert sich Grass später, habe ihm einen »raubtierhaften Zugriff« bescheinigt.

Von den Lektoren meldete sich aber danach leider erst mal keiner. Und den Preis der Gruppe gewann Martin Walser bei diesem Treffen. Aber Günter Grass hatte eine Art Familie gefunden. Ein Publikum. Er, der Maler, Künstler, Steinmetz, war jetzt wirklich auch – ein Schriftsteller.

Der einen Roman im Kopf hatte. Er hatte diesen Zwerg im Kopf und Danzig-Langfuhr, den Kolonialwarenladen, eine Frau mit vielen Röcken, einen Brandstifter, die Weichsel, eine Trommel. Und Anna wollte noch viel mehr lernen, sie hatte eine bestimmte Tanzlehrerin in Paris im Kopf. Wollen wir da nicht einfach hinziehen?

Im Juli 1956 machen sie sich auf, mit leichtem Gepäck nach Paris. Sie finden eine billige Mansarde, Günter Grass durchstöbert die Märkte nach billigem Gemüse, Pilzen, Hammel, Fisch. Schließlich kauft ihnen Annas Vater eine kleine Wohnung in der Avenue d'Italie, im ersten Stock des Hinterhauses. Ein Heizungskeller gehört dazu, den richtet sich der Dichter als Romankammer ein. Die Pläne Danzigs und seine Romanpläne an die Wand geheftet, tief in Tabakqualm gehüllt, schreibt er mit der Hand Seite um Seite das Buch, das lange schon in ihm arbeitet. Abends gehen sie tanzen, wann immer sie Geld brauchen, fährt Grass nach Deutschland, liest im Rundfunk, vermittelt von den Hörfunkredakteuren Joachim Kaiser und Walter Höllerer, neueste Werke vor. Honorare gibt es bar an der Kasse. Und wenn wieder ein Treffen der Gruppe 47 ist, bringt er einige Grafiken mit und verkauft sie für 100 Mark das Stück. Wolfgang Hildesheimer kauft sie ihm ab. Ob er ein guter Dichter sei, das wisse er nicht. Aber ein guter Grafiker sei er auf jeden Fall, das könne man sehen.

Der Roman in Paris wächst und wächst. Und Günter Grass hat in Paris eine Art Freund gefunden, einen Dichter, mit dem er immer wieder durch die Stadt geht, der ihm erzählt und erzählt. Grass hört zu. Es ist der Dichter Paul Celan, fast eine Generation älter als Grass, Jude, seine Familie im Holocaust ums Leben gekommen, ermordet von der SS und ihren Schergen. »Die Todesfuge« ist das berühmteste deutsche Gedicht darüber. Celan hat es in den Jahren 1944 und 1945 geschrieben: »Schwarze Milch der Frühe wir trinken sie abends wir trinken sie mittags und morgens wir trinken sie nachts.« Grass erzählt ihm von seinem Zwerg, Celan erzählt vom Holocaust, immer wieder vom Holocaust und warum die Erinnerung daran nie weichen wird. Er wird daran zerbrechen, später, hier in Paris.

Jetzt, 1956, lauscht er den Fragen des jungen Mannes aus Deutschland, beantwortet, was er beantworten kann. Einmal sitzen sie zusammen, und Grass hat von einem Bauern in der Normandie eine Flasche Calvados gekauft, siebzigprozentigen. Grass erinnert sich: »Immer dann, wenn er ein paar Gläser getrunken hatte, verließ ihn die Tragik, die ihn sonst umwölkte, dann wurde Celan sehr ausgelassen und konnte sehr komisch sein und fing sogar an, revolutionäre russische Lieder zu singen.«

Und Celan bewunderte die Energie dieses jungen Deutschen, die ganze Nacht durchzutrinken und dennoch am nächsten Morgen wieder in Qualm gehüllt an seinem Schreibtisch zu sitzen und das Werk des Zwerges voranzutreiben.

Grass schreibt und schreibt. Im September 1957 bringt Anna die Zwillinge Franz und Raoul zur Welt. Sie sind nun zu viert, der Familienvater müsste wirklich langsam mal sehen, dass er dieses große Buch zu Ende bringt. Aber ihm fehlt noch das Entscheidende. Ihm fehlt noch die Wirklichkeit. Ihm fehlt das Danzig von heute. Er muss nach Polen, muss nach Gdańsk. Muss sehen, was geblieben ist aus seiner frühen Zeit. Eine Reise in die Kindheit, in die Erinnerung, in eine verschwundene Welt.

Die Freiheit heißt London

Marcel Ranicki. 1945–1958

DIE NACHT DES 9. MAI 1945. Marcel Reichs Schuss ist verklungen im Himmel über Warschau. Der Krieg ist aus. Im Ministerium für öffentliche Sicherheit interessiert sich ein Major für den jungen Zensor mit den guten Deutschkenntnissen. Er fragt Marcel Reich, ob er für den polnischen Geheimdienst, genauer: für die Auslandsabteilung des Nachrichtendienstes, auf eine Mission verschickt werden wolle.

Eine Mission? Wohin?

In das Paradies, in das er einst als Neunjähriger geschickt und aus dem er an einem Morgen im Oktober 1938 mit einem Roman von Balzac in der Tasche ausgewiesen worden war. Nach Berlin.

Um die Stadt seiner Kindheit wiederzusehen, hätte er auch einen Pakt mit dem Teufel geschlossen, wird er später schreiben. »Das besiegte, das in die Knie gezwungene Deutschland faszinierte mich mehr als irgendein Land auf der Erde.« Die Tatsache, dass er dafür für den Geheimdienst arbeiten muss, stört ihn nicht. Er ist dankbar, dass er gebraucht wird.

Im Januar 1946, mehr als sieben Jahre nachdem er im Zug außer Landes gebracht worden war, fuhr er mit dem Auto in die zerstörte Stadt hinein. Empfand er Schadenfreude? Hass? Wut? Verachtung? Hatte er das Bedürfnis, sich an der Not der Überlebenden zu laben? In seiner Autobiografie beschreibt er seine damaligen Gefühle in einem Satz: »Nicht Rachsucht trieb mich nach Berlin, sondern Sehnsucht.«

Er geht durch die Straßen, sucht die Häuser, in denen er gelebt, die Schulen, die er besucht hatte – und dann vor allem diesen großen Platz, das Haus, in dem er die schönsten Abende seines Lebens verbracht hatte: der Gendarmenmarkt und das zerstörte Schauspielhaus, dessen Außenwände mit leeren Fenstern noch stehen. »Es war ein diesiger, ein regnerischer Tag. Niemand ließ sich vor dem Theater blicken, ich war ganz allein. Plötzlich spürte ich, dass meine Augen feucht wurden, dass Tränen über meine Backen liefen. Doch es war nicht der durch die Ruinen wehende, der schneidende, stürmische Wind, der diese Tränen verschuldete. Meine Jugend war es wohl, der ich hier, auf diesem kalten und leeren Berliner Platz, verschämt nachweinte.«

Er kennt keinen Menschen mehr in Berlin. Er trifft keinen Schulkameraden, keinen Bekannten, alle Familienmitglieder wurden vertrieben oder vergast.

Es gibt zwei Bilder von ihm aus diesen Monaten in Berlin. Eins zeigt ihn als Mitglied der polnischen Militärmission, rauchend, hohe Stirn, dunkler Anzug, runde Brille, neben ihm eine Frau mit Zigarettenspitze, mit dem Rücken zu uns ein glatzköpfiger Militär. Auf einem anderen Bild hat er sich bei jener Frau untergehakt, sie, im Fellmantel, schaut aus dem Bild, er in glänzendem Ledermantel, den Hut schief und leicht ins Gesicht gezogen, seine schlangenförmige

Oberlippe, die Brille, die dunklen Augen in die Kamera gerichtet, Unterlagen unter den Arm geklemmt. Er sieht aus wie ein Bilderbuch-Agent.

Er arbeitete für die Abteilung »Rückforderung und Entschädigung«, die für den Rücktransport von den Deutschen entwendeter polnischer Industrieprodukte oder Produktionsstätten verantwortlich war. Und was sonst noch zur Entschädigung taugen konnte und nicht schon von den sowjetischen Truppen abtransportiert worden war. Was genau dabei seine Aufgabe sei, hatte er den Major vor seiner Abreise in Warschau gefragt. Darüber könne er noch nicht reden, so der Major in Reich-Ranickis Erinnerung. Er solle sich gut umsehen. Er erhalte Weisungen.

Und er sah sich um. Doch Weisungen erhielt er keine. Ihm war, als könne er hier in Berlin für immer in seinen Erinnerungen umherlaufen, ohne je von seinen Auftraggebern gerufen zu werden. Oder auch nur den Auftrag zu erfahren.

Doch nach drei Monaten war es damit vorbei. Er wurde zurückgerufen nach Warschau. Dort machte er schnell Karriere in der Abteilung des Sicherheitsministeriums, das für Auslandsaufklärung zuständig war. Er wurde mehrfach befördert, schließlich leitete er im Rang eines Hauptmanns das »Großbritannien-Referat« und war stellvertretender Chef der »operativen« Abteilung.

Seit 1945 war er auch Mitglied der Kommunistischen Partei. Mehrere Gründe hat er später dafür angegeben: Dankbarkeit gegenüber der Roten Armee, der er und seine Frau ihr Leben verdankten, Sehnsucht, dazuzugehören, Sehnsucht nach einer geistigen Heimat, als die ihm der Kommunismus damals erschien. Und Bewunderung für eines der rhetorisch brillantesten Stücke deutscher Literatur: »Das kommunistische Manifest«.

Schließlich führten sein Eifer, seine Klugheit, seine Fremdsprachenkenntnisse und seine Einsatzbereitschaft schnell zu einem erstaunlichen Karrieresprung: Er wurde, zusammen mit seiner Frau, nach London versetzt. Als »Vizekonsul« und »Hauptmann« im polnischen Geheimdienst. Eine für den jungen polnischen Staat sehr wichtige – und politisch heikle Aufgabe. Denn in London lebten damals zahlreiche polnische Emigranten, und dort residierte auch die antikommunistische Exilregierung. Die wichtigste Aufgabe des Vizekonsuls, der schon bald zum Konsul befördert wurde, war, Informationen über diejenigen Polen zu sammeln, die aus politischen Gründen in England lebten. »Es ging darum, rechtzeitig zu ermitteln, was die politischen Emigranten gegen den neuen polnischen Staat unternehmen wollten.«

Marcel Reich-Ranicki hat seine Tätigkeit für den polnischen Geheimdienst viele Jahrzehnte lang nicht erwähnt. Als 1994 Akten des polnischen Geheimdienstes auftauchten, die seine Tätigkeit belegten, berief er sich auf die Verpflichtung zur Geheimhaltung seiner Tätigkeit, die er hatte unterschreiben müssen. Außerdem habe er nur »harmlose Berichte« geschrieben, erklärte er in einem »Spiegel«-Interview, nachdem seine Tätigkeit bekannt geworden war.

Die Akten sind seitdem von zahlreichen Journalisten geprüft worden. Wie »harmlos« die Berichte wirklich waren, muss letztlich offenbleiben. Konkrete negative Folgen konnte auch der Journalist Gerhard Gnauck, der sich damit in seinem Buch über Reich-Ranickis polnische Jahre, das auch die London-Zeit umfasst, am intensivsten beschäftigt hat, nicht ermitteln. Die Aufträge, die er erhielt, waren jedenfalls nicht harmlos. Es galt zunächst einmal, »eine Kartei der Emigranten zu erstellen, für die sich die Behörden der Volksrepublik Polen interessieren könnten. Nach achtmonatiger Tätigkeit Ranickis umfasste diese Kartei etwa 2100 Namen«, schreibt Gerhard Gnauck. Und offenbar waren die Vorgesetzten des Konsuls nicht unzufrieden mit seinem Eifer und Arbeitseinsatz im Zentrum der polnischen Emigration. In den Akten steht, er habe seine Arbeit »mit Leidenschaft betrieben« und sei »ein hervorragender Agentenführer«. Vorgesetzte loben seine Intelligenz, seinen Eifer. Er sei »gut in der operativen Arbeit, vernarrt in den Geheimdienst«, er kenne »die Psyche der Agenten«, sei »ergeben, politisch zuverlässig, bewährt«. Seine Karriere gebe »Anlass zu großen Hoffnungen«. Als einzige Einschränkung, wird bedauernd notiert, gälten seine Arroganz, sein Opportunismus und »intelligenzlerhafte Manieren«.

Für ihn, den Konsul, und seine Frau war es wohl vor allem ein Traum, der Wirklichkeit geworden war. Sie hatten Geld, eine Aufgabe für den Geheimdienst, der dem politischen System unterstand, das Nazi-Deutschland besiegt und sie befreit hatte, sie lebten in London, der Stadt, in der seine Schwester Gerda Böhm, überlebt hatte. Sie hatten eine Wohnung, ein großes amerikanisches Auto, sie fuhren damit über Land, bis nach Schottland, mal ein Wochenende nach Paris. Es war ein neues, ein fantastisches Leben.

Neu war auch der Name, den der Konsul von nun an trug. »Reich« – das sei zu deutsch, erinnere außerdem zu sehr an das »Dritte Reich«, sagte man ihm. Eine Zensorin, die er in Warschau kennengelernt hatte, hieß Janina Ranicka, daran erinnerte er sich jetzt und gab sich selbst den neuen Namen: Marcel Ranicki.

Dass ihn seine Vorgesetzten lobten, hat er später so erklärt: »Das Leben in London war für mich natürlich viel interessanter und auch bequemer als in Warschau. Wenn ich auf diesem Posten bleiben wollte, konnte ich der Warschauer Zentrale doch nicht die Wahrheit sagen, dass ich nämlich meine Arbeit für den Geheimdienst für belanglos und überflüssig halte und dass ich sie daher ungern mache.«

Wenn er den Eifer wirklich nur spielt, gelingt ihm dieses Spiel offenbar eine Weile lang glänzend. Auf den Fotos jener Jahre sehen wir Standbilder wie aus einem Agentenfilm. Ein stolzer Mann, wie er sich über die Tür seines schwarzen Wagens lehnt, eine weiße »Corps diplomatique«-Plakette vorne über der Stoßstange. Dann in einer Delegation der polnischen Botschaft am Grab von Karl Marx, eine Hand in der Manteltasche, in der anderen eine Papierrolle. Und schließlich: eine echte Familie. Am 30. Dezember 1948 kommt Sohn Andrew zur Welt, wir sehen die drei, Konsul mit Krawatte, Baby staunend, Mutter mit hoher Frisur und großem Blusenkragen. Wirklich ein neues Leben.

Aber wieder eines auf schwankendem Grund. In Polen endet 1949 die Zeit relativ liberaler Herrschaft, zwei Parteien werden zur »Polnischen Vereinigten Arbeiterpartei« vereinigt, Parteichef Bierut tritt seine Regentschaft an. Der Stalinismus regiert, es gibt Schauprozesse, auffällig oft sind Juden die Opfer. Auch aus dem Konsulat in London werden Kollegen abberufen, scheinbar ohne Grund. Eine gute Freundin der Ranickis, Paula Born, Erste Sekretärin in der Botschaft, fährt im Sommer 1949 nach Polen in Urlaub und kehrt nicht zurück. Sie verschwindet jahrelang im Gefängnis,

»ohne Prozess, ohne jeglichen Grund«. Unter dem Bild, das die Beamten bei ihrer Verhaftung anfertigen, steht: »165 cm. Augen braun. Haarfarbe dunkel. Gesichtsform oval. Volkszugehörigkeit jüdisch.«

Es ist wieder so weit. Jederzeit kann alles passieren. Und es passiert. Am 29. Oktober wird Marcel Ranicki schriftlich mitgeteilt: »Ich berufe den Bürger zum 31. Oktober ab (...) und ernenne ihn zum 1. November 1949 zum Botschaftsrat im Außenministerium, zur Verfügung des Personalbüros.« Unterzeichnet vom zuständigen Minister.

Das ist unmissverständlich. Er fährt sofort nach Warschau und kämpft wie ein Löwe um sein Amt, seine Reputation, seine Freiheit. Doch das Sicherheitsministerium eröffnet ein »Disziplinarverfahren«, ein zuständiger General wusste zu berichten, Konsul Ranicki verfüge »über keine Agentenkontakte«. Er habe dort ein lächerliches Theater inszeniert, sei ein Scheinagent, ein schlechter Witz: »Die Residentur leistet faktisch fast gar keine nachrichtendienstliche Arbeit und ist in der Endphase des Einfrierens der Agentenschaft.« Ein vollständiges Desaster: »Wir müssen die Notwendigkeit ins Auge fassen, in nächster Zeit den Residenten abzuberufen.«

Marcel Ranickis Kampf ist aussichtslos. Es kommt zu persönlichen Angriffen von Kollegen – der Mann sei provozierend eitel, arrogant und gehe den Kollegen mit seinen Belehrungen über Musik und Literatur auf die Nerven –, außerdem wirft man ihm seine Tätigkeit als Übersetzer im Warschauer Getto vor. War das nicht Kollaboration? Man nennt ihn »kosmopolitisch«, ein aus der Geschichte gut bekannter Vorwurf gegen Juden, auch habe er eine frühe Mitgliedschaft in der Kommunistischen Partei erfunden.

Im November 1949 reist die kleine Familie gemeinsam nach Warschau. Marcel Ranicki muss seinen Diplomatenpass abgeben, ein Dienstaufsichtsverfahren wird gegen ihn eingeleitet. Seiner Frau legt man nahe, sich von ihm scheiden zu lassen. Daraufhin erleidet Tosia einen Nervenzusammenbruch. Ihr Mann ist in Haft. Keiner weiß, wie lange.

Eben war da noch alles. Glück. Geld. Karriere. Bedeutung. Familie. Reisen. London. Aus dem Getto, aus dem Keller befreit in dieses unwahrscheinliche Leben hinein. Und jetzt schon wieder das Nichts. Einfach nichts, und keiner weiß warum.

Marcel Ranicki sitzt in einer schummrig beleuchteten Einzelzelle. Seine Frau darf ihm etwas zu lesen bringen, heißt es. Er entscheidet sich für einen Roman, der vom Überleben im KZ handelt, von einer unwahrscheinlichen Flucht, einer unwahrscheinlichen Rettung: »Das siebte Kreuz« von Anna Seghers.

Die kommunistische Schriftstellerin aus Mainz hatte diesen Roman über die sieben Häftlinge, die aus dem Konzentrationslager Westhofen fliehen, auf der ersten Station ihrer Flucht aus Deutschland in Frankreich geschrieben. »Vielleicht sind in unserem Land noch nie so merkwürdige Bäume gefällt worden wie die sieben Platanen auf der Schmalseite der Baracke III. Ihre Kronen waren schon früh gekuppt worden aus einem Anlass, den man später erfahren wird. In Schulterhöhe waren gegen die Stämme Querbretter genagelt, so dass die Platanen von weitem sieben Kreuzen glichen.«

So fängt der Roman an. Sieben Bäume, sieben Kreuze für sieben Geflohene.

Marcel Ranicki in seiner Zelle liest und liest. Seine einzige Sorge: »Mehr Licht«, er kann kaum die Buchstaben erkennen.

Seine ganze Energie bietet er auf, um eine stärkere Glühbirne zu bekommen. Er hat viel Energie. Er bekommt die Birne.

Es ist wieder einer dieser Momente im Leben des späteren Kritikers, in dem die Literatur ihn – ja – erleuchtet. Ihn aufwühlt, ihn weiterleben lässt, die Welt in anderem Licht erscheinen lässt. Wie damals im Grunewald, als der Brief von Thomas Mann verlesen wurde, wie im Getto, als Tosia ihm Kästners »Lyrische Hausapotheke« schenkte. Und als er in Warschau beim Geheimdienst ohne Erfahrung plötzlich andere neue Agenten schulen sollte – da hatte er sich an Egon Erwin Kischs Darstellung des Falls von Oberst Redl erinnert. Und die Schulung glänzend absolviert. Jetzt hier in der Einzelzelle liest er Anna Seghers und erkennt, dass er einen ganz falschen Weg gegangen ist. Was soll ihm Politik? Er ist doch ein ganz anderer. Er muss doch etwas völlig anderes machen: »Während der Lektüre spürte ich immer deutlicher, dass meiner Laufbahn, die ich jetzt in Ruhe überblicken konnte, ein fatales Missverständnis zugrunde gelegen hatte: Ich hatte geglaubt, die Politik könne meine Sache sein oder werden. Aber den Roman von Anna Seghers lesend, den ich noch heute liebe und bewundere, begriff ich, dass mich die Literatur ungleich mehr interessierte als alles andere. So überlegte ich mir in der jetzt gut erleuchteten Zelle, ob es vielleicht möglich sein könne, zur lange vernachlässigten Partnerin meiner frühen Jahre zurückzukehren – zur Literatur also.«

Damit beginnt Marcel Ranickis Weg in die Literatur. Er hat Glück und Unglück dabei. Er lebt in einem politischen Willkürsystem. Es wird Gnade verteilt und Gnade genommen. Meist weiß man nicht warum.

Zunächst mal kommt er schon nach zwei Wochen wieder

frei. Das ist eine Art Glück. Aber kurz darauf schließt man ihn zunächst aus dem Ministerium, dann auch aus der Partei aus. Das ist in seiner Position eigentlich ein fatales Signal.

Er kämpft in den folgenden Jahren wie verrückt und mit allen Argumenten, die er hat, darum, sein Parteibuch zurückzuerhalten. Notizen in seinen Akten belegen das Seufzen eines Parteibürokraten: »Schon wieder hat sich Ranicki an uns mit der Bitte gewandt …«

Er ist lästig, macht Wirbel um seine Mitgliedschaft, schreibt Briefe: »Ich kann nicht begreifen, warum man mir keine Möglichkeit gibt, in die Partei zurückzukehren.«

Gleichzeitig wird er nicht ganz fallen gelassen. Er darf im Verlag des Sicherheitsministeriums ein deutsches Lektorat initiieren. Doch dort wird vor allem politische und militärische Literatur verlegt. Als ihn das Angebot eines führenden polnischen Belletristik-Verlages erreicht, dort das deutsche Lektorat zu übernehmen, kündigt er beim Ministerium, um die neue Stelle anzutreten. Doch dagegen erhebt das Zentralkomitee der Partei Einspruch. So ist er beide Posten los.

Aber er hat vorher schon angefangen, nebenbei Kritiken über Werke deutschsprachiger Autoren fürs Radio und für Zeitungen zu schreiben. So macht er jetzt gezwungenermaßen seine bisherige Nebentätigkeit zum Hauptberuf. Zufall der Geschichte, Willkür der Machthaber: »Beinahe über Nacht war ich geworden, wovon ich in meiner Jugend geträumt hatte: ein Kritiker. Und ich war, obwohl ein Anfänger, doch schon ein freier Schriftsteller.«

Ein Mann findet seine Bestimmung. Wobei das Wort »frei« etwas daneben zielt. Natürlich durften nur politisch genehme Autoren besprochen werden. Auch für die Verlagsgutachten, die er weiterhin schreiben durfte, galten strenge politische Vorgaben, der Name Stalin musste regelmäßig erwähnt werden. Und die grundsätzliche Unsicherheit blieb natürlich auch. Er wusste selbst, dass ihm die Machthaber nicht die Stelle beim Verlag verweigert hatten, um ihn nun langfristig als Kritiker lesen zu müssen. Jederzeit konnte ein neuer Schlag erfolgen.

Er bemühte sich weiter um Wiederaufnahme in die Partei und folgte in seinen Texten unzweideutig der Doktrin des sogenannten sozialistischen Realismus. Es half nichts. Anfang 1953 verhängte man offenbar ein Publikationsverbot über ihn. Zumindest hatten seine bisherigen Arbeitgeber Anweisungen erhalten, nichts mehr von Marcel Ranicki zu senden oder zu drucken. Warum? Niemand wusste es.

Der verzweifelte Kritiker lief von Ministerium zu Ministerium, um den Grund zu erfahren und wie er ihn beheben könne. Aber er erfuhr nichts. Es war, wie schon oft in seinem Leben, wie im Werk Franz Kafkas: »Ich war angeklagt, konnte aber nicht erfahren, weshalb man mich angeklagt hatte. Ich war verurteilt, wusste aber nicht, wer mich verurteilt hatte.«

Die Familie lebte in einer winzigen Zweizimmerwohnung, Tosia arbeitete als Grafikerin, aber das Geld reichte kaum zum Überleben. Marcel Ranicki durfte noch manchmal Gutachten für Verlage erstellen. Einmal schrieb er ein begeistertes Gutachten zur Übersetzung eines Werkes des expressionistischen Lyrikers und DDR-Kulturministers Johannes R. Becher. »Der große Plan«. Das Buch hatte Andrzej Wirth übersetzt.

Er und Marcel Ranicki lernten sich kennen und mochten sich sofort. Sie teilten die Leidenschaft für deutsche Literatur und fingen an, gemeinsam zu übersetzen. Der Tisch in der winzigen Wohnung, den Tosia frei räumen musste, wenn die Männer ihre Bücher dort ausbreiteten, zitterte, wenn die S-Bahn vorbeifuhr. Sie hätten wahnsinnig viel Spaß beim Übersetzen gehabt, erinnert sich Wirth noch viele Jahre danach. Sie übersetzten erst ein Stück von Brecht, dann Dürrenmatts »Besuch der alten Dame«, dann Kafkas »Schloss« und »Prozess«.

Wirths Vater lebte damals in London im Exil. »Eine deiner Aufgaben war es, meinen Vater und meinen Onkel auszuspionieren«, sagte er halb lachend zu seinem Freund. Ihre gemeinsamen Übersetzungen durften nur unter Wirths Namen erscheinen.

Etwa anderthalb Jahre später durfte Marcel Ranicki dann doch wieder publizieren. Es habe nie ein Verbot gegen ihn gegeben, hieß es jetzt. Das Ganze sei »ein Missverständnis« gewesen. Es war ein absurdes Theaterstück.

Im Jahr 1955 erschien dann auch gleich eine deutsche Literaturgeschichte des Kritikers, »von 1871–1954«. In seiner Autobiografie schreibt er: »Ich erröte nicht selten, wenn ich heute in diesem Buch blättere.«

Man kann das gut verstehen. In der Literaturgeschichte schreibt er: Die Buchhandlungen der Bundesrepublik, wo »die amerikanischen Besatzer« herrschten, seien »voller pornografischer Bücher«. Das literarische Leben »unter den polizeilichen Verhältnissen des Adenauer-Regimes« sei wenig erfreulich. »Die neohitleristische Literatur erfreut sich der vollen Unterstützung der Führung Westdeutschlands und ist ein wichtiges Instrument der Remilitarisierung der Gesellschaft.« Selbst seinen geliebten Thomas Mann opfert er der aktuellen Doktrin: »Der ›Zauberberg‹ ist das Werk eines großen Realisten und eines irrenden Ideologen zugleich. (…)

Der übermäßige Einfluss der Theorien Sigmund Freuds, der in der bourgeoisen Welt einst in Mode war, ist im ›Zauberberg‹ wohl am deutlichsten sichtbar.«

Währenddessen kommt die deutsche Literatur immer mal wieder kurz in Warschau zu Besuch. Die ost- und auch die westdeutsche. Und sie kommt oft zu ihm, zu Marcel Ranicki persönlich. Es gibt in diesen Jahren sonst auch nicht allzu viele in Polen, die bereit sind, sich mit der Literatur des Landes, das sie vor wenigen Jahren überfallen hatte, zu beschäftigen.

So trifft Ranicki auch auf die Frau, deren Roman ihn in der Zelle zu seinem neuen Weg bekehrt hatte. Er ist bezaubert und enttäuscht zugleich. Bezaubert von ihrer natürlichen, unprätentiösen Art, dann aber zweifelt er – so schreibt er es viele Jahre später in seiner Autobiografie –, ob die Autorin dieses überwältigenden Werkes »Das siebte Kreuz« ihr eigenes Werk überhaupt verstanden habe. Doch schließlich ist er wieder der Bezauberte, und zum Abschied senkt er verehrungsvoll sein Haupt: »Mich tief verneigend, küsste ich die Hand der Anna Seghers.«

Dann kommt Bertolt Brecht, der die Bekanntheit seines Werkes im östlichen Nachbarland ein wenig vorantreiben und eine Inszenierung vorbereiten will. Ranicki fällt vor allem die Selbstinszenierung des Mannes mit der Zigarre auf. Die Selbstinszenierung eines Genies, das immer nur Theater spielt.

Und dann besucht ihn auch noch Heinrich Böll. Den ehemaligen Wehrmachtssoldaten aus Köln will in Warschau wirklich kaum einer treffen. Fünfzig Autoren sind vom Veranstalter eingeladen. Alle sagen ab. Man verlegt den Empfang in ein kleines Zimmer und ruft sechs Notgäste zusammen,

Übersetzer und Lektoren, darunter Marcel Ranicki. Es dauert nicht lange, bis alle im Raum tief berührt sind von diesem Mann, seinem Charisma und seinen Worten. »Hier sprach ein Schriftsteller aus der in Polen als revanchistisch verrufenen Bundesrepublik gleichsam in einem Atemzug von deutscher Literatur und deutscher Schuld – und jeder seiner schlichten und bisweilen linkischen Sätze wirkte überzeugend.«

Dieser eindrucksvolle Mann war es auch, der Marcel Ranicki seine erste Reise in die Bundesrepublik ermöglichte. Dem Kritiker war das Einreisevisum verweigert worden, Heinrich Böll intervenierte beim Auswärtigen Amt, bei anderen Behörden, schrieb eine empörte Glosse in der »Welt«. Drei Monate später hatte er sein Visum und fuhr im Dezember 1957 in die Bundesrepublik.

Es war ein Versuchsbesuch. Marcel Ranicki war in seinem Geburtsland fremd geblieben. Den Glauben an den Kommunismus hatte er verloren. Seine Liebe und Leidenschaft galt der deutschen Literatur. Wenn er überhaupt eine Heimat hatte, dann waren es deutsche Romane, Dramen und Gedichte.

Er traf auf seiner kurzen Reise viele von denen, die damals die deutsche Literatur prägten und sie noch viele Jahre lang prägen sollten. Er traf Wolfgang Koeppen, Siegfried Unseld, Joachim Kaiser und Hans Werner Richter. Er sah Heinrich Böll wieder und traf gleich zu Beginn der Reise einen unglaublich freundlichen Mann, der den polnischen Besucher für den Norddeutschen Rundfunk interviewte. Es war Siegfried Lenz. Und während Marcel Ranicki mit Lenz über Kafka sprach, das Steak, das sie aßen, mit einem Schnitzel verwechselte, dachte er im Geheimen daran, dass er – wenn es dort solche Menschen gibt – den großen Sprung nach Westdeutschland wohl wagen könnte.

Er sprach mit Lenz natürlich nicht über seine Pläne, er sprach mit niemandem. Aber er glaubte zu spüren, wie es sein würde, wenn er sich zum Kommen entschlösse: »Er würde mich in jeder Hinsicht beraten, und er würde mir ohne jedes Aufheben Geld anbieten, soviel ich wünschte. Ich dachte mir: Solange solche Menschen leben, kann ich es wagen, ohne einen Pfennig in der Tasche herzukommen. Ich werde hier nicht untergehen. Woher rührte mein Vertrauen zu ihm, den ich am Vortag zum ersten Mal im Leben gesehen hatte? Ich weiß es nicht. Wohl aber weiß ich, daß ich mich nicht getäuscht habe, daß alles so gekommen ist, wie ich es vermutet und gehofft hatte. Ich werde es nicht vergessen.«

Doch vorher muss er noch mal zurück. Zurück nach Warschau. Sein neues Leben vorbereiten. Und diesen anderen Mann treffen, der in diesen Tagen nach Danzig fuhr, um seine verlorene Kindheit wiederzufinden.

Hotel Bristol

Günter Grass und Marcel Ranicki. 1958

WIE FÄHRT MAN IN DIE Vergangenheit? Vierzehn Jahre ist es her, dass Günter Grass die Stadt verließ. Er will die Polnische Post sehen, wo der Krieg begann. Die Herz-Jesu-Kirche, die Ostsee. Ob noch Menschen leben, die er kennt? Kaschubische Verwandte? Wird das Haus im Labesweg noch stehen?

Zunächst ist es schwer, überhaupt nach Polen hineinzukommen. Wie Ranicki nur mit Bölls Hilfe in die Bundesrepublik kam, darf Günter Grass im Juni 1958 nur nach Danzig, weil ihm Andrzej Wirth ein Visum verschaffte. Jener Andrzej Wirth, der mit Ranicki lachend Dürrenmatt und Kafka übersetzt hatte.

Als Grass alle Papiere zusammenhat, schickt er Wirth von Paris aus ein Telegramm, mit der genauen Uhrzeit seiner Ankunft in Warschau und dem Hinweis: »trage blaues Hemd«. Im Zug trugen dann leider beinahe alle blaue Hemden: Arbeiter, die auch in Warschau ausstiegen.

Wirth fährt den Schriftsteller aus Deutschland durch Warschau. Grass sieht die Ruinen, den Wiederaufbau; sie schauen über die Weichsel und fahren dann auch zu jenem »Umschlagplatz«, wo die Züge nach Treblinka hielten und wo ein junger Übersetzer seinen Eltern gezeigt hatte, wo sie sich anstellen müssen.

Zum 85. Geburtstag Wirths hat sich Grass in einem Gedicht an diesen Besuch erinnert:

Warschau, die wiederholt geschändete, totgesagte,
aus Ruinen wieder auflebende Stadt.
Blicke über die Weichsel. Der Platz von dem aus
Züge mit Menschenfracht nach Treblinka
In die Todesfabrik gefahren
Und ohne zurückgekommen waren.
Die vollen Kirchen. Die leeren Schaufenster.
Wie aus dem Nichts gezauberte Eleganz
Junger und älterer Frauen. Dazwischen
Immer zu zweit die Miliz.

Dann beginnt die letzte Etappe seiner Reise in die Vergangenheit. Danzig heißt jetzt Gdańsk, und er kennt hier keinen Menschen mehr. Die Stadt weitgehend zerstört und die Bevölkerung nicht mehr dieselbe. Er trifft Menschen, »die mir fremd und doch nicht fremd waren. Die Menschen waren zwangsumgesiedelt worden aus Regionen, die heute zu Weißrussland und Litauen gehören, die waren aus ihrer Heimat vertrieben worden, so wie Deutsche aus ihrer, die verstanden sofort meine Empfindungen.«

Dennoch überwältigt ihn ein Gefühl der Fremdheit. Er geht seine Schulwege ab, er besucht Friedhöfe, spricht mit Grabsteinen, setzt sich in den Lesesaal der Stadtbibliothek, wo er einst als Schüler gesessen hatte, durchblättert Jahrgänge des »Danziger Vorposten«, findet drei Überlebende des Kampfes um die Polnische Post. Obwohl die offiziell gar nicht mehr leben. Die offizielle polnische Geschichtsversion lautet, dass es »keinen Überlebenden« des heldenhaften Widerstandskampfes gegeben habe. Die Namen aller Helden sind rechts und links des Eingangs des Gebäudes auf Gedenktafeln verewigt.

Denen, die noch leben, ist es egal. Einen ehemaligen Geldbriefträger trifft Grass als Hafenarbeiter in der Werft. Die Arbeit dort sei viel besser, er verdiene auch mehr. Grass lässt sich von ihm die Fluchtwege aus der Post beschreiben. Die hätte er sich nicht ausdenken können, sagt er später.

Ein Mann spaziert durch seine verlorene Kindheit und durch seinen entstehenden Roman. Größenwahn und Traurigkeit.

Die Geschichte des Romans ist einfach erzählt. Ein kleiner Junge beschließt an seinem dritten Geburtstag, das Wachstum einzustellen. Aus der Zwergenperspektive sieht er alles, vor allem, was er nicht sehen soll. Ein kühler Röntgenzwerg mit in den polnischen Nationalfarben gestrichener Trommel. Er kann Glas zersingen, marschierende Soldaten aus dem Tritt bringen, und er sieht und riecht die Kleinbürgerlichkeit, den Mief, aus dem der Geist des Nationalsozialismus aufgestiegen ist. Er erzählt seine Geschichte Jahre später, als er schon Insasse einer Heil- und Pflegeanstalt ist. Zum Beispiel Oskar in der Polnischen Post am 1. September 1939: »Ein heiterer bis wolkiger Septembertag, die Sonne pinselte Altgold, hauchdünn alles, empfindlich und dennoch schwerhörig.« Der Junge, der nicht wachsen will, weil klein ist der Protest, klein das neue Groß, der ewige Junge, ein Gegen-Hitler, der sich entschließt, »auf keinen Fall Politiker zu werden«. Dem sein Spielzeug genommen wird, in der Nacht, als in Danzig die Synagogen brennen und sein Spielzeughändler, Sigismund Markus, getötet wird. Günter Grass schreibt: »Es war einmal ein Spielzeughändler, der hieß Markus und nahm mit sich alles Spielzeug aus dieser Welt.«

Irgendwann in diesen Tagen in Danzig trifft er doch noch einen Menschen, den er kennt. Aber der Mensch kennt ihn nicht mehr. Es ist Anna, seine kaschubische Großtante, Schwester seiner Großmutter und Mutter des Helden Franz, der einer von denen ist, die in die Gedenkplatte neben dem Posteingang eingraviert sind. Er ist wirklich tot, aber Anna lebt. Doch wer ist dieser Herr mit Schnauzbart, den er sich seit seiner Pariser Zeit wachsen lässt? Günter Grass muss der alten Tante seinen Ausweis zeigen. Jetzt erkennt sie ihn. Natürlich. Der kleine Günter aus dem Labesweg. Er ist eben doch nicht, wie sein erfundener Held, klein geblieben. »Nu Ginterchen, biss abä groß jeworden«, ruft sie schließlich aus. Und als er ihr von Paris, Düsseldorf, der Welt da drüben erzählt, sagt sie den schönen Satz: »Ech waiß, Ginterchen, em Wästen is bässer, aber em Osten is scheener.«

Voller neuer Jugend, altem Wissen, gutem Schwung macht sich »Günterchen« wieder auf nach Westen. Er macht noch mal kurz einen Stopp in Warschau. Andrzej Wirth hat nicht viel Zeit. Aber ein anderer, Wirth kennt ihn gut, der liebe die deutsche Literatur wie verrückt, der wolle ihn kennenlernen. Grass isst erst mal schön, trinkt erst mal schön, eine Flasche Wodka, gearbeitet hat er ja jetzt genug. In diesem herrlichen Hotel mitten in der Stadt soll er ihn treffen. Gut, warum nicht? Er macht sich auf den Weg.

Der Sessel in der Lobby ist herrlich tief und weich. Warum nicht schlafen? Wer ist das überhaupt, den er hier treffen soll?

Kritiker? Pole? Kommunist? Was geht ihn der an? Aber Andrzej hat halt wohl keine Zeit. Und sein Zug zurück nach Paris geht erst morgen.

Andrzej Wirth hatte seinen Freund Marcel angerufen. Ob er da jemanden treffen könne. Ranicki, misstrauisch: Ob das ein Schriftsteller sei. Wirth: Das wird die Zukunft zeigen. Jedenfalls habe er zwei Theaterstücke geschrieben, von denen eins schon durchgefallen sei, das andere werde vermutlich demnächst durchfallen. Ranicki: Gut, das müsse ja noch nichts heißen. Was denn er, Andrzej, von den Stücken halte?

Dieser überraschte den Freund durch den Gebrauch eines derben Ausdrucks, wie ihn Ranicki von ihm noch nicht gehört hatte. Nur ein Wort. Er wollte es auch später nicht wiederholen, »um den Betroffenen zu schonen«. Jedenfalls, fügte der Theaterkenner Wirth hinzu, glaube er nicht, dass der junge Man je ein brauchbares Stück schreiben werde. »Dennoch scheine er begabt zu sein, wenngleich man noch nicht sagen könne wozu.«

Solcherart ermutigt, machte sich Marcel Ranicki also auf den Weg in die Hotellobby. Im Kopf vor allem, wie stets in diesen Tagen, seine bevorstehende Flucht. Mit niemandem, außer mit Tosia, hatte er bis jetzt darüber gesprochen. Nicht mal Sohn Andrew durfte etwas ahnen. Es war einfach zu gefährlich. So viel konnte schiefgehen, wenn die Falschen davon erführen.

Also wo ist er denn nun, dieser Schriftsteller aus Deutschland? Die Lobby leer. Nur dahinten in dem Sessel ein versunkenes Bündel. Ah, ein Mann, nachlässig gekleidet, unrasiert, mit gewaltigem Schnurrbart. Das ist er? Der junge deutsche Autor? Wie sah der denn aus, hier, im teuersten Hotel der Stadt?

Der junge deutsche Autor reißt sich plötzlich zusammen und kommt auf den Besucher zu. Das Erste, was Marcel Ranicki empfindet, als er Günter Grass zum ersten Mal sieht, ist Angst. Er denkt, dass er diesen Mann nicht in einer dunklen Straße treffen möchte. Der habe, so glaubt er, in der Tasche, »wenn auch nicht einen Revolver, so doch ein Messer«.

Sie stellen sich vor. Grass findet Ranicki »freundlich«, Ranicki ist immerhin erleichtert, dass der junge Mann sich »manierlich« vorstellt und ein schönes Deutsch spricht.

In dem Gedicht für Andrzej Wirth wird Grass die Begegnung später so beschreiben:

Und als ich zurück nach Warschau kam und Du mich
Beiläufig mit jenem Unüberhörbaren bekannt gemacht hast,
der, beladen mit der Last todnaher Erfahrungen,
ein halbes Jahr später bereits im Westen laut wurde,
und bald danach die deutschsprachige Literatur
nach seinem Maßstab zu vermessen begann,
hatte das Folgen für mich, von denen einige
nicht frei von Komik waren.

Jetzt geht das frische Paar erst mal durch Warschau. Ranicki zeigt dem Wodka-Freund Kirchen und Paläste. Interessiert den offenbar nicht. Gut, aber Literatur wird ihn ja interessieren. Wie er die neu entstehende Literatur der Bundesrepublik einschätze, möchte der Kritiker vom Besucher wissen. Der bleibt einsilbig und mürrisch. Gut, geht er eben Name für Name durch, über irgendwas muss man ja reden.

Koeppen? Schweigen.

Böll? Spöttisches Lächeln.

Frisch? Viel zu vornehm.

Andersch? Ja, der sagt ihm was.

Andersch' neuer Roman, »Sansibar«, war gerade sehr erfolgreich. Ranicki merkt schon – das passt dem Besucher aus Deutschland nicht. Die fliehende Jüdin in dem Werk, die sei so schön und schick. Was aber, wenn sie hässlich wäre und Pickel hätte? Ranicki äußert sich anerkennend über das Werk. Das hört der Schnauzbartträger nicht gern.

Dann eben die großen Alten. Thomas Mann? Hesse? Musil?

Es hilft alles nichts. »Ich hatte den Eindruck, dass der junge Mann keine Ahnung von Ackerbau und Viehzucht habe«, wird Reich-Ranicki später schreiben.

Schließlich sind sie genug durch die Stadt gelaufen. Ranicki steuert ein schäbiges Gartencafé an, wo man »glücklicherweise« keinen Alkohol bekommen konnte. Er hat noch eine Frage auf Lager, eine Frage, die wohl die Miene jedes Autors augenblicklich erhellt. Woran er denn gerade so arbeite? Da sprudelt es aus dem mürrischen Mann nur so heraus: »Er schreibe die Geschichte eines Menschen; die Sache beginne in den zwanziger Jahren und reiche beinahe bis heute. Wer das denn sei? Ein Zwerg. Hm. Zuletzt hatte ich etwas über einen Zwerg in meiner Kindheit gelesen, es war ein Märchen von Wilhelm Hauff. Was weiter? – fragte ich nicht eben neugierig. Dieser Zwerg – erklärte er mir – habe auch einen Buckel. Wie? Zwerg und bucklig auf einmal, ob das nicht etwas viel des Guten sei? Der bucklige Zwerg – fuhr der junge Mann fort – sei Insasse in einer Irrenanstalt. Jetzt reichte es mir, mehr wollte ich über den geplanten Roman nicht wissen.«

Aber inzwischen macht sich Ranicki ernsthaft Sorgen um den Gast mit dem irren Blick und dem irren Roman im Kopf.

Nur eines scheint ihm sicher: Aus diesem Buch wird nichts werden. Er bringt ihn in sein Hotel zurück. Und beide wissen nur eins: was für ein langweiliger, überflüssiger Nachmittag das gewesen ist.

Günter Grass wird sich später erinnern, Wirth habe ihm erzählt, ein empörter Ranicki habe ihn angerufen, sich beschwert und ihn gewarnt: »Pass auf! Das ist kein deutscher Schriftsteller. Das ist ein bulgarischer Agent.«

Reich-Ranicki erinnert sich später ein bisschen anders. Ja, er habe in der Tat Andrzej Wirth nach dem langweiligen Spaziergang angerufen und ihm erzählt, dass da in der Hotelhalle beim besten Willen keiner zu finden war, der aussah wie ein deutscher Schriftsteller: »Der einzige Mann, der da saß, hat nicht wie ein Schriftsteller aus dem Wirtschaftswunderland ausgesehen, sondern wie ein ehemaliger bulgarischer Partisan, der jetzt in Sofia als Sportfunktionär tätig ist und den man nach Warschau geschickt hat, um irgendeinen Länderkampf zu vereinbaren.«

Reich-Ranicki hat Grass viele Jahre später darauf hingewiesen, dass seine Version der Geschichte falsch und abwegig sei. Darauf meinte Grass, er solle doch einfach seine Fassung aufschreiben, er bleibe bei seiner. Das sei doch schön. So habe man zwei Versionen derselben Geschichte. Der Geschichte des Kennenlernens von Günter Grass und Marcel Reich-Ranicki.

Sie werden sich wiedersehen. Schon sehr bald.

Wiedersehen in Deutschland

Marcel Reich-Ranicki und Günter Grass. 1958

WARUM FÄHRT DER ZUG denn nicht weiter? Hat jemand Verdacht geschöpft? Was liegt diesmal gegen ihn vor? Jude? Kommunist? Abgefallener Kommunist? Geheimdienstmann auf der Flucht ins feindliche Ausland?

Der Zug steht an der Grenze zwischen Polen und der DDR. Nur wenige Reisende im Waggon, der Bahnsteig vollkommen leer. Die Kontrollen der polnischen Grenzer hat Marcel Ranicki fast problemlos überstanden. Er hat ja auch fast kein Gepäck, nur einen Koffer, ein paar Manuskripte sind darin, ein deutsch-polnisches Wörterbuch und eine Reiseschreibmaschine. Die Schreibmaschine hatte sie interessiert, sie haben sie, inklusive der Marke »Triumph«, in den Pass des Reisenden eingetragen. Jetzt müsste es doch weitergehen.

Aber es geht nicht weiter.

Ist das derselbe Ort, an dem er vor zwanzig Jahren aus dem Zug geworfen wurde, mit dem Balzac-Roman »Die Frau von dreißig Jahren« und ohne die leiseste Ahnung, wie es weitergehen sollte? Ein bisschen besser konnte er sich diesmal schon vorbereiten. Vor allem ist er diese Reise freiwillig angetreten. Aber trotzdem bleibt wieder mal ein ganzes Leben hinter ihm zurück.

Marcel Ranicki will nie wieder zurück. Einem Freund hat er einen Tag vor der Abreise den Schlüssel zur Wohnung der Familie in Warschau übergeben. Tosia und der inzwischen neunjährige Andrew sind nach London geflogen.

Jetzt sitzt er hier im Zug an der Grenze und hat Angst. Wird man ihn aus dem Zug holen und verhaften? Ein Mensch ist ein Spielball sonderbarer Mächte. Es kann immer alles passieren.

Nach einer Viertelstunde, die dem Reisenden endlos erschien, setzt sich der Zug endlich in Bewegung. Einfach so. Nach kurzer Zeit kommen zwei strenge DDR-Zöllnerinnen in den Waggon, um ihn nochmals zu kontrollieren. Er hat nichts zu verbergen. Nichts Geheimes im Koffer. Das Geheime ist im Kopf. Er denkt an die Verse Heinrich Heines:

Ihr Toren, die Ihr im Koffer sucht!
Hier werdet Ihr nichts entdecken!
Die Contrebande, die mit mir reist,
Die hab ich im Kopfe stecken.

Am 21. Juli 1958 kommt er in Frankfurt am Main an. Er kann zunächst beim jüngsten Bruder seiner Mutter unterkommen, der aus dem Londoner Exil nach Deutschland zurückgekehrt ist. Marcel Ranicki ist wild entschlossen, sich in der Bundesrepublik durchzusetzen, als Kritiker sein Geld zu verdienen und seine Familie zu ernähren. Sein erster Gang führt ihn in die Redaktionsräume der »Frankfurter Allgemeinen Zeitung«; den Warschau-Korrespondenten des

Blattes, Hansjakob Stehle, hatte er in Polen kennengelernt. Jetzt trifft er hier auf den Feuilletonchef Hans Schwab-Felisch. Ein freundlicher Herr, auch er ist in Berlin zur Schule gegangen, so haben sie gleich etwas zu bereden. Ob er ein Manuskript dabeihabe, fragt Schwab-Felisch. Hat er natürlich, ein Text über ein Buch des in Polen damals populären Jaroslaw Iwaszkiewicz. Schwab-Felisch liest, sagt: »Ja, das ist in Ordnung« – und dass sie es gleich in dieser Woche bringen werden. Gekürzt werde nichts.

Da ist aber noch etwas, das der frischgebackene Kritiker ansprechen muss. Sein Name, das sei etwas kompliziert, in Polen heiße er Ranicki, sein eigentlicher Name sei jedoch Reich. Unter welchem Namen er schreiben solle? Schwab-Felisch fällt die Antwort leicht: »Machen Sie es wie ich, nehmen Sie einen Doppelnamen«, am besten den kurzen zuerst. Das klinge besser. Der Besucher ist sofort einverstanden: »Schreiben Sie: Marcel Reich-Ranicki.«

Dann stellt ihm Schwab-Felisch noch schnell einen anderen Mann vor. Der Feuilletonchef lächelt ein wenig zweideutig-ironisch, als er den Namen ausspricht: Friedrich Sieburg, Chef des Literaturteils und damals »Deutschlands originellster und mächtigster Literaturkritiker«, wie Reich-Ranicki später schreiben wird. Ein Mann der alten Schule, noch aus dem legendären Feuilleton der »Frankfurter Zeitung« in der Weimarer Republik, damals schon Gegenspieler von Joseph Roth, den er um dessen Posten als Frankreich-Korrespondenten brachte.

Die Nazizeit hatte Sieburg sehr gut überstanden, wurde 1939 in den Auswärtigen Dienst berufen, war ab 1940 »Sonderbeauftragter« an der Deutschen Botschaft in Brüssel, wurde schließlich Botschaftsrat, ab 1941 Mitglied der

NSDAP. Von 1940 bis 1942 lebte er im von Deutschland besetzten Frankreich und hielt dort im März 1941 eine Rede vor der sogenannten Groupe collaboration, in der er erklärte, er sei durch das Leben in Frankreich »zum Kämpfer und Nationalsozialisten erzogen worden«.

Diesem Mann also wird der neue Mitarbeiter jetzt vorgestellt. Marcel Reich-Ranicki – so wird ihn die Welt kennenlernen, so nennen nun endlich wir ihn auch – hatte damals schon einiges über Sieburgs Vergangenheit gehört. Er schreibt: »Ich hatte Anlaß genug, ihm zu mißtrauen.«

Sieburg ist außerdem dafür bekannt, dass er die neue deutsche Literatur, vor allem die der Gruppe 47, verachtet. Da ist der neue, neugierige Mitarbeiter ja gleich an den Richtigen geraten. Ihm sei aufgefallen, so Reich-Ranicki, dass im Literaturteil der Zeitung Bücher aus der DDR gar nicht besprochen würden. »Hätte ich mir die Bemerkung erlaubt, dass in der ›Frankfurter Allgemeinen‹ die mongolische Lyrik nicht beachtet werde und die bulgarische Dramatik ebenfalls nicht – seine Verwunderung wäre kaum größer gewesen.«

Dann aber nennt Reich-Ranicki einen Namen: Arnold Zweig. Über dessen neues Werk, »Die Zeit ist reif«, würde er gerne schreiben. Da hellt sich Sieburgs Miene auf. Ja, das sei doch was anderes. Zweig sei noch einer der großen Alten.

Reich-Ranicki bekommt den Auftrag, verlässt die »FAZ« als freier Mitarbeiter und schreibt den bestellten Text über Arnold Zweigs neuen Roman. Der erscheint dann gleich als Aufmacher der Literaturbeilage zur Frankfurter Buchmesse 1958. Einen prominenteren Platz hat der Literaturteil nicht zu vergeben. Der märchenhafte Aufstieg des Literaturkritikers Marcel Reich-Ranicki hat begonnen. Er ist 38 Jahre alt.

Aber das genügt ihm nicht. Das reicht auch nicht. Er muss

ja Geld verdienen. Und er ist in diesen Tagen, in seinem ganzen kommenden Leben, vor allem zu einer Sache entschlossen: Er wird hier, in diesem Land, nicht als Opfer auftreten, nicht als Flehender, um Mitleid Bittender. »Ich war fest entschlossen, auf keinen Fall als Verfolgter oder als hilfsbedürftiger Emigrant aufzutreten, als Bittsteller.« Machtlos, wehrlos, kampflos hatte man ihn vor zwanzig Jahren aus dem Land geworfen. Das würde ihm nicht noch einmal passieren. Er war entschlossen zu kämpfen wie ein Löwe. Und es gab einen Einzigen, auf den er sich bei diesem Kampf verlassen wollte: auf sich selbst.

Er fährt nach Hamburg, in die Redaktion der »Welt«, auch dort darf er in Zukunft schreiben. Siegfried Lenz begleitet ihn zum Abteilungsleiter des Norddeutschen Rundfunks und zu allen Chefs, die er kennt. »Er wollte mir überall den Weg bahnen – und in den meisten Fällen gelang ihm dies.« Marcel Reich-Ranicki veröffentlicht in den ersten sechs Monaten, die er wieder in Deutschland ist, 38 Aufsätze und Artikel. Er kämpft wie ein Besessener um Geld und Anerkennung.

Eine der besten Nachrichten der ersten Monate in Deutschland kommt auf einer unscheinbaren Postkarte zu ihm nach Frankfurt. Hans Werner Richter hat sie geschrieben, den er bei seiner Reise vor einem Jahr kurz kennengelernt hatte. Der Dompteur, Initiator, Organisator der Gruppe 47. Er lädt Marcel Reich-Ranicki zur nächsten Tagung ein. 31. Oktober 1958, Hotel Adler, Großholzleute im Allgäu. Kaum im Land – schon im umherreisenden literarischen Zentrum des Landes. Ein Traum. Natürlich fährt er hin.

Ein alter Landgasthof am Rande des Schwarzen Grats im Allgäu. Bunt bemalte Fassade, direkt am Wald, eine

Unmenge von Geweihen an den Wänden der großen Gaststube. 500 Jahre alt, hier haben schon die Aufständischen der Bauernkriege ihren Versammlungsort gehabt, und die junge Marie Antoinette, bevor sie Königin von Frankreich wurde, logierte hier. Abgeschieden, mit Blick auf die Berge. Marcel Reich-Ranicki ist etwas beklommen, als er ankommt. Er kennt kaum jemanden, fühlt sich isoliert.

Zum Glück ist Andrzej Wirth auch da. Und, es war wohl zu befürchten, der Schnauzbart mit der Zwergengeschichte. Er ist aus Paris gekommen, zusammen mit Anna, seiner Frau, der Tänzerin. Die Zwillinge, vor einem Jahr in Paris geboren, sind bei ihren Eltern geblieben. Grass will seine Frau dabeihaben an diesem Wochenende, das ein Triumph für ihn werden soll: die Geburt des Zwerges Oskar Matzerath vor den Augen und Ohren der deutschen Literatur. Da muss sie einfach Zeugin sein.

Sie haben immer noch kaum Geld, aber dafür große Zuversicht. Siegfried Unseld vom Suhrkamp Verlag hat Grass vor ein paar Tagen geschrieben, um das Manuskript des Romans, von dem er schon gehört hatte, zu erbitten. Grass selbst platzt einerseits vor Selbstgewissheit und vor Stolz auf das, was all die Jahre in ihm gearbeitet hat, was er geformt und umgeschrieben und weitergeschrieben hat. Andererseits: Was ist ein Text, den noch keiner gelesen hat? Wie leicht zerplatzt Größenwahn, wenn das Publikum lächelt, spottet oder schweigt und verständnislos guckt?

In der Mittagspause geht er auf den Kritiker aus Polen zu, mit dem er sich einen langen Nachmittag in Warschau nicht verstand. Den hätte er hier nicht erwartet. Was macht der hier? Will er bleiben? Woher kommt er eigentlich wirklich?

Wahrscheinlich erzählt ihm Marcel Reich-Ranicki kurz von Włocławek, der Stadt an der Weichsel. Dann fragt ihn der Schnauzbart: »Was sind Sie denn nun eigentlich – ein Pole, ein Deutscher oder wie?« Noch niemand hatte Reich-Ranicki, seit er in Deutschland ist, diese Frage gestellt. Er denkt: Die Worte »oder wie« deuten wohl noch eine dritte Möglichkeit an, die – wie später noch oft in Reich-Ranickis Leben – schamhaft ausgespart wird. Die Möglichkeit: »Oder sind Sie Jude?«

Reich-Ranicki antwortet schnell: »Ich bin ein halber Pole, ein halber Deutscher und ein ganzer Jude.« Vielleicht hat Reich-Ranicki in diesem Moment an eine andere Selbstcharakterisierung aus der Literaturgeschichte gedacht. Joseph Roth, der ostjüdische, österreichische Journalist und Schriftsteller, Autor der Bücher »Flucht ohne Ende« und »Juden auf Wanderschaft«, schrieb im französischen Exil über seine Multiidentität: »Ich bin ein Franzose aus dem Osten, ein Humanist, ein Rationalist mit Religion, ein Katholik mit jüdischem Gehirn, ein wirklicher Revolutionär.«

Grass jedenfalls ist begeistert von der Selbstcharakterisierung des Kritikers. Der selbst ist innerlich weniger zufrieden. Es stimmt doch alles nicht. Es war effektvoll, aber falsch: »Nie war ich ein halber Pole, nie ein halber Deutscher – und ich hatte keinen Zweifel, daß ich es nie werden würde. Ich war auch nie in meinem Leben ein ganzer Jude, ich bin es auch heute nicht«, wird er vierzig Jahre später in seiner Autobiografie schreiben.

Aber es ist nun mal gesagt, der Dichter aus Danzig ist glücklich darüber, Reich-Ranicki nicht ganz unfroh über den guten Effekt. Am Abend sitzen sie wieder mit ein paar anderen zusammen bei einem Glas Wein. Und hier passiert etwas, was Marcel Reich-Ranicki in all den kommenden Jahren nicht wieder passieren wird. Es wird nicht wieder passieren, bis er auf eine junge Frau trifft, die im weiteren Verlauf ihres Lebens in den Untergrund gehen und Terroristin werden wird, bis er Ulrike Meinhof trifft. Sie wird die Zweite sein. Aber zum ersten Mal im Leben von Marcel Reich-Ranicki in Deutschland wird ihm diese Frage hier in Großholzleute im Allgäu gestellt, in dem alten Gasthaus am Schwarzen Grat: »Wie haben Sie eigentlich den Krieg überlebt?«

Wer genau die Frage gestellt hat, ist nicht ganz klar. Günter Grass war jedenfalls in der Runde am Abend dabei.

Reich-Ranicki denkt etwas nach, er ist neu in der Runde, neu in diesem Nachkriegsland. Er weiß: Vermutlich alle, die hier mit ihm am Tisch sitzen, sind Soldaten der Wehrmacht gewesen, »einige vermutlich auch in Polen«. Und so wählt er »besonders harmlose Episoden« aus, denn er »will nicht die Laune der Anwesenden verderben«. Er erzählt also die Geschichte aus dem Keller der Gawins: »... wie ich mich in düsteren Stunden als ein Geschichtenerzähler betätigte, der seine Stoffe der Weltliteratur entnahm.«

Günter Grass ist schon wieder von dem Mann begeistert. Von dem, was er da erzählt und wie er sich mit der Literatur ins Leben zurück geredet hat. Und er bittet ihn um Erlaubnis, diese Episode eines Tages verwenden zu dürfen. Für ein Buch, einen Roman, er weiß es noch nicht genau. Reich-Ranicki willigt gerne ein.

Am nächsten Tag geschieht dann deutsche Literaturgeschichte unter Hirschgeweihen. Hans Werner Richter im Sessel, die Leute im Saal übernächtigt, bereit zu Spott und Schadenfreude, nichts Besonderes erwartend. Den Grass, der sich jetzt neben Richter setzt, den kennen sie doch schon. Seit er zur Gruppe gehört, liest er jedes Mal. Etwas übereifrig, aber gut. Es wird nicht uninteressant werden, aber auch nicht irre neu.

Immerhin, er hat diesmal einen wirklich dicken Stapel Blätter dabei. Ein ganzer Roman. »Die Blechtrommel«. Richter läutet mit der Kuhglocke. Der Berichterstatter des »Spiegel« wird schreiben: »Im Sessel rechts neben ihm, die Lippen unter dem schwarzen Schnauzbart zu einem verbissenen Lächeln verzerrt, beide Hände an einen Packen Manuskriptpapier geklammert, erprobte währenddessen ein junger Autor Atemtechniken. Nach einem letzten Blick in den Halbkreis grinsender, flüsternder, gähnender Gesichter begann er zu lesen.«

Und Günter Grass liest und liest, und jeder Spott, jedes Gähnen, jedes Grinsen ist aus den Gesichtern verschwunden. Er reißt das Publikum mit. Er springt es an. Und merkt selbst, wie gut das ankommt, was er liest.

Noch während der Lesung geht Siegfried Unseld auf Hans Werner Richter zu und flüstert ihm ins Ohr: »Sie sollten den Preis wieder vergeben!« Den Preis der Gruppe 47. Mehrere Jahre war er gar nicht mehr vergeben worden. Es war nicht recht klar, ob es ihn überhaupt noch gab. Das wusste nur der Chef.

Nach der Lesung wurde Günter Grass geradezu bestürmt. »Eine Art Wirbelsturm«, so erinnert er sich, hatte Grass ausgelöst. Autoren und Lektoren telefonierten mit ihren Verlegern, berichteten, dass etwas Ungeheures vorgefallen sei, diesen Roman, den müsse man im Verlag haben. Dann war klar, dass der Preis vergeben werden sollte, ja musste. Schnell stand das Preisgeld, das von Verlegern aufgebracht werden musste, bei 6500 D-Mark. Eine herrliche Summe für Grass, der wieder mal fast ohne Geld in der Tasche angereist war.

Nie mehr wird Günter Grass Geldsorgen haben. Der Roman, der der berühmteste und wirkungsvollste der deutschen Nachkriegsliteratur werden sollte, war in der Welt.

Und Marcel Reich-Ranicki ist dabei gewesen. Hat auch er den Triumph gleich als solchen erkannt? Der Kritiker Reinhart Baumgart erinnerte sich später, Reich-Ranicki habe den Roman damals »schon vor Erscheinen für gescheitert erklärt«, Joachim Kaiser meinte, Reich-Ranicki habe »schon damals vollmundig danebengelegen«, und Andrzej Wirth behauptete, dass sein Freund Marcel damals eine fantastische Chance verpasst habe, als er beim Start seiner Kritiker-Laufbahn dieses Meisterwerk nicht erkannt habe.

Aber war das so? In seinen Erinnerungen schreibt er, das Gelesene hätte ihn damals »nahezu begeistert«. Und es spricht einiges dafür, dass er sich da besser erinnert als seine Kritikerkollegen und -freunde. Denn er schrieb damals kurz nach seiner Rückkehr vom Treffen einen Bericht für die Zeitung »Die Kultur«: »Die beiden Kapitel hatten es in sich. Grass schreibt eine unkonventionelle, kräftige, ja sogar wilde Prosa, deren Rhythmus schon jetzt unverwechselbar ist. Er kann beobachten und schildern, seine Dialoge sind vorzüglich, sein Humor ist grimmig und originell, und er hat viel zu sagen. Seine Prosa reißt manchmal hin und provoziert manchmal zum Widerspruch. Aber man kann ihr gegenüber nie gleichgültig sein. Sie stammt aus der Feder eines echten Talents.«

Mit dem endgültigen Urteil über diesen Roman wird er bis zum Erscheinen des Buches im Oktober 1959 warten. Aber auch dann wird er noch warten, bis die vorerst letzte Hymne auf die »Blechtrommel« verklungen ist. Dann erst erscheint seine Rezension. Sein Urteil.

Blitzruhm für beide

1959–1961

ABER ZUNÄCHST SEHEN WIR zwei Raketen am Start. Plötzlich in den Himmel des literarischen Ruhms geschossen. Aus einem Heizungskeller in Paris und einem Geheimkeller bei Warschau hoch hinauf, wo alle sie sehen können und bewundern und fürchten. Günter Grass ist zusammen mit Anna über München zurück nach Paris gefahren, unterwegs hat er ihr einen Plattenspieler, den man »Schneewittchensarg« nennt, gekauft, das Preisgeld wird gewiss bald eintreffen. In Paris schreibt er die dritte und letzte Version fertig, das Buch soll beim Kleinverleger Günther Neske erscheinen, dem hatte er es bei einigen Weingläsern letzten Sommer im Tessin versprochen. Dabei aber leider übersehen, dass der Münchner Luchterhand-Verlag, der seinen ersten Gedichtband »Die Vorzüge der Windhühner« verlegt hatte, sich schon eine Option auf sein nächstes Buch gesichert hatte.

Grass hadert, klagt, er will da nicht hin. Schließlich gibt er auf, der Luchterhand-Verleger Eduard Reifferscheid lässt Dichter samt Manuskript in seinem Mercedes mit Chauffeur an der Grenze abholen, lädt den Autor in ein glänzendes Restaurant ein, die beiden trinken, essen, feiern das Buch und sind sich schließlich einig. 4000 Mark Vorschuss und die höchste im Verlag bis dahin ausgehandelte prozentuale Autorenbeteiligung. Grass ist froh, der Verleger auch. »Die Blechtrommel« kann erscheinen.

Im Herbst 1959 erscheint sie dann auch. Das Buch wird von der Kritik gefeiert, Paul Celan schreibt ihm, er ziehe den Hut vor Oskar Matzerath und seiner, also auch des Dichters Blechtrommel: »Es gibt nicht viele Trommler wie diese. Paul.«

Schnell sind 30000 Bücher verkauft, auch mit ausländischen Verlagen werden Vertrag auf Vertrag abgeschlossen. Günter Grass tanzt auf der Frankfurter Buchmesse mit Anna bis in den Morgen auf Stühlen und Tischen. Er ist ein Star, er hat Geld, Ruhm, eine traumhafte Frau, Zwillinge und Ideen für so viele weitere Bücher im Kopf.

Auch Marcel Reich-Ranickis Aufstieg ist schnell und märchenhaft. Wenn auch noch nicht unter gar so großer Anteilnahme des Publikums. Aber es ist schon eine Art Wunder, wie dieser achtunddreißigjährige Flüchtling mit nichts außer einem Köfferchen in der Hand und der deutschen Literatur im Kopf in Windeseile zu einem wichtigen, viel gelesenen, respektierten Literaturkritiker wird.

Der zum Springer-Konzern gehörenden Tageszeitung »Die Welt« schlägt er Anfang 1959 gleich eine ganze Artikelserie vor über Autoren in der DDR. Ein damals tollkühnes Unterfangen, denn kaum jemand im Westen interessierte sich für die Werke, die jenseits des Eisernen Vorhangs erschienen. Und schon gar nicht der Springer-Verlag, der die Bezeichnung DDR lange gar nicht und schließlich bis zu ihrem

Untergang in all seinen Publikationen nur in Anführungsstrichen erscheinen ließ. So musste auch für die Serie über DDR-Schriftsteller ein Kompromisstitel gefunden werden: »Deutsche Schriftsteller, die jenseits der Elbe leben«.

Die Serie machte Reich-Ranicki in der deutschsprachigen literarischen Welt bekannt, aber kostete ihn zunächst die weitere Mitarbeit bei der »FAZ«.

Die Reich-Ranickis lebten in einer winzigen Einzimmerwohnung in Frankfurt, aber zumindest er, der Kritiker, fühlte sich nicht bedrängt und arm. Er hatte den ersten Zipfel seines Lebenstraums in der Hand. Und er würde diesen Zipfel nicht mehr loslassen, er würde so lange an ihm ziehen, bis die ganze Decke, das ganze Tuch, der ganze Ruhm, die ganze Macht ihm gehören würde.

Im Herbst 1959 lädt Hans Werner Richter ihn zur nächsten Tagung der Gruppe 47 ein: »Lieber Marcel Ranicki, ich kann Sie als Kritiker nicht mehr entbehren. Es wird Ihnen wahrscheinlich nicht entgangen sein, daß Sie einen neuen Ton in die Diskussion getragen haben, bei aller Schärfe ein Ton echter und nicht angenommener Toleranz, und genau dieser Ton ist es, den die Gruppe braucht.«

Und auch die wichtigste Wochenzeitung Deutschlands braucht diesen Ton. Die Hamburger »Die Zeit« wirbt um den Kritiker, will seine Texte drucken. Und da auch der Norddeutsche Rundfunk zu dieser Zeit ein wichtiger Arbeitgeber für ihn ist, zieht die Familie Anfang 1960 nach Hamburg, immer noch in bedrängte, kleine Verhältnisse. Aber immerhin wieder ein Neubeginn unter noch etwas besseren Vorzeichen. Und vor allem: ein fantastischer Arbeitgeber, von allen wichtigen Personen gelesen. »Die Zeit« wird das Organ seines ersten echten Ruhms werden. Schon bald werden seine Texte mit der hervorgehobenen Unterzeile »Marcel Reich-Ranicki bespricht …« erscheinen.

Für seinen ersten Auftritt dort muss er sich natürlich etwas Besonderes ausdenken. Er muss die Bühne betreten und das Publikum zum Hinsehen zwingen. Es darf nicht der Anschein geweckt werden, dass er hier durch den Hintereingang schleichen werde. Nein, nein, Scheinwerfer an und alle auf den Mann mit den dicken Brillengläsern, der Zahnlücke und dem lustigen Akzent. Es ist der 1. Januar 1960. Sein erster »Zeit«-Artikel erscheint. Titel: »Auf gut Glück getrommelt«.

Es ist eine Abrechnung. Die Abrechnung mit einem Mann, der, so Reich-Ranicki, sein Talent verschleudert, der provoziert wie ein Kind, nur um des Provozierens willen, der die Worte nicht halten kann, der ein Kunstwerk simuliert wie ein Hypnotiseur vor betrunkenem Publikum. Ein Verzauberer, ein Sketche-Schreiber, Possen-Reißer, auf alle Fälle kein wirklicher Romancier. Günter Grass, wie Marcel Reich-Ranicki ihn in seiner ersten Kritik beschreibt, ist ein geigender Zigeuner-Virtuose. Und die ganze »Blechtrommel« das Werk eines albernen, ungezogenen, provokationssüchtigen Kindes.

Im Grunde liest sich diese Rezension wie eine nachgeholte Beschreibung ihres ersten Zusammentreffens: ein betrunkener, angsteinflößender, ungepflegter, zigeunerhafter Mann ohne Ahnung von Literaturgeschichte, aber mit der kindlich-selbstbewusst vorgetragenen Vision eines Jungen, der nicht wachsen will. Eines ewigen Zwerges. Eines lächerlichen, bösartigen Trommlers, der die Welt zersingt, während sein Schöpfer von Thomas Mann nichts wissen will.

Am häufigsten kommt in der Kritik das Wort »Verhängnis« vor: »Seine große stilistische Gabe wird dem Grass zum Verhängnis.«

»Und da ›Die Blechtrommel‹ von der anekdotischen Szene lebt, werden dem Autor seine Lust am Fabulieren und seine manchmal bewundernswerte Phantasie schließlich zum Verhängnis.«

»Auch sein Humor wird ihm zum Verhängnis.«

Und schließlich:

»Phantasie ohne epischen Atem ist im Roman verhängnisvoll.«

Reich-Ranicki präsentiert hier in seiner ersten großen Kritik seine ganze rhetorische Kraft. Vor allem die Kunst des Emporlobens in den Himmel des Staunens, um das soeben Gelobte mit doppelter Wucht auf den Boden stürzen zu lassen: »Das ist großartig geschrieben. Welch ein Sketch! Aber ach, ein Sketch nur!«

Und: »Zigeunermusik in allen Ehren: sie ist urtümlich und wild, leidenschaftlich und zügellos, strotzt von Vitalität und elementarer Musikalität. (…) Und was wäre dagegen einzuwenden? Überhaupt nichts. Die Sache wird erst bedenklich, wenn man virtuose Darbietungen dieser Art mit Kunst zu verwechseln beliebt.«

Ja, und wer verwechselt diese Zigeunermusik mit Kunst? Wer ist so enthusiastisch, überwältigt, betrunken und hypnotisiert, dass ihm oder ihr diese Verwechslung unterlaufen konnte? Es ist – Reich-Ranicki kündigt es gleich im ersten Satz seines ersten Textes in der »Zeit« an – »fast die gesamte deutsche Kritik«. Sie ist der wahre Gegner, den er hier über den Umweg des Zigeuners aus Danzig angreift. Das ist sein Kampf: Der Neuling aus dem Getto, der nie eine Universität besuchen durfte, der aus dem Land Geworfene, der von den

Deutschen zum Tode verurteilte Kritiker – er sagt ihnen allen den Kampf an. All den Betrunkenen, Hypnotisierten, Verzauberten, von dem Mann mit dem Messer Bedrohten und Betrogenen da draußen sagt er, der Nüchterne, der Klare, der Unbestechliche, seine Wahrheit ins Gesicht.

Aber bei all der Schärfe und der grundsätzlichen Kritik, die dem Werk, das heute als das bedeutendste Romanwerk der deutschen Nachkriegsliteratur gilt, abspricht, überhaupt Kunst zu sein – ist die Kritik am Schöpfer dieses Buches nicht fundamental. »›Die Blechtrommel‹ ist kein guter Roman«, schreibt Reich-Ranicki am Ende seiner Kritik. »Doch in dem Grass scheint – alles in allem – Talent zu stecken. Er muss mit den Feinden seines Talents kämpfen – sie sind in seiner eigenen Brust zu finden. Wir wünschen ihm sehr, sehr viel Glück.«

Das hat er. Günter Grass ist nun berühmt – und berüchtigt. Denn echte Feinde hat er auch gleich. Und damit ist nicht der kritische Kritiker gemeint, sondern Politiker und ängstliche Moralisten, die den Mann mit dem Schnauzbart einen Pornografen nennen, einen Jugendgefährder, Autor von Schweinereien aller Art.

Im Jahr 1960 wird ihm der renommierte Bremer Literaturpreis zuerkannt, dotiert mit 8000 Mark, Grass freut sich vor allem über die in Aussicht gestellte Summe. Er hat mit seiner Familie Paris verlassen und ist nun auf Wohnungssuche in Berlin. Die Tantiemen für den Roman fließen nicht so schnell, da passt das Preisgeld ausgezeichnet ins Familienbudget. Doch die Entscheidung der Jury wird vom Bremer Senat abgelehnt. Steuergelder verschwenden für kaschubische Schweinereien – das scheint den Senatoren verantwortungslos. Sie berufen sich auf Paragraf 184 des Strafgesetzbuches, der die Verbreitung oder Förderung von Pornografie unter Strafe stellt. Das ist ihr Rettungsparagraf, um sich von diesem unappetitlichen Preisträger zu befreien. Und auch ein Schriftsteller, Manfred Haussmann, Mitglied der Jury, der bei der Entscheidung erkrankt war, springt den prüden Senatoren bei: Es handele sich bei der »Blechtrommel« um eines jener Werke, die »nicht der Aufrüttelung und Aufschreckung, sondern der Gefährdung, wenn nicht der Zerstörung der menschlichen Seele und des menschlichen Geistes dienen«.

Grass kann mit all der Aufregung, dem Skandal und der Kritik gut leben. Schade ums Geld ist es natürlich. Aber er hat jetzt bei vielen nicht nur konservativen Bürgern den Ruf als deutscher Bürgerschreck, als Provokateur, als Tabubrecher um des Tabubrechens willen. Marcel Reich-Ranicki, der ihm in seinem Verriss unter anderem genau das vorgeworfen hatte – »auch ist seine geradezu kindische Wonne, die dem Autor seine Provokationen bereiten, recht bedenklich« –, wird sich überlegen müssen, in welch prüde Nachbarschaft er sich da begibt.

Denn die Gegner werden lauter. Ihre Waffen schärfer. Das nächste Buch von Grass droht gar auf den Index für jugendgefährdende Schriften gesetzt zu werden.

Es ist die Geschichte von der Katze und der Maus, von Außenseiter und Mittäter im Danzig der frühen Vierzigerjahre, von geheimer Schuld und Sühne. Die Geschichte von zwei Freunden, Pilenz und Mahlke, der eine Mitglied der Danziger Nazi-Gesellschaft, der andere nicht. Die Novelle »Katz und Maus« erschien 1961 und ist der zweite Teil der später um den Roman »Hundejahre« erweiterten »Danziger Trilogie« von Günter Grass.

Mahlke ist Halbwaise, ein Außenseiter, gezeichnet durch einen überdimensionierten Adamsapfel und seine ganze Jugend über damit beschäftigt, seinen Makel zu verbergen. Durch herausragende Leistungen ein geachteter oder zumindest nicht verachteter Teil der Gesellschaft zu werden.

»... und einmal, als Mahlke schon schwimmen konnte, lagen wir neben dem Schlagballfeld im Gras.« So fängt die Novelle an. Der riesige Adamsapfel zieht alle Blicke auf sich, es ist Mahlkes Mal, stets sichtbarer Beleg seines Andersseins. Pilenz, der Freund, setzt eine Katze an auf diesen Höcker am Hals, der aussieht wie eine Maus. Und sie springt, wie von Pilenz gewünscht, Mahlke an die Gurgel. Eine Attacke auf Umwegen. Doch Mahlke trägt zunächst nur einige Kratzer davon. Pilenz, der Erzähler, fährt fort: »Ich aber, der ich Deine Maus einer und allen Katzen in den Blick brachte, muß nun schreiben. Selbst wären wir beide erfunden, ich müßte dennoch.«

Schreiben aus einer verborgenen Schuld heraus. Mahlke verbirgt sein Anderssein mal mit einem umgehängten Schraubenzieher, mal mit einem Marienbild, schließlich mit einem gestohlenen Ritterkreuz, dem populärsten nationalsozialistischen Kriegsorden. Das Kreuz bringt ihm die größte Anerkennung, also macht sich der Außenseiter auf, ein echtes Ritterkreuz im Krieg zu erwerben. Was ihm gelingt. Doch als er in seiner alten Schulaula einen Vortrag über Krieg und Heldentaten halten will, wird ihm das aufgrund des früheren Diebstahls verwehrt. Mahlke, der alles Militärische ohnehin verachtet und vom Kriegsgeschehen vor allem einen wahrheitsgetreuen Bericht liefern wollte, entschließt sich zur Desertion. Und somit zum endgültigen – und diesmal strafbaren – Außenseitertum.

Der Zwillingsfreund, der sorglos andere, der Berichterstatter und Biograf, Pilenz also, gibt vor, ihm zu helfen. Er rudert ihn zu einem halb versunkenen Minensuchboot, übergibt ihm Proviant und verspricht, ihn später zu einem schwedischen Dampfer zu rudern, der vor Danzig ankert. Doch er kommt nicht zurück. Den Dosenöffner, der für Mahlke überlebenswichtig gewesen wäre, wirft Pilenz ins Meer.

Ist Mahlke tot? Ist Pilenz schuld? Er, der Erzähler, ist nach dem Verschwinden des Freundes mit der Maus am Hals enger mit diesem verbunden als je zuvor. Die Ahnung eigener Schuld treibt ihn um. Auch die Frage, ob er an der Deportation eines Lehrers ins KZ Stutthof Schuld hat, bleibt offen. Der Erzähler zweifelt und hofft: »Ich hoffe, nicht gegen ihn ausgesagt zu haben.«

Pilenz weiß es nicht. Aber er ahnt seine Schuld. Diese Ahnung wird ihm bleiben. Wie die Stille, die er hörte, als er doch noch nach Mahlke suchte: »Seit jenem Freitag weiß ich, was Stille ist, Stille tritt ein, wenn die Möwen abdrehen. Nichts vermag mehr Stille zu bewirken, als ein arbeitender Bagger, dem der Wind die eisernen Geräusche wegstemmt. Aber die größte Stille bewirkte Joachim Mahlke, indem er auf meinen Lärm keine Antwort wußte.«

Sein Lärm und Mahlkes Schweigen. Seine Schuld und Mahlkes Verschwinden. Der Lehrer im KZ Stutthof – und vielleicht hat er sogar gegen ihn ausgesagt.

Deutsche Schuld, seine eigene Schuld, eine mögliche unsichtbare Schuld – das Lebensthema von Günter Grass liegt in dieser frühen Novelle erstmals vor uns ausgebreitet. In der »Blechtrommel« hatte er das große Panorama entworfen, es war die Welt von Danzig während der Nazi- und der Kriegszeit, die Nachkriegszeit im Westen – aus der Sicht des unbarmherzigen, protestierenden, klarsichtigen, moralischen, mächtigen Kindes. Von außen betrachtet. Aus der Welt der Anstalt, dem Gefängnis der Irren, der wahren Außenseiter. Eine Mitschrift des Protestes. Mit »Katz und Maus« sind wir als Leser mittendrin im Kampf um Schuld und Tat und unterlassenem Widerstand.

Marcel Reich-Ranicki schweigt zu diesem Buch zunächst. Er wird es später immer wieder als eines von Grass' stärksten Werken bezeichnen. Aber erst mal lässt er seinen großen Verriss der »Blechtrommel« nachwirken. Vom weltweit wachsenden Ruhm des Autors und seines Erstlings und den Attacken von rechts sicher langsam etwas irritiert. Er weiß ja längst, dass er mit seinem Verriss danebengelegen hat. Auf Dauer wird ihm das doch wohl schaden können, einen solchen Solitär verkannt zu haben. Aber noch wartet er. Die Gelegenheit zur Revision wird sich schon noch finden.

Erst einmal gilt es, seine Machtposition bei der »Zeit« zu festigen. Er ist noch nicht fest angestellt. Er ist zwar langsam auch ein beim Publikum bekannter Name – aber sicher ist noch gar nichts. Er ist bislang noch zu keiner Redaktionskonferenz der »Zeit« eingeladen worden. Er arbeitet weitgehend isoliert in seiner kleinen Wohnung im Hamburger Vorort Niendorf. Seine Kontakte zur Außenwelt: das Telefon und die Schreibmaschine.

Eine Art Heimat war für ihn die Gruppe 47 geworden. Hier war er einmal im Jahr in seinem Element, hier lebte er auf, fühlte sich – vielleicht zum ersten Mal in seinem Leben – wirklich einer Gruppe zugehörig. Hier konnte er alle seine Stärken ausspielen: sein polemisches Talent, seine Schnelligkeit, seine Rhetorik, seine Liebe zur Literatur und seine Angriffslust, auch seine Rücksichtslosigkeit. Hier war seine sich oft überschlagende Stimme, sein Lispeln, seine eigenwillige Diktion keine Schwäche, sondern wurde rasch zu seinem Markenzeichen. Jedes Mitglied der Gruppe konnte den Urheber seiner Urteile sofort mit verbundenen Augen erkennen.

Martin Walser hat das Spiel der Kritiker schon 1962 in einem »Brief an einen jungen Autor« beschrieben. Darin gibt er einem Neuling, der zum ersten Mal bei der Gruppe ist, Ratschläge zum Umgang mit den Gewaltigen. Zu Marcel Reich-Ranicki schreibt er:

»Wenn Du, ihm zuhörend, glaubst, er hätte das, was er Dir sagt, schon gewusst, bevor er Deiner Lesung zuhörte, so beweist Du dadurch nur, dass Dir solche Fertigkeit fremd ist. Bedenke bitte immer, der Kritiker ist in jedem Augenblick einer. Der Autor hat Pausen. Und selbst wenn Reich-Ranicki etwas sagt, was er schon vor Deiner Lesung wusste, so ist es doch Deine Schuld, dass ihm das jetzt wieder einfällt. Lass Dich nie dazu hinreißen, einem Kritiker einen Vorwurf zu machen. Wisse (vielmehr): Der Autor ist verantwortlich für das, was dem Kritiker zu ihm einfällt. Ja, ich weiß, das ist eine schreckliche Verantwortung. Aber noch steht ja Reich-Ranicki vor Dir, und das ist gut so, denn wie auch immer seine Vorgänger mit Dir verfahren sein mögen, er wird Dich nicht ganz verlorengehen lassen.

Natürlich will auch er zeigen, dass streunende Adjektive und Vergleiche, die nur noch von verheirateten Entomologen gewürdigt werden können, seine kritischen Sinne beleidigt haben, natürlich reitet auch er gern laut und prächtig über den Markt wie König Drosselbart (der Ahnherr aller Kritiker) und zerdeppert Dir Deine Keramik, aber ohne den Oberton einer spröden, fast preußischen Güte kann er einfach nicht schimpfen. Eine nordöstliche Mutter ist er; in den Westen gekommen, um mit glänzenden Augen seinen Tadel so lange vorzutragen, bis sich eine Familie von solchen, die nur von ihm getadelt werden wollen, um ihn versammelt. Sollte die Gruppe 47 je eine Abordnung zu irgendwelchen Literatur-Olympiaden schicken, so wird der Mannschaftstrainer, der für zeitiges Schlafengehen, Beseitigung von internen Intrigen und Ausräumung von Wettbewerbsneurosen sorgt, zweifellos Reich-Ranicki sein. Unnachsichtig ist er nur gegen die geistigen Gegenden, aus denen er selber stammt. Möglich, dass er so Heimweh bekämpft.«

Das war schon beinahe eine Liebeserklärung. Und wer hätte gedacht, dass ihn nach dreieinhalb Jahren in Deutschland einer der gewichtigsten jungen deutschen Autoren zum Trainer der deutschen Mannschaft einer denkbaren Literatur-Olympiade machen wollte. Bundestrainer Reich-Ranicki. Und mit der Unnachsichtigkeit gegenüber den Regionen seiner geistigen Herkunft war gewiss sein herber Verriss des Debütromans des Kollegen aus Danzig gemeint. Ein Verriss des Landsmanns, um das eigene Heimweh zu bekämpfen? Eine Möglichkeit.

In Wahrheit stand es in dieser Zeit längst wieder schlimm um seinen Stand in der neu gewonnenen Heimat. Starke Kräfte in der Gruppe hatten sich gegen Reich-Ranicki gewandt. Er störe, er sei zu laut, zu eitel und arrogant, er habe keinen Sinn für Freundschaften – ein Fremder. Die Autoren Günter Eich, Ilse Aichinger und Wolfgang Hildesheimer sind die Initiatoren dieses Protests. Sie stellen Richter ein Ultimatum: Reich-Ranicki müsse aus der Gruppe verschwinden. Sonst kämen sie nicht wieder.

Am 26. September 1961 schreibt Hans Werner Richter einen Brief an Siegfried Lenz mit der Bitte um Hilfe. Lenz ist freundlich, konziliant und Marcel Reich-Ranicki von allen wohl am herzlichsten zugewandt. Er soll Richter bei der Ausladung des Störers helfen.

Richter schreibt – die Vorwürfe der Ankläger zitierend –, Fachkritiker wie Reich-Ranicki seien dafür verantwortlich, dass Freundschaften zerstört würden: »Und auch das Kommunikationselement der Gruppe, das sich so stark in den letzten und auch vorletzten Nachkriegsjahren ausgewirkt hätte, ginge verloren. Ranicki sei gerade hier ein toter und störender Punkt.« Das Urteil: »Ranicki gehöre einfach nicht zur Clique, so wenig wie Hans Mayer.«

Mit dem Zusatz »so wenig wie Hans Mayer« könnte der Elefant im Raum – zumindest aus heutiger Sicht – nicht größer und sichtbarer herumstehen. Denn Hans Mayer, der hier mit ausgetrieben werden soll, ist der zweite Jude unter den Kritikern. Sie, die Juden, gehören zu dieser Gruppe, die zum guten Teil aus ehemaligen deutschen Wehrmachtssoldaten besteht – nicht ausschließlich natürlich, Wolfgang Hildesheimer etwa war selbst Jude und hatte die Nazizeit in Palästina überlebt –, nicht dazu.

Das Schlimmste: Sie bemerken es nicht einmal. Die Gruppe habe »eine weitgehend einheitliche Mentalität. Ranicki hat das nie bemerkt«, schreibt Richter – und in diesem Abschnitt des Briefes zitiert er nicht mehr protestierende andere, sondern hier spricht er selbst. »Auch meine Gefühle gegenüber Ranicki sind nicht mehr sonderlich freundschaftlich.« Obwohl er doch immer »Spaß an seinem ›Glaskopf‹« gehabt habe. Ginge es nur nach ihm, könne er sich diesen Ranicki »noch eine Weile leisten«, die Gruppe habe sich schon

»schlimmere und gefährlichere Leute geleistet«, aber es gehe eben um den Zusammenhalt der Gruppe, der sei wichtiger.

Zu diesem Zeitpunkt hatte Marcel Reich-Ranicki überhaupt erst an drei Tagungen der Gruppe teilgenommen. Eben noch unentbehrlich, jetzt schon der Fremde, der Zerstörer. Richter staunt selbst: »Wie hat der Gute das nur fertiggebracht?« Und er schließt mit dem Hinweis, dass er sich keinen Ausweg wisse und also Reich-Ranicki schreiben und ihn bitten werde, »für mein Verhalten Verständnis aufzubringen«.

Wir kennen die Antwort von Lenz nicht; sicher ist, dass Richter für seinen fatalen Plan keine Unterstützung von Siegfried Lenz bekommen hat.

Und wir wissen auch nicht genau, was Günter Grass zu diesem Angriff gesagt hätte oder hat. Gewiss ist: Auch er vermisste, seit die Fachkritiker in der ersten Reihe saßen, die ruhige, sachliche Kollegenkritik, die mehr am Werk als am Effekt orientiert war, die eher helfend als sezierend operierte. Gewiss ist aber auch, dass er das Temperament Ranickis liebte, die Schnelligkeit, den Witz und vor allem seine bedingungslose Liebe zur Literatur. Vor allem aber wäre Günter Grass nie der Mann gewesen, andere zu bitten, in seinem Namen Leute aus der Gruppe zu werfen. Er war ein Kämpfer mit offenem Visier.

Lenz hat offenbar erfolgreich im Stillen gewirkt. Am 5. Oktober schreibt Günter Eich an Richter: »Lieber Hans, man hat mir klargemacht, dass es zu einer menschlichen Katastrophe würde, wenn man Reich-Ranicki nicht zur Tagung der Gruppe 47 einladen würde. Ich sehe das ein und bitte also bei Dir um eine Einladung für R.-R.«

Er wird also auch 1961 zum Treffen der Gruppe 47 eingeladen. Richter weist in seinem Brief an Reich-Ranicki nur darauf hin, dass die Fachkritik »abgebaut« werden solle: »Wir wollen wieder zurück zur Autorenkritik, so wie es früher war.« Aber er solle kommen, er gehe davon aus, dass er, Reich-Ranicki, Verständnis für diesen Wunsch habe, die Gruppe sei ja »schon sehr alt«. Man besinne sich neuerdings wieder auf ihre Traditionen.

Reich-Ranicki kommt. Gewiss hat er von den Angriffen auf ihn gehört. Auch das Einladungsschreiben hat er gewissenhaft gelesen. Er weiß, wie das ist, wenn man von einer Sekunde auf die andere ohne Grund seine Heimat verliert. Aber er ändert sich nicht. Kompromisse, Vorsicht, Zaghaftigkeit sind seine Sache nicht. Er ist hier, wo er immer hinwollte. Er wird bleiben. Und zwar laut.

Gewiss konnte Marcel Reich-Ranicki auch gut verdrängen. Es gibt jedenfalls keinen Grund, ihm nicht zu glauben, wenn er in seiner Autobiografie seine Überraschung schildert, die er empfand, als er im Jahr 1986 den Text las, in dem ihn Hans Werner Richter porträtierte. Reich-Ranicki hatte über seinen ersten Besuch bei der Gruppe in Großholzleute einen Bericht verfasst, darüber schreibt Richter. Ranicki hatte Richter darin »Diktator« genannt, durchaus freundlich gemeint, in einer »Diktatur, die wir befürworten«. Es war ein anderes Wort, das er dem Kritiker verübelte. Reich-Ranicki schreibt in seinen Erinnerungen: Richter »beanstandete, daß ich mir erlaubt hatte, das Wort ›wir‹ zu verwenden: ›Reich-Ranicki schrieb ‚wir', er gehörte also schon dazu, ganz selbstverständlich, obwohl ich nichts Dementsprechendes gesagt hatte.‹ Als ich dies 1986 las, begriff ich erst, wie groß damals mein Irrtum, mein Mißverständnis war. Ich war überzeugt, daß Richter und die Leute der ›Gruppe 47‹ in mir einen Kritiker sahen, den die deutsche Literatur geprägt hatte und dessen Arbeitsgebiet ausschließlich eben die deutsche Literatur war. Ob mir die Zugehörigkeit zur ›Gruppe 47‹ gebührte, das wußte ich nicht. Jedenfalls konnte ich darauf keinen Anspruch erheben. Nur glaubte ich, daß mir ein Platz – und sei es der bescheidenste – im literarischen Leben Nachkriegsdeutschlands zustünde. Beschämt will ich die peinliche Wahrheit gestehen: Ich meinte wirklich, daß ich ›ganz selbstverständlich‹ dazugehörte. Darauf zielte das Wort ›wir‹ ab.«

Doch Richter schreibt in seinem Porträt: Ranicki »blieb irgendwie ein Außenseiter, einer der dazugehörte und doch nicht ganz dazugehörte. Ich kann nicht erklären, warum das so war oder warum ich es so empfunden habe.«

Ob Richter sich das wirklich nicht erklären konnte oder ob er es nicht wollte? Reich-Ranickis Deportation aus Deutschland schildert Richter so: »Marcel Reich-Ranicki sah nur die Literatur und nichts anderes. Es muß in seinem ganzen Leben so gewesen sein. Immer hat er gelesen, ganz gleich in welcher Situation er sich befand. Auch als er von Berlin nach Warschau gebracht wurde, las er während der ganzen Fahrt.«

»Nach Warschau gebracht« – ja, so kann man es natürlich formulieren. Und so wundert sich Reich-Ranicki, dass in Richters Text, der so voller Verwunderung über Ranickis Fremdheit ist, nicht einmal das Wort »Jude« vorkommt. »Nichts liegt mir ferner, als Richter auch nur des geringsten antisemitischen Ressentiments zu verdächtigen. Aber er hielt es für richtig und erforderlich, das Judentum der von ihm Porträtierten (auch bei Peter Weiss, Wolfgang Hildesheimer und Hans Mayer) konsequent auszusparen.« Richter sei in dieser Frage, so Reich-Ranicki, »befangen und verkrampft« gewesen, das mache ihn zu einer typischen Figur seiner Zeit.

Die Blutsbrüder von der Weichsel

1961–1963

»WAS SIND SIE DENN NUN eigentlich?« Die Frage von Günter Grass an den Neuankömmling mit den drei Leben wird Marcel Reich-Ranicki immer begleiten. »Ein Pole, ein Deutscher oder wie?«

Grass, der Furcht einflößende Mann mit dem Messer in der Tasche, schreibt in diesen Jahren weiter an seiner Heimat-Trilogie aus Danzig. »Hundejahre« heißt der große Roman, der 1963 erscheint. Wieder die Geschichte zweier Freunde, aneinandergekettet durch das Schicksal, durch die Anziehungskraft zweier entgegengesetzter Pole. Eduard Amsel und Walter Matern, der Jude und der SA-Mann. Genauer: der Halbjude und der SA-Mann, der aus der SA fliegt. Matern ist der Junge mit dem Messer. Amsel hat es ihm geschenkt. Sie sind acht Jahre alt, als sie Blutsbrüderschaft schließen. Das Messer wird Matern zwei Jahre später in die Weichsel werfen. Aber es wird wieder auftauchen, viele Jahre später.

Die Weichsel ist im Roman der epische Fluss dieser Welt, wie der Rhein in der Nibelungensage. Das Rheingold von

Danzig ist das Taschenmesser der Blutsbrüder, tief auf dem Grund der Weichsel versenkt. »Tief ist der Brunnen der Vergangenheit«, hatte Thomas Mann in seinen Josephs-Romanen Wagners Rheingold paraphrasiert. »Sollte man ihn nicht unergründlich nennen?«

Die Weichsel, mythischer polnischer Fluss, der an Auschwitz und Włocławek vorbei bei Danzig ins Meer mündet. »Unreguliert und gefährlich floß früher die Weichsel«, beschwört Grass seinen Heimatfluss. »Die Weichsel ist ein breiter, in der Erinnerung immer breiter werdender, trotz der vielen Sandbänke schiffbarer Strom«, schreibt er. Längst Vergessenes treibt vorbei, wird unverhofft vom Grund wieder hervorgeholt, eines Tages. »Was treibt ein Fluß wie die Weichsel vor sich her? Was in die Brüche geht: Holz, Glas, Bleistifte, Bündnisse zwischen Brauxel und Brauchsel, Stühle, Knöchlein, Sonnenuntergänge. Was längst vergessen war, bringt sich bäuchlings und rücklings als Schwimmer und mit Hilfe der Weichsel in Erinnerung.« Und er beendet das erste kurze Kapitel so: »Flüsse, die in den Himmel wollen, münden in die Weichsel.«

Einen ganzen Krieg lang wird sich die Freundschaft der beiden ungleichen Weichsel-Brüder bewähren müssen. Matern wird Amsel verprügeln und ihn vor den Prügeln der anderen beschützen. Er wird den Freund »Itzig« nennen, das Schimpfwort für Juden, und er wird ihn vor den Judenfeinden beschützen. Und die Frage, was er eigentlich ist, der Freund, ob er ein Jude ist oder ein Mennonit, ein getaufter Protestant, und ob das wichtig ist – auch diese Frage steht am Anfang dieser schwierigen Freundschaft. Denn Amsel wächst bei seiner Mutter auf, die keine Jüdin ist, sein jüdischer Vater ist im Ersten Weltkrieg gefallen. Die Leute streiten sich: Jude oder nicht? Einfach Halbjude? Aber was soll das sein? Gibt uns das Wort das Recht, ihn zu schlagen?

Matern – eben noch hat er Amsel verprügelt – entdeckt am Ufer der Weichsel eine Szene aus Vogelscheuchen: Da sieht er sich, als Vogelscheuche, wie er den Freund Amsel, auch als Vogelscheuche, prügelt. Die Szenerie hat Amsel gebaut. Er ist Vogelscheuchen-Bauer. Stellt Menschen, Szenen aus der Geschichte, der Gegenwart und der Zukunft als Vogelscheuchen-Szenen nach. Matern ist erschrocken über sein Abbild, das Abbild seiner Taten, und verteidigt seinen – vielleicht – jüdischen Freund.

Eine schwierige Freundschaft, die aber bleibt: »Freundschaften, die während oder nach Prügeleien geschlossen wurden, müssen sich, das wissen wir alle aus atemberaubenden Filmen, noch oft und atemberaubend bewähren. Auch der Freundschaft Amsel-Matern werden in diesem Buch – allein deswegen wird es sich in die Länge ziehen – noch viele Proben auferlegt werden müssen«, so der Erzähler.

Amsel wird den Freund Matern irgendwann dazu drängen, in die SA einzutreten, er braucht die Uniform für seine Vogelscheuchen. Widerwillig willigt der Freund ein. Doch die Uniform bewirkt auch einen inneren Wandel. Er ist dabei, als Kameraden von der SA den halben Juden und ganzen Freund verprügeln und ihm alle Zähne ausschlagen. Später wird er aus der SA geworfen, meldet sich aber freiwillig zur Wehrmacht und muss, trotz Kriegsverletzung, an die Ostfront, weil er Hitler beleidigt hat. Amsel überlebt in Berlin, wo er ein Ballett gründet, das später als Fronttheater vor Wehrmachtssoldaten auftritt.

Und nach dem Krieg? Amsel, der sich jetzt Brauxel oder Brauchsel nennt, ist Industrieller in Düsseldorf geworden, er fertigt unter anderem »Wunderbrillen«, mit deren Hilfe man verborgene Schuld erkennen kann. Die Rolle von Menschen im Nationalsozialismus, die sie öffentlich verschweigen. Es ist das Jahr 1953, nur 7- bis 21-Jährige können mit der Brille Schuld erkennen, nur solche, die selbst in der Nazizeit nicht schuldig werden konnten.

Matern arbeitet inzwischen beim Rundfunk und steht plötzlich im Zentrum einer Diskussion um Vergangenheit und Schweigen. Jugendliche sind da, die Brille ist da, sie sehen Matern. Und sie sehen, was er verschweigt.

Aber er will nicht reden. Was wollen die Leute mit der Brille? Er ist Judenfreund. War er immer schon. Wer will über ihn richten? Er will schweigen: »Er will nicht sprechen. Seine Zunge mag nicht. Er meint, Matern ist kein Gegenstand, der öffentlich diskutiert werden darf. Schnüffler und Klugscheißer haben ihm aus beflissenen Diskussionsbeiträgen ein fugenloses Häuschen gebaut, in dem er nicht, nie und keine Sendezeit lang wohnen will.«

Er windet sich, berichtet von dem Messer in der Weichsel, erzählt, dass das Blut des Freundes in seinen eigenen Adern fließe. »War Ihr Freund etwa Neger, Zigeuner oder Jude?«, fragt der Diskutant. »Nur Halbjude«, antwortet Matern eifrig. »Sein Vater war. Seine Mutter war nicht. Er hatte rotblonde Haare von seiner Mutter und von seinem Vater nur sehr wenig. Überhaupt war er ein prima Kerl. Der hätte euch gefallen, Jungs. Immer gute Laune und dolle Einfälle hatte der.«

Ja gut, »Fettsau« habe er ihn mal genannt, auch »Fliegenschiss« und, ja, auch »Itzig« wohl. Doch von seiner Mitgliedschaft bei der SA und den ausgeschlagenen Zähnen will er nichts wissen.

Niemand, außer ihm selbst, weiß zu dieser Zeit, dass der Autor dieser Geschichte Mitglied der Waffen-SS gewesen ist. Er hatte es einfach nicht gesagt. Und jetzt fragte ja auch keiner mehr genau. Und Wunderbrillen gab es nicht.

Aber es gab Geschichten. Romane. Erfindungen und Poesie. »Was sind Sie nun eigentlich?«, hätte man auch Günter Grass fragen können. Und er hätte auf seine Bücher verwiesen. Seine Romane. Seine Gedichte.

Und so lässt Günter Grass am Ende der »Hundejahre« den halben Juden Amsel, der sich Goldmäulchen nennt, Walter Matern, den alten Blutsfreund von der Weichsel, fast flehentlich um Geschichten bitten: »Denn solange wir noch Geschichten erzählen, leben wir. Solange uns etwas einfällt, mit und ohne Pointe, Hundegeschichten, Aalgeschichten, Vogelscheuchengeschichten, Rattengeschichten, Hochwassergeschichten, Rezeptgeschichten, Lügengeschichten und Lesebuchgeschichten, solange uns Geschichten noch zu unterhalten vermögen, vermag keine Hölle uns unterhaltsam sein. Du bist dran, Walter! Erzähle, solang dir dein Leben lieb ist!«

Um sein Leben erzählen, den Faden nicht abreißen lassen, anknüpfen an die unendlich lange Tradition des Erzählens. Tief ist die Weichsel der Vergangenheit: »Was längst vergessen war, bringt sich bäuchlings und rücklings als Schwimmer und mit Hilfe der Weichsel in Erinnerung.«

Das Flehen des Blutsbruders von der Weichsel mit dem jüdischen Vater in diesem zweiten Roman von Günter Grass wird auch das lebenslange Flehen des Kritikers Marcel Reich-Ranicki um neue Geschichten von Günter Grass sein. Schon sein erster großer Verriss endete ja mit dem Wunsch: »Wir wünschen ihm sehr, sehr viel Glück.« Und noch einer seiner letzten Texte über Grass – nach vielen Kämpfen, Verrissen, zerschnittenen Tischtüchern und in der Mitte entzweigerissenen Büchern – lässt der Kritiker mit den Worten enden: »Und schon warte ich wieder, warte ich weiter.«

Und es wird noch viele Jahrzehnte dauern, bis Günter Grass selbst sich eine Wunderbrille aufsetzt, um der Welt mitzuteilen: »Ich war Mitglied der Waffen-SS.« Bis es so weit ist, erzählt er Geschichten und immer neue Geschichten. In denen er sich und seine Geheimnisse weit weniger verbirgt, als es seine Zeitgenossen und Leser ahnen.

Marcel Reich-Ranicki wird die »Hundejahre«, vier Jahre nach ihrem Erscheinen, in einem längeren Text zu Grass einerseits als »nicht gelungen« bezeichnen, dabei aber gleichzeitig konstatieren, das Werk gehöre »trotz allem zu den wichtigen deutschen Prosawerken der sechziger Jahre«. Er schätzt »die poetischen Beschreibungen der in der Erinnerung immer breiter werdenden Weichselmündung«, empfindet aber die Weichselfreunde Amsel und Matern nur als Marionetten und fragwürdige Figuren.

Wenige Monate vor dem Erscheinen der »Hundejahre« hatte der Kritiker aber im Rundfunk erst mal umfassend Selbstkritik geleistet. Fast vier Jahre nach dem Erscheinen der »Blechtrommel«, deren Ruhm und Erfolg wuchs und wuchs, sah sich Marcel Reich-Ranicki zu dem Bekenntnis gezwungen: Ich habe mich geirrt.

Ganz so deutlich hat er es natürlich nicht ausgedrückt. Auch in dieser Selbstkritik gilt sein Hauptaugenmerk zunächst einmal all den anderen deutschen Literaturkritikern, denen ein solches Missgeschick gar nicht erst geschehen könne, da sie entweder sowieso alles weglobten und somit keinen Fehlverriss riskierten oder so ausgewogen und unentschieden schrieben, dass sie ohnehin schlimmstenfalls halb danebenliegen könnten. Das ist nicht sein Verständnis von Kritik: »Der Kritiker muß sich entscheiden können, er hat klar ›ja‹ oder ›nein‹ zu sagen und das Risiko, das mit einem solchen Votum verbunden ist, auf sich zu nehmen. Wer dieses bisweilen große Risiko scheut, soll sich einen anderen Beruf suchen.«

Und so gerät ihm der Text, der im August 1963 in der »Zeit« erscheint, zu einer grundsätzlichen Standortbestimmung seines Verständnisses von Kritik. Das Bekenntnis des Irrtums ist nur eine Randnotiz. Der ergibt sich gleichsam automatisch aus seiner Art zu kritisieren. Der Kritiker, so Reich-Ranicki, müsse zugleich Rechtsanwalt und Staatsanwalt sein, Verteidiger und Ankläger. »Mein Autor ist mein Mandant, mein Klient, mein Schützling. Ich habe ihm zu dienen, seine Sache zu vertreten.« Aber zugleich müsse er ihn anklagen. In wessen Namen? »Die ehrliche Antwort darauf klingt pathetisch: im Namen der Literatur. Ich muß jede Seite des neuen Werks mißtrauisch lesen, ich muß es hartnäckig anzweifeln. Ich habe alles Schwache, Fragwürdige und Schlechte im Gegenstand der Betrachtung zu suchen. Es ist meine Aufgabe, dem Autor auf die Schliche zu kommen, ihn zu entlarven. Im Interesse der Literatur kann ich nicht zu streng sein. Mein Schützling ist auch mein Opfer.«

Und da habe er eben im Falle der »Blechtrommel« dem Ankläger mehr Raum eingeräumt als dem Verteidiger. Er habe sich nicht damit abfinden wollen, »daß Grass seine Vitalität nicht gezügelt und sein Temperament nicht beherrscht hatte«. Er habe es als seine Pflicht angesehen, »den Autor zu warnen«. Dabei habe er leider »die Proportionen entstellt«.

Und der Kritiker bescheinigt sich gleich doppelt »alles richtig« beziehungsweise »im großen und ganzen richtig« geurteilt zu haben. Aber im Ergebnis eben doch leider falsch. »Denn Oskar protestiert physiologisch und psychisch gegen die Existenz schlechthin. Er beschuldigt den Menschen unserer Zeit, indem er sich zu seiner Karikatur macht. Der totale Infantilismus ist sein Programm. Er verkörpert jenseits aller ethischen Gesetze und Maßstäbe die absolute Inhumanität. Das hätte ich damals schreiben sollen. Ich habe es leider nicht geschrieben.«

Neben der besonderen Gegnerschaft, die er aus jener ungezügelten Vitalität ableitet, erinnert Reich-Ranicki in diesem Text aber auch an eine Art Bruderschaft. Zwischen Kritiker und Autor, zwischen diesem Kritiker und diesem Autor. Denn Literatur, so wie Marcel Reich-Ranicki sie schätzt, ist eine engagierte Literatur. Deren Hauptaufgabe sei es, »bewußt in einer bestimmten Richtung zu wirken, also auf ihre Zeitgenossen Einfluß auszuüben. Daher suche ich in der Literatur, zumal in der erzählenden Prosa, vor allem die Auseinandersetzung mit den großen moralischen Fragen der Gegenwart.«

Das ist seine zentrale Forderung an die Literatur: Einfluss. Wirkung. Auseinandersetzung. Und dieselbe Forderung richtet er an die Kritik: »Auch den Kritiker verpflichtet die Auseinandersetzung mit den zentralen moralischen, philosophischen und ideologischen Problemen unserer Zeit.« Er fordert engagierte Kritik und sieht sich selbst als den Prototypen des engagierten Kritikers. Er will, er muss auf die Literatur seiner

Zeit einwirken, auf die Schriftsteller und ihre Werke und damit auf die Zeit selbst. Das ist die Aufgabe der Kritik.

Das ist von nun an ihr gemeinsames Feld. Es geht hier nicht allein um Bücher. Es geht um ihre gemeinsame Zeit, um Politik und Moral, die erschütternde Wirkung von Literatur. »Ich zeichne das Gesicht der Zeit«, hatte der Journalist und Schriftsteller Joseph Roth seine Aufgabe in beiden Feldern einst beschrieben. Hier treffen sich der Kritiker und der Dichter. Deshalb schreiben sie.

Günter Grass tastet sich Anfang der Sechzigerjahre langsam an diese Aufgabe heran. Im Februar 1961 hatte ihn »Die Zeit« um einen Text zum Thema »Mein Gedicht« gebeten. Er schrieb, dazu falle ihm nichts ein, das wechsle zu oft. Aber er könne über sein »Ungedicht« schreiben. Denn das wechsle nicht. Das habe sich in seinen Kopf eingebrannt und er bekomme es nicht mehr heraus.

Dieses Gedicht stammt von Rudolf Alexander Schröder, konservativer frühexpressionistischer Lyriker, Freund von Hugo von Hofmannsthal und Rudolf Borchardt, der während der Nazizeit in Deutschland geblieben war, Mitglied der »Bekennenden Kirche« war und für sich in Anspruch nahm, der sogenannten Inneren Emigration angehört zu haben. Dieser Rudolf Alexander Schröder hatte, wie viele andere deutsche Dichter, zu Beginn des Ersten Weltkriegs patriotische Ermunterungslyrik geschrieben. Eines dieser Gedichte wurde während der Nazizeit in Deutschland von den kleinen und großen Machthabern als ideales Gedicht des neuen Deutschlands wieder und wieder zitiert und vorgetragen: »Heilig Vaterland«.

In seinem Text für die »Zeit« beschreibt Grass die giftige

Wirkung dieses Gedichts, auf jeden – vor allem aber: auf sich selbst: »Wer als Dreiunddreißigjähriger vom zehnten bis sechzehnten Lebensjahr Gelegenheit hatte, dieses Gedicht anläßlich Morgenfeiern, Weihestunden, beim Fahnehissen, im Zeltlager nahe dem Lagerfeuer, in Jungvolk- und Hitlerjugenduniform nach choralähnlicher Melodie mit Todesschauern im Rücken oder sonstwo halb zu singen, halb in den Ostwind zu sprechen, wird gewiß heute noch aus unruhigem Schlaf aufschrecken und nicht frei von kaltem Schweiß ›Deutschland, fallen wir Haupt bei Haupt‹ ins stockdunkle Schlafzimmer schwören und sein Eheweib erschrecken.«

Es gilt, davon loszukommen, von der magischen Wirkung dieser Worte, dieses Glaubens, dieser Zeit. Wie an einen dunklen Magier wendet sich Grass an den damals 83-jährigen Dichter: »Nun, ich frage Sie, R. A. Schröder, wie wollen Sie mich, der ich oft und todernst nach Ihren Worten den ›Deutschen Schwur‹ leistete, von eben diesem Schwur, der mich bei unpassendsten Gelegenheiten durchs ›Heilig Herz, getrost‹ hinkt, für alle Zeiten entbinden?«

Er wird ihn nicht entbinden können. Das liegt nicht in des Dichters Macht. Das wird Grass selber tun müssen. Durch Gegen-Gedichte, Gegen-Romane, durch engagierte Literatur.

Und durch politisches Engagement im Alltag. Nur wenig später fängt er damit an.

Zunächst im Mai 1961, bei einer Rede auf dem 5. Schriftstellerkongress in Ost-Berlin, in der er kampfeslustig den soeben nach West-Berlin übergesiedelten Uwe Johnson verteidigt, den Vorsitzenden des ostdeutschen Schriftstellerverbandes Hermann Kant scharf angreift, beklagt, dass er keines seiner Bücher in der DDR habe veröffentlichen können, und emphatisch ausruft: »Geben Sie den Schriftstellern die Freiheit des Wortes.«

Im Juni 1961 erscheint im Westen der von Martin Walser herausgegebene Sammelband »Die Alternative oder Brauchen wir eine neue Regierung?«, dessen Beiträger die titelgebende Frage vorrangig mit einem entschiedenen »Ja« beantworten. Günter Grass ist auch mit einem Beitrag vertreten, in dem er in zahlreichen Varianten zur Wahl der SPD aufruft. Auch seine Romanfiguren seien dabei. Zwar wohl nicht Oskar Matzerath, aber dessen Sohn und Halbbruder Kurt habe seinem Schöpfer versprochen, SPD zu wählen. Und auch die alte Heimat bei Danzig ist engagiert im Sinne des Dichters: Die Ostsee rauscht es, die Radaune raunt es, die Tauben flüstern es: Wählt SPD. Und das Glück wird ewig währen: »Wählt schon auf Erden SPD, damit uns im Himmel einst eine SPD-Regierung gewiß sein wird.«

Günter Grass hat sein Engagement von Anfang an sehr ernst gemeint. Auch wenn er hier so gut gelaunt übertreibt und SPD-Regierungen für alle Ewigkeit heraufbeschwört. Daher war er überrascht und enttäuscht, als ihn in diesen Tagen Hans Werner Richter in Berlin besuchte und ihm erzählte, er, Richter, und einige andere Schriftsteller seien eingeladen, mit Willy Brandt zu reden. Das passte Grass nun gar nicht. Ob der Bürgermeister denn seinen Text nicht gelesen habe? »Du bist doch Anarchist«, bescheinigte ihm daraufhin Richter. Die SPD, das sei doch nichts für ihn.

Das sah Grass ganz anders. Er war doch auch für Brandt und für die SPD. Wie da die Einladung an ihn versäumt werden konnte? Sicher ein Missverständnis.

So geht Grass einfach mit. Geht mit Richter und den anderen ins Rathaus Schöneberg, wo der Regierende Bürgermeister damals residierte. Und es beginnt eine der erstaunlichsten und engsten Bindungen eines deutschen Schriftstellers an einen deutschen Politiker. Der Dichter Günter Grass wird Willy Brandt als eine Art geistigen Vater adoptieren, er wird auf seinen Reisen durch die Welt und vor allem auf deutschen Marktplätzen und in deutschen Sporthallen, wo immer es Menschen hören wollen oder wo immer er Menschen zum Zuhören bewegen kann, für Willy Brandt und dessen Partei trommeln, reden, dichten, rufen. Eine Art Patenschaft des Jungen für den Emigranten, der Hitler widerstand. Aber erst in den folgenden Wahlkämpfen, dem von 1965 und vor allem dem von 1969, wird er sein politisches Engagement zu voller Entfaltung und zu voller Lautstärke bringen.

Jetzt, im Spätsommer 1961, im Schöneberger Rathaus muss er sich überhaupt erst mal ins Gespräch bringen. Das Vertrauen des Bürgermeisters gewinnen und das von dessen Pressesprecher Egon Bahr. Denn, ja, er war schon berühmt damals, »Katz und Maus« war auch schon erschienen, aber eben auch berühmt-berüchtigt als »Pornograf«, Verderber der Jugend, Nestbeschmutzer, Bürgerschreck. Er war sich später selbst nicht ganz sicher, wie Willy Brandt das fand, damals, als dieser fragte, wer aus der Runde sich vorstellen könne, ihm, dem Bürgermeister und Wahlkämpfer um das Bundeskanzleramt, beim Verfassen seiner Reden zu helfen. Und sich keiner meldete – außer Grass. Der Anarchist mit dem Schnauzbart? Der unerschrockene, immer etwas zu laute Blechtrommler?

Wie auch immer: Brandt hatte gefragt, und Grass hatte sich gemeldet, und Bahr hatte geschwiegen. Also kam er nun regelmäßig ins Rathaus, ging Redeentwürfe durch, nahm immer mal welche mit nach Hause, arbeitete um, setzte stärkere Effekte. Vor allem trieb er dem Politiker aus, von sich selbst stets nur in blumigen Umschreibungen zu reden. »Der hier spricht«, stand da zum Beispiel, oder »Der das sagt«. Strich Grass alles durch und setzte stattdessen überall ein »Ich« ein. Strich auch sonst fröhlich in den Reden des Kandidaten herum, und Bahr sagte zu dem anarchischen Streicher: »Also, wenn zwanzig Prozent Ihrer Striche durchgehen, sind Sie sehr erfolgreich gewesen.« So ungefähr ist es dann auch gekommen.

Wenige Wochen vor seinem folgenreichen ersten Besuch im Schöneberger Rathaus war Berlin, war Deutschland und die Welt von einem anderen Ereignis erschüttert worden. Am 13. August 1961 hatte die DDR-Regierung mit dem Bau der Mauer begonnen. West-Berlin wurde abgeriegelt, die Flucht aus der DDR sollte unmöglich gemacht werden. Undenkbares, Unvorstellbares geschah vor den Augen der Welt, vor den Augen der Berliner. Und alle, auch der Regierende Bürgermeister, konnten nur protestierend, fassungslos und machtlos zusehen, wie die Teilung Deutschlands und Berlins als unüberwindliches Bauwerk zementiert wurde.

Am nächsten Tag schreibt Günter Grass einen Brief. Einen offenen Brief an die Vorsitzende des Schriftstellerverbandes der DDR, an jene Frau, deren Buch Marcel Reich-Ranicki damals in seiner Zelle in Warschau den Glauben an die Literatur zurückgegeben hatte. Und über deren Roman »Das siebte Kreuz« Günter Grass in diesem Brief vom 14. August 1961 beschwörend schreibt:

»Sie waren es, die meine Generation oder jeden, der ein Ohr hatte, nach jenem nicht zu vergessenden Krieg unterrichtete, Recht und Unrecht zu unterscheiden; Ihr Buch,

›Das siebte Kreuz‹, hat mich geformt, hat meinen Blick geschärft und läßt mich heute die Globke und Schröder in jeder Verkleidung erkennen.«

Hans Globke war damals Chef des Kanzleramtes von Konrad Adenauer. Er hatte in der NS-Zeit die Nürnberger Rassegesetze mitformuliert und kommentiert. Gerhard Schröder war Mitglied der SA gewesen und seit 1953 Bundesinnenminister, nach der Wahl wird er Außenminister werden.

Die beiden erwähnt Grass gegenüber Anna Seghers, um zu zeigen, dass er auf dem rechten Auge nicht blind ist. Dass er weiß, dass in der Bundesrepublik fundamentale Dinge falsch laufen. Doch das schwächt seinen Angriff nicht.

»Und was können Schriftsteller tun?«, überschreibt er den Brief. Denn darum geht es ihm: Alles können sie tun. Das Bewusstsein der Menschen mit Romanen verändern, mit der Kraft ihrer Worte direkt ins Tagesgeschehen eingreifen. Er habe das bei ihr gelernt. Und nun sei es an der Zeit, seine Lehrerin an ihre eigene Lehre zu erinnern. Und sie um Hilfe zu bitten.

Er greift zu einer drastischen Analogie, um die Geschichte ihres Romans effektvoll in die Gegenwart zu verlängern: »Die Angst Ihres Georg Heisler hat sich mir unverkäuflich mitgeteilt; nur heißt der Kommandant des Konzentrationslagers heute nicht mehr Fahrenberg, er heißt Walter Ulbricht und steht Ihrem Staat vor.«

Anna Seghers antwortet nicht. Wahrscheinlich hätte sie ohnehin nicht geantwortet, doch die drastische Analogie, den ummauerten Staat namens DDR als ein gigantisches neues deutsches Konzentrationslager zu beschreiben, machte es der Schriftstellerin aus Mainz, die aus dem Exil in Mexiko zurückgekehrt und nun als Mitglied der SED und

Verbandsvorsitzende der DDR-Schriftsteller Repräsentantin dieses deutschen Teilstaates war, kaum möglich zu antworten.

Grass hat es dann zwei Tage später noch einmal mit einem Brief an alle Mitglieder des Deutschen Schriftstellerverbandes versucht: »Ohne Auftrag und Aussicht auf Erfolg dieses offenen Briefes«, schreibt er da gemeinsam mit seinem Kollegen Wolfdietrich Schnurre, »bitten die Unterzeichner hiermit alle Schriftsteller in der DDR, die Tragweite der plötzlichen militärischen Aktion vom 13. August zu bedenken. Es komme später keiner und sage, er sei immer gegen die gewaltsame Schließung der Grenzen gewesen, aber man habe ihn nicht zu Wort kommen lassen. Wer den Beruf des Schriftstellers wählt, muß zu Wort kommen, und sei es nur durch ein lautes Verkünden, er werde am Sprechen gehindert.«

In diesen Tagen des Mauerbaus von Berlin findet Günter Grass den kategorischen Imperativ für sich, sein Leben und sein weiteres Schreiben. Den kategorischen Imperativ, den er an jedes Schriftstellerleben, so wie er es versteht, angelegt wissen möchte. Im Brief an Anna Seghers beschreibt er auch, in welcher Tradition er sich sieht: in der Tradition der Emigranten, die 1933 Deutschland verlassen haben. Er bezieht sich auf den legendären Brief, den Klaus Mann am 9. Mai 1933 an Gottfried Benn schrieb, jenen von Mann verehrten Benn, der sich entschlossen hatte, in Deutschland zu bleiben und die Geflohenen dort draußen, die Emigranten, zu verhöhnen. Er, Grass, ist jetzt Klaus Mann. Und die Autoren, die in der DDR leben und nicht protestieren, sie sind – wie Grass es sieht – in der Rolle Gottfried Benns. Auch die ehemalige Emigrantin Anna Seghers.

Er ist plötzlich da, dieser Ton absoluter Selbstgewissheit:

»Wir fordern Sie auf, unseren offenen Brief zu beantworten, indem Sie entweder die Maßnahmen Ihrer Regierung gutheißen oder den Rechtsbruch verurteilen. Es gibt keine ›innere Emigration‹, auch zwischen 1933 und 1945 hat es keine gegeben. Wer schweigt, wird schuldig.«

Kämpfen für Willy

1964–1965

WILLY BRANDT WURDE 1961 noch nicht Kanzler, und die Mauer blieb viele Jahre stehen. Aber der Schriftsteller Günter Grass hatte seine Rolle gefunden. Noch wirkten die Worte etwas zu groß für ihn, noch war es, als habe er für sich ein fiktives Vorbild errichtet, an das er sich in der Wirklichkeit erst noch selbst angleichen musste. Aber es war da. Er würde danach leben und wirken und schreiben. Es ist dasselbe Glaubensbekenntnis, das Reich-Ranicki in der Revision seines »Blechtrommel«-Urteils ablegen wird: »Ich glaube, daß es die Hauptaufgabe (der Schriftsteller) ist, bewußt in einer Richtung zu wirken.« Diesen Glauben teilten sie.

Und im Jahr 1964 sollte der Kritiker ihn, Günter Grass, und die gesamte deutsche Literatur nachhaltig an dieses Glaubensbekenntnis erinnern. Anlass waren die Auschwitz-Prozesse in Frankfurt, bei denen seit 1963 Angehörige der SS-Wachmannschaften im größten nationalsozialistischen Konzentrations- und Vernichtungslager angeklagt waren. Die deutschen Schriftsteller schwiegen dazu.

Marcel Reich-Ranicki nahm dies zum Anlass zu einem grundsätzlichen Text in der »Zeit«.

Er wisse schon, schreibt Marcel Reich-Ranicki: Schon mit der Erwähnung des Wortes »Auschwitz« habe er längst alle Leser verscheucht. Denn alle anderen Themen seien ja angenehmer. Selbst »Stalingrad« sei angenehmer. »Da vernehmen noch manche Fanfaren und Trommelwirbel und den Trauermarsch aus der ›Götterdämmerung‹.« Doch bei Auschwitz gebe es leider keine musikalischen Assoziationen, »nur noch die unmenschlichen Laute der Opfer und die unmenschlichen Laute der Henker«. Auschwitz – das könne man in zwei Worten zusammenfassen: »deutscher Mord«.

Dieser deutsche Mord, ein winziger Ausschnitt daraus, werde gerade in Frankfurt verhandelt – und dazu schweige die gesamte deutsche Literatur. Er könne es nicht fassen. Denn es gehe bei diesem Prozess schließlich keineswegs »um die Vergangenheit, sondern um die Gegenwart, nicht um das ›Dritte Reich‹, sondern um die Bundesrepublik«.

Wo sind sie, die Schriftsteller, auch die engagierten? Warum schweigen sie? Hatte Grass nicht geschrieben: »Wer schweigt, wird schuldig«? Wofür galt das? Für welche Zeit? Für welche Themen?

Was macht Wolfgang Koeppen, der Autor des Gegenwart-Politromans »Das Treibhaus«, des Romans der Kontinuität deutscher Geschichte »Der Tod in Rom«? »Wahrlich, Koeppen darf man nicht stören«, schreibt Reich-Ranicki. »Und doch würde ich es sehr bedauern, sollte ich nichts von diesem großen Prosaisten über Auschwitz in Frankfurt lesen können.«

Es ist eine Forderung an eine ganze Generation deutscher Schriftsteller, die der Kritiker angesichts dieses Prozesses formuliert. Er will es einfach wissen: »Was fühlen und denken eigentlich diejenigen, die damals kleine Kinder waren, wenn erzählt wird, wie ihre Eltern drei Millionen Menschen in Auschwitz ermordet haben? Ich weiß, es sind andere Themen, die Uwe Johnson faszinieren. Und doch …«

Drei Pünktchen für ein großes Loch. Eine große Lücke, die der Überlebende des Warschauer Gettos im Mai 1964 nicht akzeptieren will. Zeit der Entscheidung: »Ja, das ist sicher – (Adolf Hitler) hat uns allen einen Sprung beigebracht. Natürlich auch den deutschen Schriftstellern – wie sollte es anders sein. Aber gehören sie zu jenen, die zudecken, oder zu jenen, die aufdecken? Mag jeder die Frage für sich beantworten.«

Sie beantworteten die Frage, jeder für sich – vorerst durch Schweigen. Auch der, der in jenem August 1961 Schweigen als Schuld gekennzeichnet hatte, schwieg zum Prozess.

In einer anderen – mit diesem Thema allerdings verbundenen – Frage hatte Günter Grass von Marcel Reich-Ranicki eine Weile zuvor starke Unterstützung erfahren. Jener Hermann Kant, den Grass in der Mauerfrage scharf angegriffen hatte, hatte in einem in der DDR erschienenen Aufsatz Günter Grass Antisemitismus vorgeworfen. Die Figur des Juden Fajngold aus der »Blechtrommel« sei ein antisemitisches Klischee. Falsch, schreibt Reich-Ranicki in einem langen Aufsatz, in dem er die Grass-Rezeption in Polen und der DDR beschreibt. Dieser Fajngold, der Treblinka überlebte, gehöre, so der Kritiker, »zu den wenigen hervorragenden jüdischen Gestalten der deutschen Literatur seit 1945«.

Noch ausführlicher hatte sich Marcel Reich-Ranicki dazu in einem großen Aufsatz geäußert, den er unter der Überschrift »Unser grimmiger Idylliker« für seinen Überblicksband »Deutsche Literatur in Ost und West« im Jahr 1963 über das Werk von Günter Grass schrieb. Der Kritiker ist begeistert von den jüdischen Figuren im Werk des Danzigers. Natürlich sei die Darstellung von Juden in der deutschen Literatur nach 1945 »eine heikle Frage«, schreibt er. Es wimmele in den Büchern jener Zeit geradezu von gutgemeintem »primitivem Philosemitismus«. In vielen Fällen seien diese Juden »edel, rührselig und ganz und gar unecht«. Ganz anders bei Grass, der zeige »Menschen, deren Eigenarten für die in jenen Jahren in Osteuropa lebenden Juden typisch sind, wobei er keineswegs auf satirische Akzente verzichtet«. Er erinnert an den Spielzeughändler Sigismund Markus in der »Blechtrommel«. Der Jude, dessen Tod die deutsche Kindheit, die deutsche Unschuld für immer beendet und Oskar Matzerath in Zwergengestalt festfriert mit diesem unvergesslichen Satz: »Es war einmal ein Spielzeughändler, der hieß Markus und nahm mit sich alles Spielzeug aus dieser Welt.«

Und dann eben noch jener Fajngold, über den Reich-Ranicki dankbar schreibt: »Fajngold, der sich immer von einer vierköpfigen Familie umgeben glaubt – die aber in Treblinka vergast wurde –, das sind reale Gestalten: wahrhaftig ohne Verherrlichung, ergreifend ohne Weinerlichkeit.«

Das alles ändert nichts daran, dass sich auch Günter Grass von Reich-Ranickis Klage über das Fernbleiben der deutschen Schriftsteller beim Auschwitz-Prozess gemeint fühlen durfte. Aber er schwieg.

Auch Reich-Ranicki ließ die Sache zunächst auf sich beruhen. Sie trafen sich nach wie vor regelmäßig bei den Tagungen der Gruppe 47, gerade zuletzt im September 1964 im schwedischen Sigtuna, wo Grass aus seinem Theaterstück über den Arbeiteraufstand in der DDR vom 17. Juni 1953 – »Die Plebejer proben den Aufstand« – gelesen hatte. In dem unter anderem ein offensichtlich Bertolt Brecht nachempfundener Staatsdichter durch Gleichgültigkeit gegenüber den Aufständischen hervortritt. Der Vortrag von Grass war in Schweden eher nicht gut angekommen. Reich-Ranicki jedoch hatte die Ausschnitte interessant gefunden, vor allem wegen Brecht.

Am 21. Januar 1965 schreibt der Kritiker Grass einen Brief, wohl der erste an den Dichter überhaupt, zumindest der erste, den wir kennen. »Mein Lieber«, fängt er herzlich an. Er bereite im Piper-Verlag eine Anthologie deutscher Geschichten vor. »Daß ich unbedingt eine Geschichte von Ihnen in diesem Band haben möchte, brauche ich Ihnen nicht zu sagen.« Er nehme alles. Gedruckt oder ungedruckt. Ganz egal, Hauptsache, Grass sei mit einem Text dabei. Dann streift er kurz das Drama, das er »das Brecht-Stück« nennt. Er höre, das sei fertig. Grass solle ihn doch bitte darüber informieren: »Denn Sie wissen ja, wie sehr mich dieses Stück interessiert und wie fest ich, obwohl ich nur die erste Hälfte kenne, an seinen Erfolg glaube. Herzlichst Ihr Marcel Reich«.

Es dauert eine Weile, bis Günter Grass antwortet. Schließlich, am 21. Februar, schreibt er doch. Und seine Antwort ist eher ein Angriff. Er habe in seinem Leben nur zwei Erzählungen geschrieben. Die könne Reich-Ranicki haben, falls sie ihm gefallen, »was ich bezweifle«. Danach ist von »wenig Vergnügen« die Rede und von »Diffamierung«.

Was war geschehen?

Am selben Tag war in der »Zeit« ein weiterer Artikel über Auschwitz und das Schweigen der deutschen Dichter von Reich-Ranicki erschienen. Diesmal ging es um die bevorstehende Verjährung von NS-Verbrechen. Ab 9. Mai 1965 sollten alle nationalsozialistischen Verbrecher, gegen die bis dahin kein Strafverfahren eingeleitet worden war, straffrei ausgehen. Reich-Ranickis Artikel ist von Fassungslosigkeit geprägt. »Das unbegreifliche Schweigen« ist der Beitrag überschrieben. So fängt er an: »Wie ist das möglich? Ich weiß es nicht. Ich kann keine Erklärung finden. Ich gebe zu: Ich kann es einfach nicht begreifen. Deshalb muß ich darüber schreiben.«

Für ihn geht es in dieser Frage um alles. Um die Grundlagen seines weiteren Lebens, die Grundlage des Staates, in dem zu leben er sich entschieden hat: »Wenn es eine Angelegenheit gibt, die das ganze deutsche Volk angeht und an die Grundlagen seines Daseins und der Existenz der Bundesrepublik rührt – dann ist es diese.« Und er fährt fort, dass dies eine Frage sei, die die Menschen in aller Welt interessiere. Und zwar mehr als die deutschen Fragen, ob Breslau polnisch sei oder deutsch, ob es eine Mauer in Berlin gebe oder nicht. Nein, diese Frage der Verjährung von Menschheitsverbrechen der deutschen Geschichte, die interessiere Millionen überall. Eine politische Frage, ja, eine juristische Frage auch, ja. Aber vor allem auch eine moralische Frage sei das. Und zu dieser Frage höre er von den deutschen Schriftstellern: nichts. Schweigen. Er frage sich: Sind sie zu beschäftigt? Neue Romane? Neue Gedichte? Neue Irgendwas? Sind sie feige? Ist es ihnen gleichgültig? »Oder haben wir es mit gewöhnlichen Zynikern zu tun?« Er zitiert sein großes Vorbild Wilhelm Schlegel, der die »Schriftstellerey«, je nachdem wie man sie ausübe, eine Infamie oder eine Ausschweifung oder eine Tageloehnerey oder eine Tugend genannt hatte. Und so beendet Reich-Ranicki seinen Text über das Schweigen der deutschen Dichter: »Sicher ist jedenfalls, daß die Schriftstellerei, je nachdem wie man sie treibt, eine Infamie oder eine Tugend sein kann.«

Das war zu viel. Diesmal ließ sich Günter Grass herausfordern. »Lieber Herr Ranicki, ich halte das schlicht für eine Diffamierung. Es wird Ihnen wohl aufgefallen sein, daß öffentliche Deklamationen in den letzten 15 Jahren wenig genützt und oft genug geschadet haben.« Und überhaupt seien »lautstarke Forderungen, es möge der Schriftsteller das Gewissen der Nation sein, nur dazu angetan, anderen Leuten das Gewissen abzunehmen«. Selbstverständlich wehre auch er sich gegen die Verjährung. »Aber es wird wohl so sein: was Ihnen nicht zu Ohren kommt, ist nicht geschehen.«

Und nebenbei, mit dem Stück, das Reich-Ranicki ein Brecht-Stück nannte, sei womöglich »Die Plebejer proben den Aufstand« gemeint, da könne er ihm die freudige Mitteilung machen, dass das fertig sei. »Und wenn sich das Schiller-Theater nicht schrecklich in die Hose macht, wird es wohl im Herbst über die Bretter gehen. Ich grüße Sie in alter Freundschaft, Ihr Günter Grass.«

Diffamierung und alte Freundschaft – in wenigen Zeilen einmal um die Welt.

Die Antwort auf diesen privaten Brief wird Günter Grass nicht in seinem Briefkasten finden. Marcel Reich-Ranicki antwortet ihm in einer Zeitung, in der »Zeit«: Eine ganze Anzahl von Schriftstellern habe versucht, ihn in Briefen zu belehren und ihm zu erklären, warum sie geschwiegen haben und weiter schweigen, schreibt der Kritiker. Und er zitiert zunächst ausführlich den Schriftsteller Albrecht Goes und dessen Schweigeausflüchte. Um dann zu Grass zu kommen. Er geht Argument um Argument durch, schreibt, dass er keineswegs nur »öffentliche Deklamationen« eingefordert habe, sondern einfach, dass sie sich in wichtigen Fällen zu individuellen Stellungnahmen aufrafften. Auch die Sache mit dem Gewissen der Nation, dass der Schriftsteller den Menschen ihr eigenes Gewissen nicht abnehmen wolle, überzeugt ihn nicht. Um Leute, die sich so leicht ihr Gewissen abnehmen lassen, sei es ohnehin schlecht bestellt. Er erinnert an Thomas Mann und dessen kämpferisches Eingreifen gegen die Machthaber in Deutschland während der Nazizeit, an dessen Radioansprachen in der BBC, die Essays.

Im Übrigen, so Reich-Ranicki, gehe es ihm gar nicht vorrangig um eine politische Frage. Er glaube vielmehr, dass es eine literarische Frage sei. »Ferner scheint Grass übersehen zu haben«, schreibt er, »daß möglicherweise derjenige, den das Schweigen deutscher Schriftsteller wundert, nicht unbedingt an das Wohl der Nation denkt, sondern, zunächst einmal, an das der Literatur. Wann immer sich Schriftsteller um die Fragen der unmittelbaren Gegenwart ernsthaft Sorgen gemacht haben, ist dies zumindest ihrem Werke zugute gekommen. Soll man wieder einmal an die französische Literatur von Voltaire und Rousseau bis Camus und Sartre erinnern?«

Der Artikel endet bitter und erschütternd. Reich-Ranicki beschreibt eine Reise, die vor einer Weile stattfand. »Vor wenigen Monaten konnte man Zeuge eines unheimlichen und einzigartigen Schauspiels sein: Die Mörder von Auschwitz waren wieder in Auschwitz zu sehen, diesmal begleitet von ihren Anklägern, Richtern und Verteidigern. Und von manchen ihrer überlebenden Opfer.«

Und nun die Frage: War ein deutscher Schriftsteller dabei?

Wer hat dieses einzigartige Schauspiel aus der Welt der Wirklichkeit gesehen und vielleicht auch beschrieben? Keiner? War keiner dabei?

Doch. Einer. »Daß es sich jedoch bei diesem einen einzigen deutschen Schriftsteller, der die Reise nach Auschwitz nicht gescheut hat, um einen Mann handelt, der 1934 vom nationalsozialistischen Regime aus Deutschland vertrieben wurde und vielleicht nur deshalb nicht in den Gaskammern von Auschwitz umgekommen ist, weil ihm die Flucht in ein neutrales Land gelang, um einen Mann, der bis heute im Exil lebt – er heißt Peter Weiss – dieser Umstand sollte uns allen, also auch Albrecht Goes und Günter Grass, zu denken geben.«

Vier Tage nachdem dieser Text erschienen war, schreibt der zurückgekehrte deutsche Emigrant und Regierende Bürgermeister von Berlin und erneuter Kanzlerkandidat der SPD, schreibt Willy Brandt an Günter Grass, dass er sich herzlich bedanke für die wertvollen Anregungen, die ihm der Autor vor Kurzem gegeben habe. Er habe sie in seiner gerade in München gehaltenen Rede »Vaterland und Europa« und in einem Beitrag für den »stern« eingearbeitet.

Günter Grass hat sich die Maßregelungen von Marcel Reich-Ranicki über das notwendige Engagement der Schriftsteller verbeten. Er wirke eben auf andere Weise, als Reich-Ranicki das fordere. Aber er weiß auch, dass Reich-Ranicki recht hat. Es ist ja sein eigenes schriftstellerisches Programm, das der Kritiker da vor ihm ausgebreitet hatte. Ja, er weiß inzwischen selbst, was seine Aufgabe ist. Was gute, was notwendige Literatur sein sollte. Wie zeitgenössisch, wie eingreifend, wie gegenwartswach. Welche Rolle der Schriftsteller als politisch aufgeklärter und verantwortungsvoller Bürger spielen sollte.

Die konkrete politische Frage der Verjährung von Naziverbrechen hatte sich eine Woche nach Reich-Ranickis Text in der »Zeit« erst mal erledigt. Der Bundestag stimmte am 25. März 1965 für eine Verlängerung der Verjährungsfrist. Aber die Notwendigkeit politischen Engagements im Angesicht der deutschen Geschichte – die hatte sich damit nicht erledigt. Die persönlichen Angriffe und Diffamierungen gegen den unehelichen Sohn und politischen Emigranten Brandt gingen ja weiter. Der ewige Kanzler Konrad Adenauer war zwar seit 1963 nicht mehr an der Macht, aber sein Nachfolger stand für Kontinuität und »Weiter so, Deutschland«.

Zwei Wochen nach dem Erscheinen von Reich-Ranickis fundamentalem Angriff auf Grass und die deutschen Schriftsteller schreibt Günter Grass an Willy Brandt, kritisiert ihn sachlich für eine Rede, die der Kandidat kurz zuvor im Berliner Sportpalast gehalten hat, und schlägt die Gründung eines Schriftstellerteams vor, dessen Aufgabe es sein soll, Textvorschläge zu formulieren »und den Aufbau Ihrer Reden zu verstärken«.

Aus diesem Vorschlag wird das sogenannte Wahlkontor hervorgehen, in dem von Juni bis September 1965 zwanzig junge, noch wenig bekannte deutsche Schriftsteller daran arbeiten, SPD-Politiker im Bundestagswahlkampf mit Slogans, prägnanten Repliken und Redeentwürfen zu versorgen. Für 10 Mark die Stunde. Hubert Fichte machte mit, Peter Härtling, Gudrun Ensslin, Friedrich Christian Delius, Hans Christoph Buch, Nicolas Born, Peter Schneider, Bernward Vesper und andere. Grass selbst war nicht dabei. Er hielt lediglich den direkten Draht zu Brandt.

Und er will selbst reden. Für den Mann kämpfen, den er bewundert, für seine politischen Ideen in der Gegenwart – vor allem aber für seine Vergangenheit. Er bewundert ihn dafür, dass er den Weg gegangen ist, den er, Grass, nicht gegangen ist. In seiner Rede aus dem Juli 1965, die er »Loblied auf Willy« nennt, beschreibt er den politischen Weg des Kanzlerkandidaten, so wie er ihn sich vorstellt: »Ich stelle mir den Fünfzehnjährigen so vor: zu schnell gewachsen, robust, ziemlich vergrübelt. Auf dem Pausenhof beginnt die Politik. Auf der einen Seite: er alleine mit seinen frühreifen Argumenten. Ihm gegenüber: die Söhne der Bürger, noch zögernd, aber schon auf dem Weg in die Hitlerjugend.« Einer der Söhne, ihm gegenüber, das ist er selbst gewesen, damals in Danzig. Und sooft sich der späte Günter Grass selbst von seiner Schuld freisprechen wird, da er eben zu jung gewesen sei, um der Nazi-Religion, dem Ungeist jener Jahre, zu widerstehen, so genau wusste er auch – und es lastete auf ihm: Es hätte einen anderen Weg gegeben. Auch für ihn.

Diesen Weg war Herbert Frahm, wie Willy Brandt damals noch hieß, gegangen. Deshalb hat ihn Grass erwählt. Auf ihn ist er stolz. Auf das Deutschland, das er repräsentiert: »Mich bewegt Willy Brandts lange Reise von Lübeck über die Stationen der Emigration nach Berlin, weil sich in ihr ein Teil jener Geschichte Deutschlands widerspiegelt, auf den ich, ohne Anteil gehabt zu haben, stolz sein kann.«

Er wird lange an seiner Seite bleiben, lange für ihn kämpfen, bis er Kanzler ist und auch dann noch, über Krisen hinweg, an seiner Seite bleiben. Er ist das gute Deutschland, von dem der andere Lübecker, von dem Thomas Mann aus dem Exil gesprochen hatte. Das Deutschland, das widerstand.

Es ist, liest man seine Texte aus dieser Zeit, auch eine Befreiung für den Autor Günter Grass. Er hat ein Ziel, von dessen moralischer Richtigkeit er restlos überzeugt ist. »Moralisch gute Zeit« hatte Thomas Mann den Kampf gegen Nazi-Deutschland genannt. Nun ging es mit dem Kampf gegen die CDU und den neuen Kanzler Ludwig Erhard zwar nicht gegen Hitler, aber der Kampf gegen die Kontinuität in den Verwaltungsapparaten, in Politik und Justiz war damals noch ein wesentlicher Kern sozialdemokratischer Politik, wie Willy Brandt sie repräsentierte.

Und auch literarisch soll ihn der Erfolg dieses Mannes entlasten. Von der Vergangenheit. Mit den ersten drei Prosa-Büchern, der Danziger Trilogie, hat er mit ihr abgeschlossen, so denkt er. Schluss mit Danzig und der Nazizeit. In einer Wahlkampfrede fordert Grass, inspiriert durch eine USA-Reise, die Neugründung von Danzig und Breslau irgendwo in der Eifel zum Beispiel. Wie in Amerika – die alte, verlorene Heimat einfach an neuem Ort neu errichten. Pioniergeist. Alte Werte, neue Orte.

Was heißt das für seine Literatur? Wer war der Autor Grass, wer will er ab jetzt sein? »Jemand, der über Hundejahre berichtet hat, der der Schuld den Magen umstülpte und auf Trümmer- und Schrottplätzen nach Spuren der Scham gestochert hat. Jetzt sucht er neuen Stoff. Einen, der heiter stimmt. Ich will nicht mehr sagen müssen: Der sieht nur so aus; getan hat er das; vergessen hat er jenes. Vielmehr will ich von jemandem erzählen, der noch nichts getan hat, der gerade jetzt anfängt, jung und ganz blank ist, ein bißchen töricht und verbockt, aber neugierig, was wohl kommen mag.«

Der Einsatz für den Politiker Willy Brandt erlöst ihn also auch – für den Moment – von der Schuld der Vergangenheit, von verborgener Schuld, von einer Schuld, die man den Menschen nicht ansieht, die die Menschen, jeder Einzelne, »vergessen« haben. Es gilt: die Gegenwart zu beschreiben. Auch dies, durchaus im Sinne der Forderungen Marcel Reich-Ranickis: Eingreifliteratur im Jetzt. Wirken in der Gegenwart. »Das wäre ein Buch«, schreibt Grass. »Anmutig und voller Gelächter.« Und er schreibt los.

Zwei Boxer im Ring

1965–1970

DAS GANZE LEBEN SCHEINT für Günter Grass in diesem Sommer 1965 voller Gelächter zu sein. Die Familie wohnt im idyllischen Berliner Stadtviertel Friedenau, in einem großen roten Backsteinhaus in der Niedstraße. Um Grass herum bildet sich eine Art Schriftstellerkolonie, Uwe Johnson wohnt gleich um die Ecke, Hans Magnus Enzensberger, bald auch Max Frisch mit seiner Frau Marianne. Familie Grass ist inzwischen sechsköpfig, im Sommer ist nach den Zwillingen Franz und Raoul und Tochter Laura noch Bruno auf die Welt gekommen. Grass ist berühmt und erfolgreich, Geld ist genug für alles und alle da.

Im Jahr zuvor war er zum ersten Mal in den Vereinigten Staaten gewesen. Er war auch dort ein Star. »Die Blechtrommel« sei das größte literarische Ereignis aus Deutschland seit dem »Zauberberg«, so feiert man ihn. Auch im Sommer 65 ist er zusammen mit Anna kurz wieder da – um sich mit dem ersten Ehrendoktortitel einer Universität auszeichnen zu lassen. Für ihn, der nicht mal Abitur hat und die Schule in Göttingen damals nach den Sätzen »Wo waren wir stehen geblieben? Ach ja, bei der Emser Depesche« für immer verlassen hatte, war das eine doppelte Genugtuung.

Bei dem anderen, der gar nicht erst studieren durfte, wird es noch eine Weile dauern. Auch ihm wird der erste Ehrendoktor im Ausland verliehen, 1972, von der schwedischen Universität in Uppsala. Aber auch der Ruhm von Marcel Reich-Ranicki wächst schon in diesen Jahren. Seit 1963 hat er zusammen mit Hans Mayer eine regelmäßige Rundfunksendung, »Das literarische Kaffeehaus«, von der manche Folgen auch im Fernsehen ausgestrahlt werden. Seine Stimme, sein Temperament, seine enorme Vereinfachungs- und Zuspitzungskunst, seine Angriffs- und Streitlust sind ideal für diese Medien.

Gleichzeitig ist er ein einsamer Mann. Nach wie vor hat ihn die »Zeit« zu keiner ihrer Redaktionskonferenzen eingeladen. Er lebt mit Tosia und Sohn Andrew immer noch in der kleinen Wohnung in einem Sozialbaubezirk Hamburgs, arbeitet unermüdlich und hat Kontakt mit der Außenwelt vor allem über das Telefon. Mit seinem damals besten Freund Walter Jens pflegt er eine so intensive Fernsprechbeziehung, dass er später in seiner Autobiografie schreiben wird, vor der Erfindung des Telefonsex hätten sie beide die Telefonfreundschaft erfunden.

So war es schon etwas besonders, dass er und seine Frau im Sommer 1965 zur Hochzeit von Walter und Renate Höllerer eingeladen wurden. Sie gehörten eben eigentlich nicht dazu, die Reich-Ranickis. Das, was Richter später als Reich-Ranickis »unerklärliche Fremdheit« bezeichnen wird, war die Kehrseite dessen, was beide, Marcel Reich-Ranicki und seine Frau, nach Ende des Zweiten Weltkriegs in Warschau empfanden, als er den einzigen Schuss seines Lebens in den Himmel schoss und eine Wolke über ihnen sah. Er schreibt: »Diese Wolke über uns, sie würde sich nie verziehen, sie würde bleiben, unser Leben lang.«

Aber nun: Hochzeit in Berlin. Hochzeit des von allen geliebten Schriftstellers, Organisators, Gründers der einflussreichen Zeitschrift »akzente« und des »Literarischen Colloquiums«. Hans Werner Richter hatte in die von ihm bewohnte Villa in Berlin-Grunewald geladen. Und Günter Grass hatte gekocht. Für alle. Das war sein Geschenk an das Hochzeitspaar. Er liebte es, für viele Leute zu kochen, und so wurden Schüsseln, Platten, Terrinen in großer Zahl aus der Niedstraße in die Villa im Grunewald transportiert.

Es war ein prachtvolles Fest, eher ein Gelage mit Tanz. Die von den Nachbarn gerufenen Polizeibeamten baten kurz, die Musik etwas leiser zu stellen, und tanzten dann mit. Von Marcel Reich-Ranicki ist nur überliefert, dass er die von Grass gekochte Mitternachtssuppe grässlich, ungenießbar, abscheulich fand. Der Kritiker war immer im Dienst.

Dann kamen die Kämpfe des Wahlkampfs, Grass griff an und wurde angegriffen. Kanzler Erhard rief: »Ich muß diese Dichter nennen, was sie sind: Banausen und Nichtskönner, die über Dinge urteilen, von denen sie einfach nichts verstehen … Es gibt einen gewissen Intellektualismus, der in Idiotie umschlägt … Alles, was sie sagen, ist dummes Zeug.« Stolz verkündete er: »Für mich braucht im kommenden Wahlkampf keine Blechtrommel gerührt zu werden.« Und rief seine CDU dazu auf, »Entartungserscheinungen« in der modernen Kunst und Literatur entgegenzutreten.

Es blieb nicht bei Worten. Wenige Tage vor der Bundestagswahl im September setzten Unbekannte die Eingangstür des Grass'schen Wohnhauses in der Niedstraße in Brand. In einer Erklärung des Wahlkontors hieß es dazu: »Jeder, der in diesem Land schon wieder die Position für einen Notstand, Kritik für Zersetzung und Kunst für entartet erklärt, hilft dieser Gesinnung zur Tat.« Und Willy Brandt telegrafierte seinem poetischen Wahlkampfhelfer: »Lieber Günter Grass, schon jetzt meinen Dank für Ihren großen Einsatz. Er hat uns genützt. Ihr Bekenntnis hat darüber hinaus Andere zum Engagement und zur Aktion geführt. Ich bin sicher, daß das, was Sie vor zwei Tagen erleben mußten, Sie nicht treffen konnte. Herzliche Grüße, Willy Brandt.«

Doch die Wahl ging verloren. Die SPD konnte ihr Ergebnis zwar im Vergleich zur vorausgegangenen Wahl von 36,2 auf 39,3 Prozent erhöhen. Doch CDU/CSU und FDP verfügten weiterhin über eine solide Mehrheit im Bundestag und setzten ihre Koalition unter Kanzler Erhard fort. Ein schwerer Schlag für Brandt und Grass. Brandt schloss eine erneute Kanzlerkandidatur aus, verzichtete, aufgrund der »Schmutzkampagne« gegen ihn, auf sein Bundestagsmandat und blieb Regierender Bürgermeister von Berlin. Grass floh gleich nach dem Wahltag ins südfranzösische Grau du Roi, wo er bis Ende September blieb. Um aber sogleich nach seiner Rückkehr Brandt nach Darmstadt zur Verleihung des Büchner-Preises an ihn, Grass, einzuladen: »Ich werde dort eine Rede halten, die selbstverständlich ganz und gar im Wahlkampf wurzelt und also eine verspätete Wahlrede ist.« Im Übrigen gehe der Kampf natürlich weiter. Es könne ja sein, dass sein Engagement auch innerhalb der SPD auf Widerstand gestoßen sei, aber »in vier Jahren wird solcher

Initiative schon das Selbstverständliche anhaften«. Der Vierjahresplan eines engagierten Autors, der nicht vorhatte, sich abschütteln oder entmutigen zu lassen.

Aber jetzt erst mal wieder: Kerngeschäft. Sein Theaterstück »Die Plebejer proben den Aufstand« kommt endlich im Schiller-Theater auf die Bühne. Ein nationales Ereignis, mit großer Spannung erwartet. Und mit Vorabempörung. Helene Weigel, Witwe von Bertolt Brecht, hatte schon im Vorfeld angekündigt, jedem westdeutschen Theater, das es wage, dieses »Machwerk« auf die Bühne zu bringen, die Aufführung jeglicher Brecht-Stücke zu untersagen.

Marcel Reich-Ranicki wendet sich am 6. Januar 1966 schriftlich an Grass. Ihm sei »die ehrenvolle Aufgabe« erteilt worden, über die Premiere des Stückes zu schreiben, er wolle sich gehörig darauf vorbereiten, hoffe, schon die Generalprobe besuchen zu können, und bitte Grass um Zusendung eines Exemplars der endgültigen Fassung des Stückes. Jenes Stückes – wir erinnern uns –, an dessen Erfolg er, seit er die erste Hälfte kennt, fest glaubt.

Am 15. Januar findet die Uraufführung statt. Es wird ein ordentlicher Misserfolg. Den Chefredakteur des »Spiegel«, Rudolf Augstein, lädt Grass nach einem Wortwechsel im Foyer schon gleich von der Premierenfeier aus. Der rät in seiner daraufhin in seinem Nachrichtenmagazin veröffentlichten Kritik jedem, der in die Haut von Brecht schlüpfe, dabei die Gehirnhaut nicht auszusparen. Walter Jens nennt es ein »gedanklich eher dümmliches Stück«.

Auch Reich-Ranicki kann von seinem früheren festen Glauben nichts mehr wiederfinden. Er schreibt einen Verriss. Mit den bewährten Mitteln des In-die-Luft-Hebens-

und-Stürzens: »Er packt den Stier an den Hörnern. Großartig. Aber er weiß nicht, was er mit dem Stier anfangen soll.« »Seine Einfälle sind grandios. Nur kann sie Grass kaum verwerten.« Erst gegen Ende schlägt er vorsichtig die entgegengesetzte Schreibtaktik ein: niederwerfen, um ihn väterlich wieder aufrichten zu können, ein bisschen wenigstens. »Auch wenn er kein einziges der von ihm aufgegriffenen fundamentalen Motive tatsächlich ausgeführt hat – mit Talent anzudeuten, vermochte er alle.« Ein Mikro-Trost in einem Makro-Verriss. Es bleibt als Urteil dies: »Was man da zu sehen und zu hören bekommt, ist Lesebuch-Heroismus und nationaler Kitsch.«

Egal, weiter geht's. Es sind ungeheuer produktive Jahre im Leben des Günter Grass. Bei Reich-Ranicki ohnehin. Der bleibt dem Dichter auf den Fersen. Kein Buch von Grass, das nicht sogleich von ihm geprüft und dann gefeiert oder verworfen wird. Ja, auch gefeiert. 1967 ist es endlich so weit. Nicht erst im Nachhinein wie bei »Katz und Maus« oder widerwillig wie im Fall der »Blechtrommel«. Nein, 1967 erscheint endlich eine echte, beinahe uneingeschränkte Hymne. Ein neuer Gedichtband ist erschienen. Den Lyriker Grass hat Reich-Ranicki von Anfang an geschätzt und gepriesen.

Der neue Band heißt »Ausgefragt«. Es sind auch politische Gedichte darin, die erklärt der Kritiker gleich mal zu »den schwächsten« des Bandes. Aber sonst: nur Herrliches. Vor allem: »Seine Poesie ist frei vom Erzübel der deutschen Literatur – dem Missbrauch der lyrischen Form zur Flucht ins Undeutliche und Verschwommene, zum Rückzug ins Unkontrollierbare.« Und er beschreibt eine Eigentümlichkeit der Grass'schen Lyrik, die dieser später selbst gern für seine Gedichte reklamiert: dass er sich nämlich hier, im offen Verborgenen der Poesie, so schutzlos, offen und unverstellt selber zeige wie nirgends sonst in seinem Werk. Reich-Ranicki schreibt: »Nirgends ist Grass, glaube ich, kühner und natürlicher, aufrichtiger und freimütiger als in der Lyrik. Während andere sich bemühen, ihre Blöße zu poetisieren, wagt er es, sich in der Poesie bloßzustellen.«

Am meisten mag er »Kleckerburg«, das große Ostsee-Gedicht. Es ist das Gedicht ihrer beider Generation, in dem Reich-Ranicki eben auch das Verborgene findet, »verjährte Schulden« zum Beispiel. »Ohne sich je vom Gegenstand zu entfernen oder die Grenzen des gewählten Ausschnitts zu überschreiten, läßt uns Grass in Abgründe blicken, die jeder Leser für sich ausloten muß«, schreibt der Kritiker. Er liebt die Liebe, wie sie in den Versen geschildert werde, die strenge Disziplin der Form, der sich Grass in den Gedichten unterwerfe, die Abgeklärtheit, die er mit Unbefangenheit zu verbinden wisse. Der Band sei der Beweis, dass die ganze Welt der Gegenwart immer noch im Gedicht gebannt werden könne. Die Gegenwart – und die Vergangenheiten ihrer Generation: »In manchen Versen des Bandes ›Ausgefragt‹ gewinnt die Vergänglichkeit Dauer. Mehr kann von der Poesie nicht erwartet werden.«

Was für eine Hymne! Doch der nächste Verriss wird nicht lange auf sich warten lassen.

Zunächst mal sehen sich die beiden bei einem Gruppe-47-Treffen wieder. Diesmal in der sogenannten Pulvermühle in der Fränkischen Schweiz. Das Treffen steht ganz unter dem Zeichen studentischen Protestes. Im Hof werden Zeitungen des Springer-Konzerns verbrannt, die Dichter von protestierenden Studenten als Papiertiger verhöhnt. Die Gruppe, die sich politisch progressiv wähnte, ist von den Entwicklungen längst abgehängt worden. Schon bei der letzten Tagung, 1966 im amerikanischen Princeton, hatte dieses bleiche Bürschchen mit dem Flaumbart, hatte Peter Handke den versammelten Gruppe-47-Dichtern »Beschreibungsimpotenz« vorgeworfen. Günter Grass hatte daraufhin zwar dringend »um bessere Feinde« gebeten. Aber die Nachrufe auf die Gruppe 47 nahmen seitdem an Schärfe und Dringlichkeit zu. Sie war eine mächtige Institution geworden. Die Jungen begehrten gegen diese Macht auf.

Drinnen in der Pulvermühle geht es mitunter etwas gelangweilt und absurd zu. Der junge Lyriker Guntram Vesper liest zum ersten Mal vor der Gruppe. Grass und Reich-Ranicki sind sich nach Vespers Vortrag offenbar einig. Jedenfalls erinnert sich Vesper in seinem Text »Eingeladen, meiner Hinrichtung beizuwohnen« später: »Aber schon meldet sich Grass und findet schlecht, daß ich vorher schon wisse, was ich schreiben wolle; Reich-Ranicki, mir direkt gegenüber, meldet sich ebenfalls, steht auf, legt los: der frühe Erich Weinert, entsetzlich, ganz schrecklich. Und auch sonst, sagt er, hat er Ähnliches schon hundert Mal in der DDR-Lyrik gelesen.«

Und die Schriftstellerin Gabriele Wohmann erinnert sich an eine Busendebatte zwischen dem Dichter und seinem Kritiker. Irgendeiner hat gelesen, keiner sagt was. Richter insistiert, einer müsse doch was sagen: »›Bitte, Marcel.‹ Darauf gesteht Marcel Reich-Ranicki, der Text sei ihm völlig unverständlich geblieben, aber gefallen habe er ihm auch nicht, und er bezweifle außerdem die Fähigkeit von Busen, zuschnappen zu können, im Unterschied zu anderen weiblichen Körperteilen sei diesen ein solcher Akt der Aggression nicht möglich. Eine Autorenehefrau ruft ihm etwas beleidigt zu: ›Dann haste aber schlechte Busen erlebt.‹ Ranicki möchte sich hierüber lieber privat weiterunterhalten, und Grass, der an schnappende Brüste glaubt, aber jetzt nicht drüber reden will, will am Text bleiben, bleibt aber nicht, sondern hört auf.«

Kurz nach dem Treffen schreibt Grass an Reich-Ranicki: »Sie kamen mir in der Pulvermühle etwas melancholisch vor, ich mir auch.«

Melancholisch erscheint Günter Grass im Jahr 1967 das ganze Land. Die alte CDU/FDP-Koalition war über Wirtschafts- und Steuerfragen zerbrochen. Und seine SPD stieg in eine große Koalition mit der CDU ein, *seine* SPD mit *seinem* Willy Brandt als Steigbügelhalter für den neuen CDU-Kanzler, das langjährige NSDAP-Mitglied Kurt Georg Kiesinger. Die Gefühle von Günter Grass angesichts dieser Entwicklung sind mit »Melancholie« eher zurückhaltend bezeichnet. »Die melancholische Koalition« nennt er sie aber selbst. »Überall wird das Köpfchen hängengelassen; gestandene Männer seufzen wie Lyriker, die das Reimwort nicht finden können; eine verschleppte Novemberstimmung beginnt sich auszuwirken«, hatte er gleich zu Beginn der neuen Machtkonstellation im Januar 1967 geschrieben. Willy Brandt, der gute Deutsche: Außenminister und Vizekanzler unter einem Ex-NSDAP-Mitglied.

Doch der Kontakt zwischen dem Politiker und dem Dichter reißt nicht ab. Und der Dichter wird selbst mehr und mehr zu einer politischen Figur, gerade und auch im Ausland. Mitunter spielt er die Rolle eines Neben-Außenministers. Diese Rolle gefällt ihm sehr.

So reist er im März 1967, auf Einladung des israelischen Botschafters Asher Ben Nathan, nach Israel. Es ist der erste offizielle Besuch eines deutschen Schriftstellers seit 1945 in dem Land. Grass macht eine Rundreise durchs Land, führt Gespräche mit Außenminister Abba Eban und mit dem Ministerpräsidenten Levi Eschkol. Es ist beinahe ein Staatsbesuch. Auch ein umstrittener. Denn der israelische Schriftstellerverband weigert sich, den deutschen Dichter zu empfangen. Eine daraufhin verfasste Protestnote der jüdischen Autoren Nelly Sachs, Hilde Domin, Erich Fried und Peter Weiss bleibt ohne Wirkung. Als Reaktion auf die Diskussion um seinen Besuch wird er schließlich auch noch vom Staatspräsidenten Salman Schasar zum Gespräch eingeladen. Der Brief, den der Reisende nach seiner Rückkehr an den »Bundesaußenminister Willy Brandt« schickt, platzt vor Stolz und auch noch vor einem gewissen Unglauben über die eigene Rolle, die ihm inzwischen zugewachsen ist.

Aber er wächst hinein. Auch Willy Brandt wird sich daran gewöhnen müssen, dass dieser Mann ohne Amt, aber mit enormem Selbstbewusstsein nun Briefe in dieser Tonlage schreibt: »Zu Ihrer Information: Neben einer anderen Rede habe ich in Schleswig-Holstein zum Thema: ›Der Milchpfennig und die nationale Frage‹ gesprochen. Zur Zeit bin ich dabei, in Sachen nationaler Frage weiterzuarbeiten, denn am 29. Mai werde ich in Bonn im Ausländischen Presseclub unter dem Titel ›Deutschland als kommunizierende Mehrzahl‹ eine Rede halten. Vielleicht haben Sie Zeit und Lust dabei zu sein.

Doch wäre es nicht wünschenswert, wenn Sie als Vizekanzler eine grundsätzliche Rede ›An die Deutschen in beiden deutschen Staaten‹ hielten?«

Ein Dichter macht politische Vorschläge. Max Frisch hat in seinem Tagebuch aus diesen Jahren den Kollegen so beschrieben: »Hier wird er von der Weltpresse ausgefragt: GERMANY'S GÜNTER GRASS, er antwortet nicht als Sprecher der Regierung, aber auch nicht als Privat-Schriftsteller, sondern als Staatsbürger mit besonderer Reputation. Dabei lächelt er nicht nach Art der Diplomaten; die Frager sind ihm nicht lästig, im Gegenteil, und er kneift vor ihren Fragen nicht, seine Antworten sind nicht geheimnisvoll. Seine zähe Allergie gegen deutsche Verstiegenheit stiftet Vertrauen gegenüber Deutschland.«

Ein anderer Tagebucheintrag beschreibt, wie der deutsche Nationaldichter mit dem schweizerischen spricht: »Er wird die deutsche Seite veranlassen, ich soll die schweizerische veranlassen. Dabei duzen wir uns: 60 Millionen zu 6 Millionen. Aber der Unterschied ist nicht bloß numerisch. Er repräsentiert. Was er nicht ganz versteht: die Situation des Privat-Schriftstellers.«

Er wird die Situation des »Privat-Schriftstellers« in den nächsten Jahren noch etwas weniger verstehen. Denn er lässt sich durch den Eintritt seines Willy in die große Koalition nicht entmutigen. Im Gegenteil. In sein Reden und Denken und Schreiben ist noch ein kämpferischer Pragmatismus hinzugekommen. Und durch die enorme Resonanz, die sein politisches Engagement im In- und Ausland bei Feinden und Freunden fand, fühlt er sich bestärkt, das Richtige zu tun. Der nächste Bundestagswahlkampf im Jahr 1969 ist seine große politische Zeit. Er tauscht den von kleinen Kindern umtobten Prosa- und Poesieschreibtisch in der Berliner Niedstraße gegen einen Politschreibtisch in einer Zweitwohnung in Bonn. Sein Verleger Eduard Reifferscheid stiftet einen alten VW-Bus, die SPD bezahlt ihm einen Fahrer, und er kämpft, schreibt, redet und fährt durchs Land. Während der Fahrt schläft er hinten im Bus, oder er sitzt und bearbeitet seine Olivetti. Neue Wahlkampfreden, neuer Roman und eine Mitschrift des Wahlkampfs.

Kurz vor dem Wahltermin im Herbst erscheint sein neues Buch: »örtlich betäubt«, der angekündigte Roman aus der politischen Gegenwart. Entsprungen natürlich auch der alten Danziger Vergangenheit. Den Erzähler des Romans, Eberhard Starusch, kennen wir schon aus der »Blechtrommel« und aus den »Hundejahren«, als den Luftwaffenhelfer und Führer der Stäubchenbande, Störtebeker. In der Gegenwart ist er Historiker, Germanist, Studienrat. Er sitzt beim Zahnarzt auf dem Behandlungsstuhl, bildet mit dem Mund »ein großes Ja« – und wir werden Zuschauer seines »Gedankentheaters über Vergangenheit und Zukunft«, dazwischen, in den Behandlungspausen, läuft im Wartezimmer der Fernsehapparat. Dieser Starusch ist einen schmerzlichen Weg gegangen, vom Anarchisten zum gemäßigten Studienrat. Er weiß, dass die Erlebnisse seiner Danziger Vergangenheit in der Gegenwart eigentlich nur zu zwei falschen Wegen führen können. Entweder geht man auf dem einstmals eingeschlagenen Weg einfach weiter, will nur beim zweiten Mal alles besser machen. Oder man hofft auf den radikalen Neuanfang und räumt die ganze Vergangenheit einfach rückstandslos weg. Starusch aber sucht den Ausgleich, hält sich für gemäßigt fortschrittlich, sieht sich jedoch von seinen radikal-politischen Schülern mit

Begriffen konfrontiert, die er selbst aus der HJ-Zeit kennt: »Zeitenwende. Das Erlösende. Befreiende. Das Reinigende. Das Opfer.«

Der Ausweg aus dem Leiden an Vergangenheit und Gegenwart durch den radikalen Schritt. Das ist es, was auch der Schüler Philipp Scherbaum plant. Als Protest gegen den Vietnamkrieg will er ein Fanal setzen: »Er leidet an der Welt. Das fernste Unrecht trifft ihn. Er sieht keinen Ausweg. Oder nur den einen: seinen Hund will er öffentlich verbrennen und so der Welt … ein Zeichen geben.«

Grass war ein Gegner der radikalen studentischen Proteste der 68er. »Die angelesene Revolution« hatte er die Bewegung höhnisch genannt. Und so ist »örtlich betäubt« ein Roman, der den Kompromiss fordert und feiert, das Alltagsgrau des langsamen Fortschritts. Richtiges Handeln in heilloser Zeit: »Erkenntnis plus Handwerk« ist die Formel. Oder wie er im Gedicht »Ja« im Band »Ausgefragt« programmatisch erklärt hatte: »Mein großes Ja bildet Sätze mit kleinem nein: Dieses Haus hat zwei Ausgänge; ich benutze den dritten.«

»Der Spiegel« bringt Mitte August eine Titelgeschichte über den Wahlkämpfer Grass, inklusive eines ausführlichen Verrisses des neuen Buchs. Das amerikanische Magazin »Time« wird aus Anlass der Veröffentlichung der Übersetzung ebenfalls eine Titelgeschichte über Grass bringen. Mit einer Hymne über das Werk.

Zweieinhalb Wochen nach dem Verriss im »Spiegel« erscheint auch der Text seines persönlichen Kritikers in der »Zeit«. Titel: »Eine Müdeheldensoße«. Eine Abrechnung. Reich-Ranicki wirft ihm vor, die Protestbewegung zu infantilisieren, Marionetten statt echter Menschen zu zeichnen, keine echten Geschichten mehr zu erzählen, sondern mühselige Konstruktionen zu bieten.

»Das ist längst nicht mehr der urwüchsige Tausendsassa, der Kritik und Publikum aufschreckte, der Artist, der mit nachtwandlerischer Sicherheit auf hohem Seil agierte, der triumphierende Draufgänger, der seine Kraft und Vitalität kaum im Zaum halten konnte.« So fängt die Kritik an. Und man fragt sich natürlich: dieses Überbordende, Zigeunerhafte, Wilde, Ungezügelte – das waren doch damals alles Argumente *gegen* Günter Grass und dessen Werk?

Hier eine lose Sammlung schlechter Eigenschaften seines neuen Romans: Statisch. Linkisch. Mühselig. Beliebig. Willkürlich. Geschwächt. Gelähmt. Betulich. Unfreiwillig komisch. Marionettenhaft. Schemenhaft. Läppisch. Geschwätzig. Albern. Gefährlich. Monoton. Primitiv. Fatal. Infantilisiert. Bagatellisiert. Verniedlicht. Farblos. Dürr. Dürftig. Müde. Schwächlich. Schwermütig. Elegisch. Lamentierend. Originalitätssüchtig. Verdorben.

Für alle, die es noch nicht richtig verstanden hatten, die Zusammenfassung des Urteils: »Mit ›örtlich betäubt‹ ist Grass auf einem Tiefpunkt seines Weges angelangt.« Und der Autor selbst ein »offenbar schwer angeschlagener und daher gereizter Boxer, der sich jetzt unsicher und manchmal sogar unbeholfen im Ring bewegt«.

Man glaubt, den anderen Boxer zwischen den Zeilen klagen zu hören: Was? So leicht mein Sieg? So schwach der Gegner? Schon auf der Matte? Steh auf, mein Freund. Wir sind dem Publikum noch was schuldig. Steh wieder auf, Schwächling! Ich will weiterkämpfen! Und macht sich selber Hoffnung: »Wird sich das Buch später einmal als Dokument lediglich einer kritischen Übergangszeit im Leben seines Autors erweisen? … Man kann es nur hoffen und wünschen.«

Der auf diese Art Niedergeschlagene schlägt schon kurz darauf in einem Interview sanft, aber deutlich zurück. Es gebe da so Rezensenten, die einen Roman nur danach beurteilten, ob der Autor den Wunschvorstellungen des Rezensenten entspreche. »Ich halte das für einen ziemlich anmaßenden und altmodischen Standpunkt.« Und er spricht auch aus, wen er vor allem damit meint: »Ein typischer Vertreter dieser Richtung ist Marcel Reich-Ranicki, der dauernd auf oberlehrerhafte Weise Zensuren verteilt, und zwar nicht eigentlich über das Buch, sondern darüber, ob der Autor in der Lage war, den hohen Ansprüchen des Herrn Ranicki zu genügen.« Er habe sich »das Vergnügen gemacht«, dessen frühe »Blechtrommel«-Kritik noch mal zu lesen. »Er hat mir vorgeworfen, ich sei ein zu überschäumender Autor, habe zu viel Phantasie, ich sollte mich mal auf ein einziges spartanisches Thema beschränken, und dann könnte ich zeigen, daß ich ein Meister sei. Nun, dieses Buch ›örtlich betäubt‹ ist, ohne daß ich damit Ranickis Wünsche erfüllen wollte, ein Buch, das sich auf ein sehr enges Thema beschränkt hat und aus dem engen Thema heraus versucht, parallel zur Gegenwart eine Entwicklung aufzuzeigen. Es ist also genau nicht das, was die ›Blechtrommel‹ ist – also ein überbordendes Buch. Jetzt aber wirft mir Ranicki genau das Umgekehrte vor. Wahrscheinlich hat er vergessen, was er über die ›Blechtrommel‹ geschrieben hat.«

Vom Interviewer tröstend auf Ranickis Revision seines »Blechtrommel«-Verrisses hingewiesen, antwortet Grass: »Dann besteht bei Ranicki – er ist ein entwicklungsfähiger

Kritiker – ja immerhin die Hoffnung, daß er auch vielleicht einmal ›örtlich betäubt‹ mit anderen Augen oder ohne Vorurteile oder – wie ich bei ihm vermute – mit neuen Vorurteilen lesen wird.«

All das wird jedoch zunächst überdeckt durch den Triumph. 28. September 1969, Bundestagswahl, das Ergebnis ist ungeheuer knapp, die SPD gewinnt hinzu, die CDU bleibt aber stärkste Partei Brandt zögert, Grass drängt, Herbert Wehner, Egon Bahr, alle versammelt in der SPD-Parteizentrale in Bonn, der sogenannten Baracke. Die Hochrechnungen verschieben sich zugunsten der SPD, die FDP ist knapp im Bundestag, die NPD ist draußen. Kiesinger schweigt noch. Bahr reicht Brandt die vorbereitete Erklärung Nummer drei, mit der Ankündigung: »Ich will.«

Der will aber zunächst mal mit dem FDP-Vorsitzenden Walter Scheel sprechen. Er braucht die FDP zum Regieren. Er hat die Nummer nicht. Einer ruft Günter Gaus an, Chefredakteur des »Spiegel«, der hat sie, Brandt ruft Scheel an und geht vor die Mikrofone. Willy Brandt wird Bundeskanzler. Grass feiert.

Doch schnell tritt Ernüchterung ein. Grass hatte gehofft, jetzt richtig mitmachen zu können. Zusammen mit *seinem* Kanzler. Für dessen Sieg er so lange gekämpft hat. Schon wenige Tage nach der Wahl schreibt er: »Es fiele mir nicht schwer, in Deinem und Epplers Auftrag außerhalb unserer Landesgrenzen Deutschland zu repräsentieren.« Solche Tätigkeit würde auch seine »Arbeit als Schriftsteller nicht beeinträchtigen«.

Aber Brandt ist nicht interessiert. In distanziertem Ton schlägt er seinem Wahlhelfer vor: »Reise zu deutschen Siedlungsgebieten in Lateinamerika«, »Besuch der Goethe-Institute in Indien« und »Eröffnung des Goethe-Instituts in Australien«. Wenn der frisch gewählte Kanzler Frösche-Fangen im Kongo vorgeschlagen hätte, es hätte auf den stolzen Dichter kaum deprimierender gewirkt. Brandt wollte sich den forschen Freund offenbar erst mal etwas vom Leibe halten und in Ruhe regieren.

Aber ein Vorhaben, ein fernes Ziel hatte Grass schon in einem frühen Brief formuliert. »Sollte es zu Verhandlungen mit Polen kommen, wäre ich gern mit von der Partie.« Eine neue Ost-Politik, Entspannungspolitik, Aussöhnung mit alten Feinden auch in Osteuropa, das sollte Kern der sozialliberalen Regierungspolitik werden, Kernanliegen der Brandt'schen Kanzlerschaft.

Und das ging schnell voran. Schon ein Jahr später war der sogenannte Warschauer Vertrag über die Normalisierung der Beziehungen zwischen der Bundesrepublik Deutschland und Polen unterschriftsreif, die Reise der Regierungsdelegation nach Warschau stand bevor. Grass gemahnte Brandt in einem Brief, ihn, neben Siegfried Lenz und der Publizistin Marion Gräfin Dönhoff und einigen anderen Repräsentanten des öffentlichen Lebens, unbedingt mitzunehmen. Brandt lud ihn ein, und Günter Grass war dabei. Bei diesem historischen Besuch eines deutschen Bundeskanzlers in Polen.

Am Vormittag des 7. Dezember 1970 legte Willy Brandt zunächst auf dem Platz vor der Warschauer Oper einen Kranz am Grab des Unbekannten Soldaten ab. Dann ging es weiter, zum Ehrenmal der Helden des Warschauer Gettos. Er hatte es nicht geplant. Gar nichts hatte er geplant. Später sagte er über den Moment, der nun folgte: »Am Abgrund der deutschen Geschichte und unter der Last der Millionen

Ermordeten tat ich, was Menschen tun, wenn die Sprache versagt.«

Außenminister Walter Scheel, der unmittelbar dabei war, hat es so empfunden: »Plötzlich sank Willy Brandt auf die Knie, und jeder Mensch, der anwesend war, hätte es ihm gleichtun wollen, und jeder hat diese Geste, diese vollkommen ungeplante und spontane Geste, für einzigartig und beeindruckend empfunden.«

Und Günter Grass – der in einem ersten Text bekannte, das Geschehen selbst gar nicht gesehen zu haben (erst viele Jahre später wird er schreiben, er habe den knienden Kanzler im Ausschnitt doch gesehen) –, schreibt: »Als Willy Brandt, als der so oft und folgenreich diffamierte Emigrant und Sozialdemokrat Willy Brandt, als der eher steifbeinige protestantische Bundeskanzler, weil es ihn niederdrückte, auf die Knie fand und sich Zeit nahm, kam zum ersten Mal an bezeichnender Stelle Trauer zu ihrem Ausdruck.«

Marcel Reich-Ranicki sah das Bild des knienden Bundeskanzlers zu Hause in Hamburg. »Damals wusste ich, dass ich ihm bis zum Ende meines Lebens dankbar sein werde.«

Erst viele Jahre später sind sie sich begegnet: »Zum ersten Mal nach dem Warschauer Kniefall traf ich Willy Brandt Ende Januar 1990 in Nürnberg: Er war, schon von schwerer Krankheit gezeichnet, gekommen, um den neunzigjährigen Hermann Kesten, den Schriftsteller, den Juden, den Emigranten, zu ehren. Ich habe versucht, Willy Brandt mit einigen unbeholfenen Worten zu danken. Er fragte mich, wo ich überlebt hätte. Ich erzählte ihm so knapp wie möglich, daß wir, Tosia und ich, im September 1942 von deutschen Soldaten zusammen mit Tausenden anderer Juden auf ebenjenen Warschauer Platz geführt worden waren, auf dem heute das Getto-Mahnmal steht. Dort hätte ich zum letzten Mal meinen Vater und meine Mutter gesehen, bevor sie zu den Zügen nach Treblinka getrieben wurden.

Als ich mit meinem kurzen Bericht fertig war, hatte jemand Tränen in den Augen. Willy Brandt oder ich? Ich weiß es nicht mehr. Aber ich weiß sehr wohl, was ich mir dachte, als ich 1970 das Foto des knienden deutschen Bundeskanzlers sah: Da dachte ich mir, daß meine Entscheidung, 1958 nach Deutschland zurückzukehren und mich in der Bundesrepublik niederzulassen, doch nicht falsch, doch richtig war.«

Die geliehene Geschichte

1970–1972

ZWEIFEL – DAS IST VIELLEICHT das häufigste Wort, das Günter Grass in den ersten Kapiteln seiner späten Autobiografie »Beim Häuten der Zwiebel« verwenden wird. »Kein Zweifel kränkte den Glauben.« »Offenbar haben keine Zweifel meine Kinderjahre getrübt.« »Ich verpaßte die Gelegenheit, in erster Lektion das Zweifeln zu lernen.«

Er hatte nicht gezweifelt. Das hat er sich nie verziehen. Und so wird der Zweifel in seinem späteren Leben fast zu einer Art Religion für ihn. Als ihm seine Kinder einmal vorwerfen, dass er ja wohl an gar nichts glaube, antwortet er: »Ich gebe zu, ohne Glauben zu leben, und sage: Sobald sich der Glaube vor die Vernunft stellt, beginnt die Zerstörung der Politik wie der Literatur: Der Glaube an einen einzigen Gott. Der Glaube an Deutschland. Der Glaube an den wahren Sozialismus. – Allenfalls, liebe Kinder, glaube ich an den Zweifel.«

In dem Text »Literatur und Politik« aus dem Jahr 1970 formuliert er das Glaubensbekenntnis seines Schreibens, Handelns und Kämpfens so: »Mir sind Politik und Literatur nie einander ausschließende Gegensätze gewesen: Die Sprache, in der ich schreibe, ist krank an Politik; das Land, in dem ich schreibe, trägt schwer an den Folgen seiner Politik; die Leser meiner Bücher sind wie ich, der Autor, gezeichnet von Politik.« Er fährt fort: »Die Literatur hat keinen Grund, sich über die Politik und ihre Verbrechen zu erheben; sie hat ihren Anteil daran. Gleichermaßen hat die europäische Literatur seit dem achtzehnten Jahrhundert nützlichen Anteil an politischer Aufklärung und aufgeklärter Politik. Von Diderot und Lessing reicht diese Tradition bis in unsere Tage: ich bin ihr verbunden.« Aber auch der Unterschied zwischen beiden Welten sei klar: »Politik will aufklären, indem sie zu überzeugen versucht, während die Literatur aufklärt, indem sie den Zweifel betreibt.«

In diesen Jahren schrieb Günter Grass an einem neuen Buch. Die Hauptfigur nennt er schlicht »Zweifel«. Wer ist dieser Zweifel? Die Kinder des Ich-Erzählers, der hier ganz unfiktional Günter Grass selbst ist, wollen es wissen: »›Und Zweifel? Was ist mit Zweifel? Hatte der Brüder oder ne Schwester? Haste dir den nur so ausgedacht?‹« Darauf der Vater, Günter Grass: »Auch wenn ich ihn erfinden muss, es hat ihn gegeben. (Eine Geschichte, die mir Ranicki als seine Geschichte vor Jahren erzählt hat, blieb bei mir liegen und lebte behutsam für sich; geduldig besteht sie auf einem gesuchten Namen, auf gesichertem Herkommen, auf einem Keller für spätere Zuflucht.)«

Marcel Reich-Ranicki ist also »Zweifel«. Er ist der Mann, der im Buch den Namen Hermann Ott trägt und eine andere Herkunft hat als Reich-Ranicki, manches in seiner Biografie ist erfunden. Er ist ein Erfundener und Gefundener. Die wesentliche Geschichte dieses Zweifels, seine Überlebensgeschichte, ist die Geschichte der Gawins, die Geschichte, die Marcel Reich-Ranicki Günter Grass bei ihrem ersten Wiedersehen in Großholzleute erzählt hatte und von der Grass gleich wusste: Diese Geschichte will ich schreiben. Das wird meine Geschichte. Reich-Ranicki hatte er schon vorab um Erlaubnis gebeten.

Jetzt war es so weit. Nach dem Wahlsieg Willy Brandts, nachdem sein eigenes politisches Engagement einen Höhepunkt erreicht hatte, schrieb er die Geschichte auf.

»Das Tagebuch einer Schnecke« ist das autobiografischste Buch von Günter Grass. Vielleicht sogar noch autobiografischer als die eigentliche Autobiografie »Beim Häuten der Zwiebel«. Eigentlich besteht es aus mindestens vier Büchern, vier Geschichten, die kunstvoll ineinander verschränkt sind. Es ist erstens eine tagebuchartige Mitschrift einiger Wahlkampfauftritte von Günter Grass. Es ist zweitens die Geschichte der Danziger Juden zur Zeit der Naziherrschaft. Die Geschichte ihres Verschwindens. Die Schuldgeschichte von einem, der das damals nicht bemerkte, nicht bemerken wollte, da er glaubte, statt zu zweifeln. Es ist drittens die Geschichte des Überlebens von Zweifel im Keller eines Mannes, dem er Geschichten aus der Weltliteratur erzählt, um bleiben zu dürfen. Und es ist viertens die Geschichte von einem SS-Mann, der nach dem Krieg ein Linker wurde. Der aber mit dieser Schuld, mit diesem Makel nicht leben konnte. Grass nennt ihn Manfred Augst. Der Name stimmt nicht. Aber seine Geschichte stimmt.

Grass hat ihn getroffen, er saß während der Wahlkampfzeit auf einem Podium des Evangelischen Kirchentags in Stuttgart, der Saal war voll, der Mann stand auf, redete und schloss seine Rede mit den Worten: »Ich werde jetzt provokativ und grüße meine Kameraden von der SS!« Einfach so. Und Grass sitzt da auf seinem Podium mit seiner eigenen verkapselten Vergangenheit und schreibt mit. Er weiß ja, der hat da eben auch ihn selbst gegrüßt. Und dann nimmt der SS-Mann da unten ein Fläschchen, setzt es an, trinkt und sagt zu der jungen Frau neben sich: »Das war Zyankali, mein Fräulein!« Und stirbt. Stirbt vor aller Augen.

Das sind die vier Geschichten des Buches. Zusammen ergeben sie das Bild einer großen geschichtlichen, nationalen und persönlichen Schuld – und wie man damit umgeht. Wie sie in die Gegenwart hineinwirkt. Als Gift oder Treibstoff. Als nie zu tilgendes schlechtes Gewissen. Zweifel ist immer da. »Im Unterfutter knistert Zweifel und meldet Bedenken«, schreibt Grass. Und: »Zweifel nicht auszuräumen.«

Günter Grass hatte schon in seinen frühen Büchern immer wieder seine eigene Schuld, auch sein Verschweigen angedeutet. Aber in diesem Buch breitet er es vor den Lesern offen aus. Und sie hätten keine Wunderbrille gebraucht, um es zu erkennen. Ich-Erzähler Grass schreibt: »Manches verschweige ich. Wo beginnt die Enthäutung? Wo sitzt der Zapfen, der die Bekenntnisse unter Verschluss hält?«

Der Günter Grass im »Tagebuch einer Schnecke« kommt von diesem Augst nicht los. Er besucht die Familie des Verstorbenen, er überlegt, woher er ihn schon kannte, wie lange er ihm schon gefolgt war, recherchiert dessen Biografie, seinen weiteren Lebenslauf als strammer Ostermarschierer, Pazifist, Kämpfer gegen den Atomtod. »Als Ostermarschierer durfte Augst ein Abzeichen tragen: das runenhafte Symbol.«

Die Journalistin Ute Scheub wird viele Jahre später ein bewegendes Buch über die Besuche des echten Günter Grass bei ihr und ihrer Familie schreiben. Sie ist die Tochter jenes »Augst« – und sie erzählt, wie ihre Familie sich damals schon wunderte, warum dieser weltberühmte Schriftsteller immer wieder zu ihnen kam, sich zu ihnen an den Familientisch setzte, den Platz des toten Vaters einnahm und nicht loskam von diesem Mann.

Auch im »Tagebuch einer Schnecke« sucht der Ich-Erzähler Grass Parallelen zu seinem Leben, auch dort kommt er nicht los von Augst und seinem melodramatischen Abgang. Wie er auch von Zweifel nicht loskommt, von seiner Überlebensgeschichte im Keller und der Vertreibung und Ermordung der Danziger Juden.

Es ist ein Buch für seine Kinder, für die älteren Zwillinge vor allem, die 1972 bei Erscheinen 15 Jahre alt sind. Und die immer wissen wollen, was er denn da eigentlich macht, wenn er unterwegs ist, in diesem Wahlkampf, und warum. Und was mit den Juden geschah, das wollen sie auch wissen. Der Vater hatte den Fehler gemacht, früh von den sechs Millionen Opfern zu sprechen. Die Zahl war zu groß und zu abstrakt, um echte Gefühle zu erzeugen. Höchstens Staunen, Fassungslosigkeit, Ungläubigkeit. Deshalb die konkrete Geschichte der Tag für Tag verschwindenden Juden in der Stadt, in der ihr Vater aufwuchs, deshalb auch die Geschichte von Zweifel, die so unwahrscheinliche Geschichte vom Überleben durch die Literatur.

Damit seine Kinder verstehen, was damals geschah. Damit sie verstehen, warum ihr Vater immer weg ist. Damit sie verstehen, wofür das Schreiben gut sein kann. Und vielleicht für irgendwann später einmal – damit sie erkennen, was er ihnen hier schon sagen wollte und sagte. Sein Bekenntnis: »Ich schreibe auf regennasse Schieferdächer, in Bierpfützen, auf ein Förderband: Ich Ich Ich. Auch wenn ich jetzt wieder nach Tübingen und auf dem Weg zu Augst durch Zweifels Keller muss, meine ich mich.«

Er hat seinem Zweifel dann noch diese Tiere mit in den Keller gegeben, eine Unzahl von Schnecken, mit denen der sich die Zeit vertreibt. Schneckenrennen, Schneckendenken. Zweifels Tiere, Grass' Tiere: Zwitter zwischen Utopie und Melancholie. Keine Revolutionäre, aber auch keine Stillsteher. Langsam vorankriechende Fortschrittstiere. Beharrlich, stabil, unbeirrbar.

Nebenbei können besondere Exemplare auch Trübsinn aufsaugen. So befreien Zweifel und eine seiner Schnecken die Tochter des Kellermeisters von ihrer schwarzen Seele, ihrer Traurigkeit und Unfähigkeit zu lieben. Am Ende sind die beiden: ein Liebespaar.

»Das Tagebuch einer Schnecke« ist, so scheint es, auch ein Buch gegen die wachsende Melancholie des Autors selbst, gegen den Zweifel in ihm, den Selbstzweifel. Es gilt, sich selbst zu überzeugen, von dem, was man da tut, sich stets zu erinnern, warum man das alles auf sich nimmt, die Arbeit, die Mühen, den Kampf und die Anfeindungen.

Zweifel selbst hatte sich diesmal schon Wochen vor der Veröffentlichung an Grass gewandt, mit der Bitte, der Verlag möge ihm doch schon mal ein Umbruchexemplar des Buches schicken. »Die Sache ist für mich besonders eilig«, schreibt er, er wolle gern einen Text aus dem kommenden Buch für eine neue, von ihm herausgegebene Anthologie deutscher Prosa auswählen, aber nicht nur deshalb, sondern auch, »weil ich auf Ihr neues Buch, versteht sich, besonders neugierig bin«.

Er schrieb aus Uppsala, wo er Vorlesungen über deutsche Literatur hielt und gerade zum Ehrendoktor ernannt worden war. Der Jude, den die Berliner Universität abgewiesen hatte – nun ein Ehrendoktor. Welch ein Triumph! Und nun sind die beiden Nicht-Akademiker auch in diesem Ehrentitel vereint.

Grass antwortete schnell. Er bekomme schnell ein Exemplar, notfalls ungebunden. Denn einerseits war er sich seiner Sache diesmal recht sicher – »Ich glaube, daß ich Ihrer Sache literarisch gerecht geworden bin« –, andererseits natürlich nervös: »Ich bin gespannt, was Sie sagen werden.«

Dann endlich, zwei Wochen später, ist es so weit. 19. Mai 1972. Jetzt wird es ernst: »Lieber Marcel Reich-Ranicki, ich habe ein Umbruchexemplar ergattern können und schicke es Ihnen in der Hoffnung, Ihre kritische Meinung dazu zu hören. Wie Sie lesen und merken werden: ein offenes Buch. Zum ersten Mal gebe ich die literarische Versteckposition der Rollenprosa zumindest streckenweise auf. Ich bin gespannt, ob Sie Ihre Geschichte in meiner Geschichte wiederfinden und akzeptieren können. Freundliche Grüße, Ihr Günter Grass.«

Das Buch kommt an, und Dr. h. c. Zweifel liest und liest. Zwei Wochen später endlich antwortet er dem Wartenden: »Lieber Günter Grass, ich danke für Ihren Brief vom 19. Mai und das Umbruchexemplar Ihres Buches. Ich habe das Buch sehr aufmerksam gelesen, und ich übertreibe keineswegs, wenn ich Ihnen sage, daß ich tief beeindruckt bin. Es ist – und das scheint mir heute sehr selten – ein Buch für Erwachsene, endlich. Ob es gefallen wird, weiß ich nicht. Viele werden vermutlich nicht merken, wie raffiniert das Ganze komponiert ist. Der permanente Kontrapunkt – Wahlkampf heute, Judenverfolgung gestern – ist ausgezeichnet durchgeführt. Großartig, was Sie über Barzel, Wehner, Bahr, Brandt schreiben. Meine Geschichte habe ich natürlich wiedererkannt, sie fügt sich glänzend in das Ganze ein. Für mich besonders interessant und bemerkenswert der Umstand, daß Sie dem Thema Judenverfolgung wieder ganz unkonventionell beikommen und ihm wieder neue Seiten abgewinnen, was zynisch klingen mag, doch natürlich sehr ernst gemeint ist.«

So begeistert hatte Reich-Ranicki zweifellos noch auf kein Grass-Buch reagiert. Keine Einschränkungen, Abmilderungen, Erinnerungen an frühe Fehler dämpfen die Euphorie. Einfach »glänzend«, einfach »tief beeindruckend«.

Dies in aller Eile und Freundlichkeit. Denn er sei schon wieder unterwegs, im Namen der deutschen Literatur um die Welt. Morgen früh gehe es über Djakarta nach Australien, vermeldet Reich-Ranicki. Und dass er in Australien und Neuseeland an vierzehn Universitäten Vorträge über die zeitgenössische deutsche Literatur halten werde: »Eines meiner Themen lautet übrigens: Günter Grass.«

Am Ende des Briefes kommt er aber doch noch mal kurz auf das Buch zurück, das er so vorbehaltlos gelobt hat. Denn im Zweifel lobt Zweifel sich selbst: »Immerhin ist es nun doch nachweisbar, daß ein Kritiker einen Romancier inspirieren kann. Darauf werden Sie antworten: Gewiß, aber er hat es ja nicht in seiner Eigenschaft als Kritiker, sondern ... usw. Und damit hätten Sie wieder recht.

Alles Gute und viele herzliche Grüße von Ihrem Marcel Reich.«

Und auf geht es nach Djakarta. Aber was genau hat er da ausgelassen am Ende des Briefes? Die drei Pünktchen stehen für was? In welcher Eigenschaft hat er ihn zu diesem Buch inspiriert? In welcher Eigenschaft damals die Geschichte erzählt? Müsste da vielleicht »als Freund« stehen? Wenn er es damals nicht so eilig gehabt hätte, nach Djakarta zu fliegen, wüssten wir es vielleicht.

Vielleicht erfahren wir es noch. Sie bleiben ja aneinander gekettet in immer wieder neuen Konstellationen. Wie es Grass seinen Kindern im Tagebuch seufzend erklärt: »Ihr wißt ja Kinder, den werde ich nirgendwo los.«

»Mein Freund Zweifel«

1973

DIE ZWEI PEER GYNTS IM Traumreich der Literatur, einst losgeschickt von ihren Müttern. Heute ineinander verhakt, einander antreibend, inspirierend, fürchtend, bewundernd. Miteinander langsam älter werdend. Zu Legenden. Und zu Feindbildern.

Ein Jahr bevor »Das Tagebuch einer Schnecke« erschien, im Mai 1971, saß Günter Grass in Berlin in der Schaubühne. Kurz zuvor hatte er einen scharfen Artikel gegen den linken Schriftsteller und Dramaturgen Heinar Kipphardt geschrieben, dem er Hexenjagd auf politische Gegner vorwarf. Der Text hatte mit zu Kipphardts Rauswurf bei den Münchner Kammerspielen geführt. Der Hass der studentischen Linken auf den sozialdemokratischen Kompromissler Grass war weiter gewachsen.

Jetzt sitzt Grass im Zuschauerraum, zusammen mit seiner Frau Anna, der Vorhang hebt sich, und nahezu die gesamte Belegschaft des Theaters, Beleuchter, Schauspieler, Regisseure, Garderobenfrauen und der Intendant Peter Stein, stehen auf der Bühne. Statt des angekündigten Stückes verliest ein Schauspieler eine Resolution: »Das Kollektiv bezeugt seine Verachtung gegenüber dem hier anwesenden Günter Grass.« Riesenbeifall im Publikum, »Grass raus!«-Rufe, Toben, Jubel, Verachtung. Grass steht auf, geht auf die Bühne, stellt sich dem Sturm und ruft ins Publikum, zum letzten Mal seien 1933 in Berlin Zuschauer aufgefordert worden, das Theater zu verlassen. »Ich habe Karten gekauft, und meine Frau und ich werden bleiben.« Einige wenige klatschen Beifall. Grass verlässt die Bühne, der Vorhang senkt sich und hebt sich dann ein weiteres Mal für das Stück, das an diesem Abend auf dem Spielplan stand und das nun doch noch gezeigt wird: »Peer Gynt«.

Der Junge von damals, der ewige Peer, der das ewige Kind Oskar in die Welt gesetzt hatte, saß mit Anna im Dunkel des Zuschauerraums, trotz alledem, und sah dem anderen Peer dort oben beim Träumen und beim Einrichten der Welt nach seinen Traumvorstellungen zu. In einem Brief an Hans Werner Richter gibt er aber später immerhin zu, dass sie ihm doch Angst gemacht hätte, die Methoden seiner Gegner. »Du weißt, daß ich ein ziemliches Stehvermögen habe«, schreibt er ihm, doch dort gelassen zu bleiben sei ihm nicht leichtgefallen.

Der andere Peer, den er Zweifel nannte, kehrte dann auch irgendwann aus Australien zurück. Aber die Hymne auf »Das Tagebuch einer Schnecke« hat er öffentlich nicht wiederholt. Vielleicht fand er es unangemessen, über ein Buch zu schreiben, dessen Protagonist seine eigene Geschichte erlebt hat. Und Grass fragte natürlich auch nicht nach.

Aber er, Reich-Ranicki, fragt nach. Es ist irgendwann im

Frühling 1973. Sie treffen sich, keiner weiß mehr zu welchem Anlass, als Marcel Reich-Ranicki wie nebenbei die Frage fallen lässt, wie sich das eigentlich mit dem Honorar verhalte. Schließlich gehe ein wesentlicher Anteil des Buches auf seine Inspiration zurück. Und das Buch sei doch wieder ein schöner Verkaufserfolg, da komme doch sicher ein schönes Sümmchen zusammen. Was er denn von einer Beteiligung des Kritikers am Honorar des Autors halte?

Die Reaktion von Günter Grass hat Marcel Reich-Ranicki gewiss genüsslich übertrieben, wenn er später schreibt: »Grass erblasste und zündete sich mit zitternder Hand eine Zigarette an.« Doch der Kritiker erlöst ihn gleich von seiner Angst. Gut, er verzichte auf seine Ansprüche, wenn Grass ihm dafür eine seiner Grafiken schenke. Grass sei sehr erleichtert gewesen, erinnert sich Reich-Ranicki. Und antwortet: Am besten sei es, er suche sie sich selber aus. Aus diesem Anlass lade er ihn zu sich nach Hause zu einem Essen ein.

Günter Grass war vor einer Weile aus dem Haus in der Niedstraße ausgezogen. Anna hatte einen neuen Gefährten und auch Günter Grass eine neue Liebe und war mit ihr in ein großes Haus in Wewelsfleth, eine gute Autostunde nördlich von Hamburg, gezogen. Dorthin lud er nun seine Romanfigur mit seiner Frau Tosia ein.

Und wollte es dann aber wohl auch gleich wieder vergessen. Aber nicht mit Reich-Ranicki. Der lud sich am 13. Mai 1973 schriftlich noch mal selber ein: »Mein Lieber, wir wollten uns doch mal sehen. Wie wäre es jetzt? Wie sieht es mit Ihrer Zeit aus? Lenz sagt mir, Sie seien nach wie vor ohne Telefon. Also muß ich Sie bitten, mich anzurufen. Lassen Sie bald von sich hören und seien Sie herzlichst gegrüßt von Ihrem Marcel Reich.«

Das war dann wohl doch deutlich genug gewesen. Zwei Wochen später machte sich Reich-Ranicki zusammen mit seiner Frau auf den Weg nach Schleswig-Holstein. Nicht ohne ein etwas flaues Gefühl im Magen, denn Grass hatte angekündigt zu kochen – und die Erinnerung an die grauenvolle Suppe damals bei der Hochzeit der Höllerers ist bei Reich-Ranicki noch frisch. »Mir schwante abermals Schlimmes. Doch zum Beruf des Kritikers gehört Mut.«

Es kommt dann aber noch schlimmer als befürchtet, denn Günter Grass hat einen Fisch zubereitet. Reich-Ranicki jedoch »hasst und fürchtet Gräten«. Schon wieder also die Angst vor diesem Mann – diesmal bedroht er ihn nicht mit einem Messer in der Tasche, sondern mit einer Unzahl von Gräten auf dem Teller. Nie zuvor habe er einen Fisch mit so vielen Gräten gesehen, erinnert sich Reich-Ranicki: »Wobei ich nicht ausschließen kann, daß deren Zahl in meiner Erinnerung mit den Jahren noch gewachsen ist.«

Das Essen jedenfalls sei »qualvoll, aber auch genußreich« gewesen, »gefährlich und schmackhaft zugleich«. Grass, jämmerlich als Suppenkoch, könne »mit Fischen wunderbar umgehen«.

Schon die Fahrt nach Wewelsfleth hatte Reich-Ranicki als eine Art Abenteuer oder Mutprobe erlebt – oder später so dramatisiert. Die Fahrt sei »gar nicht so einfach« gewesen, denn man musste, um die Ortschaft zu erreichen, »einen Fluß überqueren«. Es gibt wohl größere Abenteuer als dieses, aber immerhin gab es keine Brücke über diesen Fluss, den Stör, einen Zufluss der Elbe. Sodass sich die Ranickis »einem Fährmann anvertrauen« mussten. Das klingt schon fast nach der Überfahrt über den Styx, den Todesfluss. Mindestens aber nach der mythisch anschwellenden Weichsel aus den »Hundejahren«: »Unreguliert und gefährlich floß früher die Weichsel.« Wie die Gräten in Ranickis Erinnerung immer zahlreicher wurden, war der alte Strom angeschwollen: »Die Weichsel ist ein breiter, in der Erinnerung immer breiter werdender, trotz der vielen Sandbänke schiffbarer Strom.«

Er hat sich dann auch gleich eine Grafik aussuchen dürfen. Reich-Ranicki war wohl so hastig oder aufgeregt, dass er sich für eine urmutterartige »Nonne mit Aal« entschied, obwohl er eigentlich viel lieber ein Selbstporträt des Autors gehabt hätte. Aber da schrieb Günter Grass schon mit großem Schwung eine Widmung auf das Blatt: »Für meinen Freund (Zweifel) Marcel Reich-Ranicki«.

Alles ist in dieser Zeile aufgehoben: die Verwandlung von Wirklichkeit in Fiktion, die Aneignung der Geschichte jenes Mannes, den er zuerst im Rausch in Warschau traf, in seine Geschichte, die Geschichte seiner eigenen, verschwiegenen Vergangenheit und seines politischen Engagements. Der Name Zweifel: seine Religion, sein Glaube. Und zugleich auch sein Zweifel an der Freundschaft mit diesem Mann. Eine zweifelhafte Freundschaft. Unverlässlich. Der eine Kritiker, der andere Schriftsteller. Reich-Ranicki hatte das Wort »Freund« in seinem Brief vorsichtshalber durch drei Punkte ersetzt. Grass setzte den Zweifel daran in Klammern. Es war ein Messertanz. Man konnte, man wollte sich nicht aufeinander verlassen. Der Grund, auf dem sie standen, schwankte. Immer.

Marcel Reich-Ranicki hatte auch ein Werk von sich als Geschenk mitgebracht: sein kurz zuvor erschienenes Buch »Über Ruhestörer. Juden in der deutschen Literatur«. Mit Texten über Heinrich Heine, Ludwig Börne, Jurek Becker, Erich

Fried, Peter Weiss, Hermann Kesten, Hans Mayer und andere. Und auch Reich-Ranicki hatte zuvor in Hamburg eine Widmung in das Buch geschrieben: »Für Günter Grass, der doch auch zu den großen Ruhestörern gehört – von einem kleinen Ruhestörer – sehr herzlich Marcel Ranicki.«

Wie gesagt: Die, denen in diesem Buch von Reich-Ranicki der Ehrentitel »Ruhestörer« verliehen wird, sind alles Juden. In seiner Widmung gemeindet er den möglichen Freund einfach ein.

In der gewiss literarisch etwas übertriebenen oder herbeifiktionalisierten Fantasie Reich-Ranickis bleibt von diesem festlichen Abend in Wewelsfleth noch etwas anderes zurück: die zahlreichen Gräten des Festmahls. Grass, so Reich-Ranicki später, habe jene Gräten noch am nächsten Tage gezeichnet. Und der Fisch sollte einige Jahre später im Zentrum seines nächsten großen Romans stehen. Die Geburtsstunde der nächsten Erfindung. Und Reich-Ranicki ist in seinen Erinnerungen dabei gewesen. »Denn es war ein Butt.«

Von der Einsamkeit

1973–1975

BIS JENER »BUTT« ALS ROMAN erscheint, wird es aber noch ein paar Jahre dauern. Die Kritik dazu wird Marcel Reich-Ranicki nicht mehr in der »Zeit« veröffentlichen. Vierzehn Jahre lang hatte er für die Hamburger Wochenzeitung gearbeitet. Immer wieder wurde in diesen Jahren die Feuilleton-Redaktion erweitert. Marcel Reich-Ranicki hatte man nie einen Posten in der Redaktion angeboten. Man schätzte seine Texte sehr. Aber ihn selbst wollte man dort nicht haben. In einer Festschrift, die viele Jahre später erschien, konnte er schwarz auf weiß die Gründe dafür nachlesen. Die Redaktion, so steht da geschrieben, habe »größte Bedenken« gehabt, »ob sie einen so machtbewußten, rabulistischen Mann aushalten würde«.

Reich-Ranicki erschrak, als er das las. Das Wort Rabulistik – »Wortverdreherei« – kannte er aus der »nationalsozialistischen Kampfpresse, vor allem aus den Artikeln von Joseph Goebbels«. Er gebrauchte das gern mit einem Adjektiv oder zweien: »jüdische Rabulistik« oder »jüdisch-marxistische Rabulistik«.

In seiner Autobiografie fügt Reich-Ranicki vorsichtig hinzu: »Ähnlich den Angehörigen anderer Minderheiten sind auch viele Juden bisweilen gar zu schnell geneigt, für die Schwierigkeiten, die ihnen das Leben bereitet, die Abneigung oder die Feindschaft der nichtjüdischen Umwelt verantwortlich zu machen. Das ist bedauerlich, aber vielleicht sollte man den Juden diese Mischung aus Mißtrauen und Überempfindlichkeit nicht zu sehr verübeln. Überreizte Reaktionen haben ja immer ihre Gründe, hier liegen sie auf der Hand: Es sind die Jahrhunderte, Jahrtausende währenden Schikanen und Verfolgungen.«

Reich-Ranickis Vorsatz von damals, als er zum zweiten Mal nach Deutschland kam, auf keinen Fall Opfer zu sein, sich auf keinen Fall als Opfer zu fühlen oder sich in die Rolle des Opfers drängen zu lassen, wurde auf eine harte Probe gestellt. Auch für seine Zeit bei der »Zeit« galt – bei allem Ruhm und Glanz und Erfolg: Er gehörte einfach nicht dazu.

Doch jetzt sollte sich alles ändern. 1973 wurde er auf den wohl einflussreichsten Posten in der deutschen Literaturkritik berufen: Literaturchef der »Frankfurter Allgemeinen Zeitung«. Also »verantwortlich für Literatur und literarisches Leben«. Der Journalist Joachim Fest, der gerade seine monumentale Hitler-Biografie fertiggestellt hatte und zum für das Feuilleton zuständigen Herausgeber der »FAZ« berufen worden war, hatte ihn gefragt, und Reich-Ranicki hatte freudig zugesagt. Er kannte Fest schon eine Weile, die beiden redeten gern über Musik und Literatur, vor allem über Thomas Mann.

Bevor Marcel Reich-Ranicki aber seinen neuen Posten antrat, gab es etwas zu feiern: jenes »Hitler«-Buch von Fest, das bald schon in beinahe jedem deutschen Bildungshaushalt mit schwarzem Umschlag in den Buchregalen stehen wird. Feierlich wurde es im Haus des Verlegers Wolf Jobst Siedler geladenen Gästen vorgestellt.

Auch Marcel und Tosia Reich-Ranicki reisten an. Bester Laune treten sie in das Haus des Verlegers ein – als es ihnen beinahe den Atem verschlägt. Denn nicht der Verfasser des präsentierten Buchs, sondern ein anderer Herr scheint hier heute Ehrengast zu sein. Ein »durchaus sympathisch anmutender, gesetzter Herr« steht da im Mittelpunkt eines Gesprächskreises.

»Tosia wurde blass. Auch ich fühlte mich plötzlich nicht ganz wohl. Es war klar: Wir hatten jetzt nur zwei Möglichkeiten – wir konnten trotz des Ehrengastes bleiben, oder wir mussten die herrschaftliche Villa sofort verlassen, was natürlich einem Eklat gleichkommen würde. Ich überlegte mir die Sache blitzschnell, doch bevor ich etwas unternehmen konnte, war sie schon entschieden: Siedler kam auf uns zu und geleitete uns höflich und zugleich energisch zu dem Ehrengast, der uns jetzt zwei oder drei Schritte entgegenkam. Er begrüßte uns wie alte Freunde, ja, so war es, er begrüßte uns geradezu herzlich. Dieser dezente Herr war ein Verbrecher, einer der schrecklichsten Kriegsverbrecher in der Geschichte Deutschlands. Er hatte den Tod unzähliger Menschen verschuldet. Noch unlängst hatte er zu den engsten Mitarbeitern und Vertrauten Adolf Hitlers gehört. Er war vom Internationalen Militärtribunal in Nürnberg zu zwanzig Jahren Gefängnis verurteilt worden. Die Rede ist von Albert Speer.«

Er war geschockt. Auch wenn er vielleicht so überrascht auch wieder nicht gewesen ist, da er natürlich wusste, dass Fest an der Speer-Biografie mitgearbeitet hatte, die 1969 in Siedlers Verlag erschienen war.

Marcel Reich-Ranicki hat damals nichts gesagt. Auch später nicht, als er mit Fest zusammenarbeitete. Er wollte keinen Skandal. Er wollte mit Fest bei der »FAZ« anfangen. Er hat geschwiegen.

Viele Jahre später, als er in einem »Spiegel«-Gespräch auf diese Begegnung im Hause Siedler angesprochen wurde, erklärte Joachim Fest, Reich-Ranicki habe eine »ordinäre Phantasie«. Begründung: Wolf Jobst Siedler habe gar nicht in einer Villa gewohnt. Sondern in einem Reihenhaus. Und sein Buch sei nicht, wie Reich-Ranicki behaupte, auf Samt gebettet gewesen an diesem Abend. Außerdem würde Reich-Ranicki seit einer Weile behaupten, Siedler habe ihn, Reich-Ranicki, in Speer »hineingeschubst«: »Welche ordinäre Phantasie!« Nachfrage des Interviewers: »Stimmt es denn, daß er nicht vorab informiert wurde?« Joachim Fest: »Ich weiß es nicht mehr.«

Eine Buch-Party zu Ehren eines Buches über Adolf Hitler in Berlin mit einem seiner engsten Mitarbeiter als Ehrengast. Dazu werden die Holocaust-Überlebenden Marcel Reich-Ranicki und seine Frau eingeladen. Ob man sie vorher darüber informiert hat, weiß der Autor des Hitler-Buches nicht mehr. Aber Marcel Reich-Ranicki hat eine ordinäre Fantasie!

Im Dezember 1973 tritt Marcel Reich-Ranicki sein neues Amt in Frankfurt an. Endlich in einer Redaktion. Endlich mit eigener Verantwortung. Und das in dieser großen, traditionsreichen, machtvollen Institution.

Dass der Wechsel zur politisch konservativen »FAZ« auch einen Schwenk zum Konservativen beim Kritiker und seinen Kritiken bewirken würde, war die Befürchtung vieler Autoren. Auch von Günter Grass. Doch Reich-Ranicki wies auf den traditionell liberalen Kurs des Feuilletons hin, der vom für diesen Teil verantwortlichen Herausgeber bestimmt wird und nicht von einem politischen Chefredakteur. Von Joachim Fest erwartete er – trotz der grauenvollen Vorzeichen – im literarischen Bereich freie Hand. Die er auch bekam.

Besonders wichtig war Reich-Ranicki der Bereich »Literarisches Leben«. Es sollte in einem Literaturteil, wie er ihn verstand, eben nicht nur um Buchbesprechungen gehen, sondern um literarische Lebendigkeit, Verbindungen von Literatur und Leben. Dafür setzte er vor allem auch auf die Mitarbeit von Schriftstellern. Die besten Autoren sollten bei ihm schreiben. Und so bekam auch Günter Grass schon nach wenigen Monaten den ersten Brief aus der »FAZ«-Redaktion. Der bestätigte eine am Vortag getroffene Vereinbarung, um diese »aktenkundig zu machen«: »Wir erhalten von Ihnen Ihre 7 neuen Liebesgedichte, sowie die dazugehörenden 7 Radierungen«. Die würden »natürlich auf Tiefdruck« in der Sonnabend-Beilage gebracht. Außerdem habe Grass ihm »feierlich!« einen Aufsatz über Orwell versprochen. Aber vor allem erklärt Reich-Ranicki dem Autor folgendes Grundgesetz ihrer künftigen Zusammenarbeit: »Und überhaupt und ein für allemal sollten Sie wissen: Die Spalten dieser Zeitung stehen immer zu Ihrer Verfügung.«

Doch Grass blieb der konservativen Zeitung gegenüber skeptisch. Den feierlich versprochenen Orwell-Aufsatz hat er auch nicht geliefert.

Im August 1977 erscheint dann endlich das Buch zum Fisch auf dem Markt: »Der Butt«. Ein Universalroman von der Jungsteinzeit bis zur Gegenwart, Kulturgeschichte, Küchengeschichte, Geschlechtergeschichte. Grass wagte alles und erzählt in neun Kapiteln die Geschichte von Frau und Mann, Ilsebill und dem männlichen Ich, auf der Folie des Grimm'schen Märchens vom »Fischer und sine Fru«, der unersättlichen, gierigen Ehefrau, die den Fischer so lange zum zauberhaften Wunschfisch zurückschickt, bis sie wieder in ihrer ärmlichen Hütte sitzen. Bei Grass ist der Mann der Gierige, der durch seine Eroberungsgier die Menschheit in Kriege und immer neue Untergänge führt. Die Frauen sind die Bewahrerinnen der Geschichte durch Gebären, Ernähren, Heimerrichten. Die neun Kapitel des Romans stehen komplementär zu den neun Monaten der Schwangerschaft.

Der Roman wurde ein riesiger Erfolg, der zweitgrößte nach der »Blechtrommel«, bei vielen Feministinnen und Lesern eines etwas moderneren Geschlechterbildes trug er dem Autor lebenslange Feindschaft ein.

Und Marcel Reich-Ranicki beginnt seine lange Kritik mit der überraschenden Einleitung, dass man diesem »riesigen Brocken deutscher Prosa« mit einseitigen und extremen Urteilen »auf keinen Fall gerecht werden kann«. Nanu. Ein Zweifel voller Selbstzweifel? Plädoyer für ein Unentschieden? Was ist da los?

Es ist in der Tat ein überraschend abwägender Text. Zumindest Kenner seiner frühen Texte zu Grass werden etwas staunen: »Ein bedächtig abwägender und sorgfältig kalkulierender Artist, einer, der seine Mittel stets gewissenhaft wählt und exakt prüft, war Grass schon immer.«

Und wenigstens der Autor des »Tagebuchs einer Schnecke«, der damals wohl als Einziger den hymnischen Brief kennt, den Reich-Ranicki ihm über das Werk geschickt hatte, wird verwundert zur Kenntnis genommen haben, dass dem Kritiker jenes Buch jetzt, zusammen mit »örtlich betäubt«, als

»Tiefpunkt« seines Werkes erscheint. Als »deprimierende Belege der literarhistorischen Situation um 1970«, die eigentlich überhaupt nur noch ihm, dem Kritiker, bekannt sind. Denn beide Bücher seien »heute schon gründlich vergessen«. Reich-Ranicki, der einst die deutschsprachigen Schriftsteller so dringend zu engagiertem, zeitgenössischem, politisch wachem Schreiben aufgefordert hatte, urteilt nun über die beiden dezidiert politischen Bücher von Günter Grass: »Sie zeigen erneut, dass die damaligen Bemühungen, die deutsche Gegenwartsliteratur um jeden Preis zur Magd der Politik zu degradieren, zwar nicht die Politik verändert, doch die Literatur ruiniert hat.«

Ansonsten schwankt der Kritiker in seinem Text. Findet einerseits in dem Buch »Episoden, die zum Besten gehören, was in unseren siebziger Jahren geschrieben wurde«. Dann aber doch vor allem Ermüdendes, Albernes, Marionetten, viel Aufwand, wenig Ertrag und Resteverwertung aus Danzig. Und schließlich ein Fazit, das alle Urteile des Kritikers über seinen liebsten Patienten vorläufig ganz gut zusammenfasst: Beinahe immer scheitert er. Aber so groß wie er scheitert sonst keiner. In diesem Falle: »Grass ist, alles in allem, gescheitert, ›Der Butt‹ dokumentiert einen künstlerischen Fehlschlag. Aber seiner vielen Schwächen zum Trotz beweist der Roman, wer der originellste deutsche Erzähler dieser Jahre, wer der neben Wolfgang Koeppen größte Meister der deutschen Sprache unserer Zeit ist: Günter Grass.«

Das wird diesmal nicht ohne Folgen bleiben. Denn Hans Werner Richter hat da eine Idee. Die Gruppe 47 liegt lange schon im Sterben, zehn Jahre lang hatte Richter nicht mehr eingeladen. Im Jahr 1977 soll es ein letztes Treffen geben. Ein letztes Begräbnis, im Hotel Kleber-Post in Saulgau. Da ist die Gruppe 1963 schon einmal gewesen. Ein typischer süddeutscher Gruppe-47-Gasthof, rosa Tapeten, geraffte Store-Gardinen, Kronleuchter und Spitzendeckchen.

Viele sind gekommen. Aber nicht alle. Böll fehlt, Enzensberger, Walser, Fried, Lettau, Rühmkorf. Haben wohl Besseres zu tun. Und junge Autoren hat Richter auch nicht mehr eingeladen. Als einziger Debütant wird Michael Krüger lesen. Man will unter sich bleiben. Sich noch einmal selber feiern.

Die Veteranen begrüßen sich herzlich, versichern sich gegenseitig, dass man ja gar nicht älter geworden sei. Auch sonst loben sich alle Anwesenden herzlich gegenseitig, über die Abwesenden wird gut gelaunt gelästert. Uwe Johnson staunt: Ob er in einem Märchen ist? Einem Septembernachtstraum? Der Rekonstruktion von etwas, das doch längst verschwunden ist? Der Verleger Ledig-Rowohlt zeigt seine berühmten Purzelbäume, vorwärts und rückwärts, Helmut Heissenbüttel, Jürgen Becker und Ilse Aichinger lesen Texte vor, die schon längst veröffentlicht sind. Die Kritik simuliert etwas Kritik. Wie Hans Mayer schon zu Beginn der Tagung sagte: »Wir werden uns selber spielen müssen.«

Und sie spielen sich. Bis Richter für den letzten Vormittag eine Idee verkündet. Die Idee, die er vorher mit Freund Grass besprochen hatte. Einen Vormittag für den größten Star der Gruppe, Preisträger des Jahres 1958, Weltstar der deutschen Literatur. Die Idee ist: Diesmal setzen sich die Kritiker auf den Stuhl, den man sich angewöhnt hat, den elektrischen zu nennen, weil Generationen von Jungautoren hier von den Fachkritikern in der ersten Reihe getötet worden sind. Zum Schluss also: die Rache. Der Gegenangriff. Vertauschte Rollen: Alle müssen ihre Butt-Kritiken vortragen.

Kaiser liest seine »Butt«-Kritik vor, Raddatz liest vor, Hans Mayer hatte leider gar keine Kritik veröffentlicht, so trägt er eine druckreife Stegreifkritik vor, ein Science-Fiction-Flug von Homer bis heute und weiter in die Zukunft fliegend. »Der Butt«, so Mayer, sei der Hegel'sche Weltgeist auf Reisen durch die Jahrhunderte und wie traurig es sei, dass es mit dem nun zu Ende gehe, das lasse sich auf den 700 Grass-Seiten nachlesen.

Eine Grass-Feier also? Doch da kommt ja auch noch Zweifel, der mögliche Freund mit der dicken Brille und der schwarz-weißen Krawatte, dem erhobenen Zeigefinger. Er trägt seinen Text vor, die halbe Abrechnung, die Geschichte der Niederlagen des Autors Günter Grass. Die Leitmotive all seiner Grass-Kritiken kommen vor: »infantil«, »ermüdend«, »pubertär«, »Marionetten«, aber auch »sprachliche Kraft« wie sonst keiner. Danach darf endlich der Autor reden. Und der Kritiker auf dem Stuhl muss schweigen.

Grass sitzt in der ersten Reihe, er hat seine neue Freundin Ute dabei. Bei der Zimmerbestellung hatte er um ein Doppelzimmer »der verschließbaren Art« gebeten. Jetzt ist er dran. Wie hat er sich darauf gefreut. Er hebt an, lobt sich erst einmal selbst, sich und seine Kollegen, stellt fest, dass sich die deutsche Literatur in den letzten Jahren und Jahrzehnten stets weiterentwickelt habe, bewundert von aller Welt, dass die Kritik aber, zu seiner großen Betrübnis, stehen geblieben sei. Und dann nimmt er sich den vor, der eben noch einen »künstlerischen Fehlschlag« konstatiert hatte und schon so viele Fehlschläge zuvor. Es sei bedauerlich, sagt Grass, auf Reich-Ranicki deutend, dass das deutsche Scheidungsrecht keine Trennung zwischen Autor und Kritiker vorsehe, dass er also offenbar ein Leben lang an diesen Mann gekettet sei.

Große Heiterkeit und feixende Freude unter den Autoren und den nicht gemeinten Kritikern. Eine Zwangsehe für immer. Wie lustig. Marcel Reich-Ranicki, mit seinem Text da oben neben Richter sitzend, hat zu schweigen.

Dann ist es beinahe schon vorbei. Richter hat noch die Idee, zum Abschluss den Autor Wolfdietrich Schnurre jenen Text wiederlesen zu lassen, mit dem vor dreißig Jahren das erste Treffen der Gruppe 47 am Bannwaldsee eröffnet wurde. Die Geschichte eines gestorbenen Gottes und die gleichgültigen Kommentare der Überlebenden dazu. Der Titel: »Das Begräbnis«.

Hans Werner Richter versucht noch, eine Rede zu halten. Er kann nicht. Er sagt: »Ich bedanke mich«, dann kommen die Tränen, das Publikum schaut betreten in die Luft. Schroff erklärt er noch: »Es ist zu Ende.« Und dann ist es zu Ende.

In seinem Tagungsbericht für die »FAZ« wird Reich-Ranicki später von einem »literarhistorischen Ereignis« schreiben, das die, »die wir dabei waren«, nicht vergessen werden. Ein melancholischer Text, auch von ihm. Er schreibt vom »Freundeskreis«, der diese Gruppe war, ein Freundeskreis, der sich Jahr für Jahr veränderte. Besonders begeistert lobt der Kritiker die Kritik. Das war ihm offenbar ein Bedürfnis nach dem Schweigezwang da oben auf dem Elektrostuhl. »Die Tagungen der Gruppe 47 vereinte die besten Schriftsteller und die intelligentesten Kritiker«, schreibt er kühn. Und staunt voller Stolz, »mit welcher Sicherheit Literatur auf den Tagungen der Gruppe bewertet wurde«, feiert »glanzvolle Darbietungen des Scharfsinns und der Geistesgegenwart der Kritik« und bescheinigt sich und den Kollegen, dem staunenden Publikum ein letztes Mal demonstriert zu haben, »wie die berüchtigte und gefürchtete, die nicht zu Unrecht so oft als virtuos gerühmte Sofortkritik der Gruppe 47 funktionierte«. Wenn einen sonst keiner feiert, muss man es eben selber machen.

Auch Günter Grass wird in Zukunft sein, wie er findet, so treffendes Bonmot von der Zwangsehe und der Unmöglichkeit der Scheidung von seinem Kritiker Reich-Ranicki noch oft, sehr oft wiederholen. In der Regel ergänzt um das Bedauern der fehlenden Weiterentwicklung Reich-Ranickis, um seine unübersehbare Herkunft aus dem Geiste des sozialistischen Realismus oder – je nach Schärfe des Angriffs – des Stalinismus. Er will, er muss sich einfach immer mal wieder wehren und Luft verschaffen. Das sind seine Argumente, seine Waffen. Er wird sie noch oft brauchen.

In seinem Artikel in der »FAZ« war Marcel Reich-Ranicki auch auf den Antrag auf Ehescheidung des Autors eingegangen. Grass habe damit »einen Lacherfolg« erzielt. Doch Reich-Ranicki ist es ernst: »Dem ist zu entnehmen, dass Grass sich von manchen seiner Kritiker gern trennen und sich andere wählen möchte. Er träumt offenbar von einer harmonischen Beziehung.«

Aber der kritische Ehemann überhört die Scheidungsbitte seines Dichtermannes einfach. Und die Beziehung zwischen Günter Grass und Marcel Reich-Ranicki wird unharmonisch bleiben. Zweifelsfreunde, Zwangseheleute. Sie werden den virtuellen Ehering bis zum Schluss tragen.

Und manchmal ist auch der, der um Scheidung gebeten hatte, darüber froh. Beim nächsten Buch zum Beispiel. Das erscheint anderthalb Jahre nach dem Saulgau-Treff. Günter Grass hat es Hans Werner Richter zum 70. Geburtstag gewidmet, und es ist seine persönliche Feier der Gruppe 47 und ihres Chefs: die Erzählung »Das Treffen in Telgte«.

Deutschland am Ende des Dreißigjährigen Krieges. Die ganze deutsche Literatur und ihre Kritiker sind in dem kleinen Ort Telgte zwischen Münster und Osnabrück zusammengekommen, in einem Landgasthof, um zu feiern, zu lesen, zu trinken, zu kritisieren, für den Frieden zu schreiben, Feindschaften ruhen zu lassen, sich ihrer selbst zu versichern, ihres Ruhms, ihrer Bedeutung, ihrer Lebensfreude. Es gibt Unmengen von Braunbier, Spanferkel, Fische, Köstlichkeiten – eine barocke Feier des deutschen Geistes. Vor allem aber der Lebenslust.

»Die Verbesserung der Welt sollte nicht den magenkranken Bitterlingen überlassen bleiben«, hatte Grass schon im »Tagebuch einer Schnecke« gefordert. Nun, hier sind sie alle beisammen, die ganz und gar unbitteren Lebensfeierer. Sie fehlen einander, wenn sie sich lange nicht gesehen haben. Gerade auch die, die einander feindlich gesinnt sind. Wo sollen sie auch sonst hin mit ihrer Feindschaft, wenn sie sie dem anderen nicht ins Gesicht sagen können?

Die Welt ist elend, und der Krieg scheint ewig zu währen. Doch: »Wo alles wüst lag, glänzten einzig die Wörter. Und wo sich Fürsten erniedrigt hatten, fiel den Dichtern Ansehen zu. Ihnen, und nicht den Mächtigen, war Unsterblichkeit sicher.« Von Politik haben diese historischen Dichter, so wie Grass sie beschreibt, komischerweise keine Ahnung. Sie mühen sich zwar um die Formulierung einer Friedensresolution, die sie mit ungeheurem Aufwand und Selbst-Stolz zusammenstellen. Am Ende aber verbrennt der wertvolle Text, mitsamt dem ganzen Gasthof. Es ist dann auch egal: »Wieder einmal war den Poeten nichts gewisser als ihre Ohnmacht und ihre mangelnde Kenntnis der politischen Kräfte.«

Es ist eine große Hommage an die Gruppe 47, an die

Freundschaft, die Dichtkunst, das Leben und den offenen Streit. Eine Schlüsselerzählung ist es eher nicht. Grass hat echte historische Personen in seinem Sinne porträtiert – Andreas Gryphius, Grimmelshausen, Paul Gerhardt –, die Gruppen-Figuren seiner Zeit dabei wohl in Kopf und Herz gehabt, aber keine direkte Abbilder der Zeitgenossen hineingeschmuggelt. Auch wenn man natürlich in der Figur des Magister Bucher den Freund Zweifel erkennen kann, dessen Vortrag große Wucht entfaltet und dessen Zeigefinger durch den Saal sirrt wie eine Waffe. Nur Hans Werner Richter ist und soll erkennbar sein – in der Figur des Gruppen-Vaters Simon Dach, den all die schreibenden Ich-Giganten als absolute Autorität fraglos akzeptieren. Nur das Schlusswort gelingt ihm nicht – weil da der Fisch schon auf dem Tisch steht.

Ein heiteres historisches Heldenbuch aus dem Jahr 1979. Und wenn alles einstürzt – die Dichtung bleibt, die Dichter schreiben fort: »Und wenn man sie steinigen, mit Haß verschütten wollte, würde noch aus dem Geröll die Hand mit der Feder ragen.«

Reich-Ranicki ist begeistert und schreibt das auch. »Eine rückwärts gewandte Utopie« nennt er das Buch. »Der wortgewaltige Erzähler Grass, der seinen sprachlichen Reichtum so genüßlich wie virtuos auskostet und dabei auch den Lesern die größten Genüsse bereitet.« Ein unwahrscheinliches historisches Ereignis unbedingt möglich erscheinen zu lassen, mit der Kraft seiner Imagination: »Was uns hier berichtet wird, ist höchst unwahrscheinlich. Aber unvorstellbar ist es nicht mehr. Denn Grass hat es verbürgt mit einer Kunst, die – nein, ich übertreibe keineswegs – in der deutschen Literatur ihresgleichen nicht hat.«

In keinem veröffentlichten Text über Günter Grass und

eines seiner Werke ist Marcel Reich-Ranicki je wieder so euphorisch gewesen. Das liegt an der Qualität der Erzählung, gewiss. Aber vielleicht nicht nur. Vielleicht liegt diese dankbare Begeisterung auch daran, dass Grass im »Treffen in Telgte« etwas feierte, was sie gemeinsam liebten, was ihnen beiden, den zwei Untrennbaren von der Weichsel, Heimat geworden war: die deutsche Literatur und der Streit darüber. Und die gemeinsame Trauer über etwas, das nun zu Ende gegangen war. Die Gruppe. Eine Art Freundschaft. Ein Zusammengehörigkeitsgefühl. Ein Zugehörigkeitsgefühl. Heimat. Und der Verlust. Und die Erinnerung. Wie Grass am Ende schreibt: »Keiner ging uns verloren. Alle kamen wir an. Doch hat uns in jenem Jahrhundert nie wieder jemand in Telgte oder an anderem Ort versammelt. Ich weiß, wie sehr uns weitere Treffen gefehlt haben. Ich weiß, wer ich damals gewesen bin.«

Vom langsamen Wachsen einer Feindschaft

1980–1993

IN DEN JAHREN, DIE NUN folgen, sehen wir dem langsamen Wachsen einer Feindschaft zu. Vielleicht lag es daran, dass sie sich nicht mehr regelmäßig trafen, dass sie die Auseinandersetzung mit offenem Visier und von Angesicht zu Angesicht nicht mehr regelmäßig übten. Andererseits: Auch in den zehn Jahren zuvor hatte es keine Treffen mehr gegeben. Aber man war doch immerhin in Kontakt geblieben. Es konnte ja jederzeit wieder zu einem Gruppe-47-Treffen kommen. Und man hatte gemeinsam begonnen. Kam vom selben Fluss.

Dieses Band hielt lange, über alle Differenzen, Missverständnisse, Positionierungen im Literaturkampf hinweg. Doch je weiter sie sich von ihren Anfängen entfernten, je machtvoller jeder für sich als Repräsentant seiner Berufung alleine dastand, desto unversöhnlicher und härter standen sie sich gegenüber. Marcel Reich-Ranicki repräsentierte die konservative Institution »FAZ«, die er als persönlichen Machtapparat im Literaturbetrieb ausbaute und sturmfest machte. Er, der einst im Morgengrauen aus dem Land geworfen worden war, war zum wichtigsten Gatekeeper der deutschen Literatur geworden. Sein Machtbewusstsein, seine rhetorische Meisterschaft, sein Witz, seine Bosheit und vor allem seine Entschlossenheit, seine Machtposition auch auszunutzen, hatten ihn zum deutschen »Literaturpapst« gemacht.

Die Deutschen hatten ihn rausgeworfen. Er war zurückgekommen. Jetzt entschied er, wer zum Kanon der deutschen Literatur dazugehörte – und wer nicht.

Und auf der anderen Seite der Repräsentant der deutschen Nachkriegsliteratur, der erfolgreichste, lauteste und angriffsfreudigste Schriftsteller der Deutschen. Sein Ruhm wuchs, die Zahl seiner Feinde wuchs, durch sein politisches Engagement war er eine unübersehbare Figur des öffentlichen Lebens in Deutschland geworden. Er meldete sich zu allen Fragen. Nichts, was ihn nicht anging. Mit all seiner Wortmacht und moralischen Selbstgewissheit war er die Verkörperung der deutschen Nachkriegsliteratur schlechthin.

Zwei Tanker. Zwei Kämpfer. Machtbewusst. Selbstbewusst. Es konnte wohl nicht bei diesen halb ernsten Florett-Duellen bleiben. Im Zweifel gegen die Freundschaft. Im Zweifel für die Feindschaft.

Zum Beispiel im November 1979. Grass' bester Kritikerfreund Fritz J. Raddatz, Feuilletonchef der »Zeit«, hatte dort ein umfangreiches Dossier über Schriftsteller als Mitläufer und Angepasste in der Nazizeit geschrieben – und über solche, die er dazu erklärte: Erich Kästner etwa, Wolfgang Koeppen und andere. Reich-Ranicki, als Gegenpart des schmetterlingshaften, linken, offen homosexuellen Raddatz wahrgenommen und mit ihm herzlich verfeindet, hatte diesen Text in der »FAZ« nach allen Regeln der Kunst zerpflückt. Ein legendärer Text. Eine Zerstörung mit den Mitteln des Journalismus. Reich-Ranicki weist Raddatz eine solche Unzahl an Fehlern und Fehleinschätzungen nach, dass es jedem Leser dieser Gegenattacke schwerfällt, je wieder einen Text von Raddatz ernst zu nehmen. Die Wirkung war für Raddatz, auch innerhalb der »Zeit«-Redaktion, verheerend. Er musste um seinen Posten fürchten, seine Reputation war erst mal dahin.

Grass war zu der Zeit in China. Als er zurückkam, ergriff er entschlossen Partei für seinen Freund. Klar, es stimme schon, dieser Raddatz demonstriere nun mal »seine Seiltänze mit Vorliebe ohne Netz« – heißt: er ist schnell, unsorgfältig, liebt staunenswerte Pirouetten mehr als abgesicherte Faktengenauigkeit –, aber hier stehe offenbar »die Austreibung des Kritikers Raddatz« bevor. Dagegen tritt er an. Reich-Ranicki wirft er genau das vor: »Er vernichtete einen Feind.«

Warum diese Schärfe der Auseinandersetzung, warum diese unversöhnlichen Totalangriffe in der Sache? Grass weiß es genau: »Sobald sich die Deutschen – Täter wie Opfer, Ankläger und Beschuldigte, die Schuldigen und auch die nachgeborenen Unschuldigen – in ihre Vergangenheit verbeißen, nehmen sie eingefleischte Freund-Feind-Positionen ein, wollen sie so blindlings wie leidenschaftlich recht behalten, recht bekommen, machen sie – im Irrtum noch – deutsche Vergangenheit gegenwärtig, ist die Wunde wieder offen, wird die Zeit, die verstrichene, glättende Zeit aufgehoben.«

Und in demselben Text unternimmt Günter Grass ein Gedankenexperiment. Was wäre gewesen, wenn er zehn Jahre früher geboren worden wäre? Er ist sicher: »Es spricht nichts (oder nur Gewünschtes) gegen meine zielstrebige Entwicklung zum überzeugten Nationalsozialisten.« Sein Schreibtalent hätte er genutzt, um Hymnisches über den Kriegsverlauf oder die Machtergreifung zu schreiben. »Wahrscheinlich wäre mir ab Stalingrad – jetzt sechsundzwanzig Jahre alt – ein trostloses Lichtlein aufgegangen. Verwickelt womöglich in Partisanenerschießungen, Vergeltungsschläge, als Augenzeuge unübersehbarer Judendeportationen hätte ich meiner spätexpressionistischen Reimkunst … ortlose Trauer, verzweifelte Wortwahl, Dunkles, Vieldeutiges beigemengt.«

Und so gibt er Raddatz recht, der eine »Stunde Null« in Deutschland nach dem Krieg in seinem fehlerhaften Text bestritten hatte. Den moralisch reinen Neubeginn und klaren Schnitt habe es nicht gegeben: »Kein Zusammenbruch fand statt«, schreibt Grass. »Keine Stunde Null schlug uns. Fließend waren die Übergänge.« Grass weiß, wovon er spricht, auch ohne Imagination eines um zehn Jahre älteren Ichs: »Das große, bis heute anhaltende Entsetzen über das Ausmaß der geduldeten, direkt oder indirekt geförderten, in jedem Fall mitzuverantwortenden Verbrechen kam erst später, mehrere Jahre nach der angeblichen Stunde Null, als es schon wieder aufwärts ging. Und dieses Entsetzen wird bleiben.«

Auch die Freund-Feindschaft bleibt und wird sich weiter verschärfen. Raddatz ist erst einmal gerettet. Aber die Fronten sind klar. Als Reich-Ranicki ein ost-westdeutsches Schriftstellertreffen Ende 1981 in Ost-Berlin, das auf Einladung Stephan Hermlins stattgefunden und auf dem Günter Grass eine Rede gehalten hat, scharf kritisiert, schlägt dieser in einem Interview zurück: »Ich mag den Reich-Ranicki, ich habe oft über ihn gelacht und gelächelt, ich bewundere seine Liebe zur Literatur, selbst wenn ich seine Kritik nicht teile. Aber diese Art von aggressivem Antikommunismus hat stalinistische Züge und erinnert mich eben doch daran, dass ich Marcel Reich-Ranicki 1958 noch in Polen kennengelernt habe, als er gerade ein Stück stalinistischer Vergangenheit hinter sich hatte. Offenbar ist so etwas nicht so rasch abzulegen.« Und wird noch deutlicher: »Das muss Ranicki zur Kenntnis nehmen: Diese Art des Bearbeitens und Vorwarnens, dieses ›Sie müssen sich sagen lassen‹, das ist eine Sprache, die mich sehr mißtrauisch macht.«

Diesmal antwortet der Kritiker mit einem eindringlichen privaten Brief, der den Tonfall einer offiziellen Verlautbarung hat. Es scheine ihm nötig, »Folgendes kurz mitzuteilen«: Erstens stimme von den Vorwürfen kein Wort. Zweitens gehe es jedoch um Grundsätzliches: »Ich glaube aber nicht, daß Sie das Recht haben, über meine Vergangenheit zu verbreiten, was, um es kurz zu sagen, so absurd ist, daß ich fast annehmen muß, Sie hätten mich mit jemandem verwechselt. Hier die Fakten: Ich bin 1946 der Kommunistischen Partei beigetreten. Ich wurde 1950 aus der Partei ausgeschlossen (Begründung: ›ideologische Entfremdung‹), inhaftiert und einige Wochen in einer Einzelzelle gefangen gehalten. Anfang 1953 wurde gegen mich ein generelles Publikationsverbot erlassen, das erst während des ›Tauwetters‹ (Ende 1954) wieder aufgehoben wurde. – Nennen Sie das ›stalinistische Vergangenheit‹?« Und um deutlich zu machen, dass es ihm diesmal sehr ernst ist, fügt er so etwas wie eine dringliche diplomatische Note an: »Ich möchte Sie bitten, diesen Brief zu beantworten. Mit besten Grüßen, Marcel Reich.«

Früher, in den guten Jahren, hätte jetzt wahrscheinlich irgendeine Versöhnung stattgefunden. Ein Treffen vielleicht, ein angedeutetes Zurückrudern, ein Ausweichen, ein Hans Werner Richter als Schlichter. Aber damit ist es jetzt vorbei. Grass antwortet wie gewünscht. Aber er weicht nicht einen Zentimeter zurück. Im Gegenteil: Reich-Ranickis Brief habe ihn überrascht, beginnt er mit böser Ironie. Sei er doch davon ausgegangen, dass der Adressat »nicht nur Kritik austeilen und zur Polemik fähig« sei, sondern auch bereit sei, »Kritik und Polemik auszuhalten«. Nun, das sei offensichtlich nicht der Fall. Er erkläre dem Adressaten aber gern noch einmal, was genau er meine: Der Mann, den er damals in Warschau traf, sei nun mal geprägt gewesen von den Normen des sozialistischen Realismus – »und diese aus der Zeit des Stalinismus herrührende Verengung der Literatur bestimmt ihn auch heute noch, sosehr er sich außerhalb oder im Gegensatz zur leninistisch-stalinistischen Ideologie sehen mag«.

Immer habe er, Grass, sich bemüht, diesen Begriff von Literatur als Gegebenheit zu akzeptieren – »und oft genug haben mich Ihre vitalen Mißverständnisse amüsiert«. Schlimm werde es jedoch, wenn er diese Doktrin in den Bereich der Politik übertrage. Wie es in seinen Kommentaren zum Treffen mit den Autoren der DDR geschehen sei.

Der Ton – »väterlich-besorgt und drohend zugleich« – komme ihm »wie ein Rückfall in ungute Zeiten« vor, er habe da »die Herren Kurella und Hager im Ohr« – also die SED-Chefideologen Kurt Hager und Alfred Kurella, die zahlreiche Karrieren politisch unliebsamer Autoren, die sich nicht dem Diktat des sozialistischen Realismus beugen wollten, zerstört hatten.

Er schließt eisern und eisig: »Ich hoffe, daß auch Sie das inzwischen eingesehen haben, und grüße Sie freundlich. Ihr Günter Grass.«

Reich-Ranicki schien in seinem Brief zwischen den Zeilen gefragt zu haben, ob eine Verständigung möglich sei und von Grass gewünscht werde. Die Antwort war ein klares Nein.

Reich-Ranicki antwortet auf diesen Brief nicht mehr.

Oder auf anderem Wege. Vier Jahre später. 1986. Ein neuer Roman von Günter Grass. »Die Rättin« – Geschichte des Untergangs der Menschheit. Der Erzähler schwebt in einem Raumschiff um den zerstörten Planeten Erde, und in seinen Träumen teilt ihm eine Rättin ihre Vision der neuen Herrschaft der Ratten auf der Welt dort unten mit. Solidarität und Rattengeschwisterlichkeit auf einem durch Umweltzerstörung und Atomkriege verwüsteten Planeten. Der Erzähler lässt viele seiner alten Helden und Geschichten gegen diese dunkle Vision auferstehen. Oskar Matzerath ist jetzt Medienzar in der Pornobranche. Die ganze Aufklärung, Lessings »Erziehung des Menschengeschlechts«, war umsonst. Die Toleranz unterliegt dem menschlichen Drang zu Gewalt und Zerstörung.

Marcel Reich-Ranicki schreibt eine Kritik dazu. Titel: »Ein katastrophales Buch«. Das lässt eher nichts Abwägendes erwarten, kein Florett-Angriff, kein: Hier-gescheitert-aber-ein-Meister-der-Sprache.

Der Text zur Überschrift löst dann auch alle Erwartungen ein. Was hatte Grass gesagt und geschrieben? Er habe oft gelächelt und gelacht über ihn? Seine Missverständnisse haben ihn oft »amüsiert«? »Zu lachen gibt es hier nichts, zu spotten noch weniger – und vor Schadenfreude wird nachdrücklich gewarnt. Denn wir haben es mit einem so traurigen wie erstaunlichen Fall zu tun. Es ist nicht zu glauben.«

Ein Kritiker erklärt, fassungslos zu sein: »Wie konnte das geschehen?«, fragt er sich und uns und den Autor. Bevor er sich mit dem Buch auseinandersetzt, wird er persönlich. Und sorgenvoll. Ist es vielleicht ein Nebenwerk, das der Autor der »Blechtrommel« hier abgeliefert hat? Eine Fingerübung, von ihm selbst nicht ganz ernst genommen? Dann gäbe es Trost. Man könnte sagen: »Kopf hoch«, weiter machen, nicht so tragisch. Aber, nein, dieser Ausweg steht nicht offen: »Denn in jedem der zwölf Kapitel dieser ›Rättin‹ spürt man die verzweifelte Anstrengung eines Romanciers, der sich seiner nationalen, wenn nicht universalen Verantwortung unentwegt bewußt, allzu bewußt ist.«

Er habe alles gewollt. Er habe alles verloren. Das Scheitern sei komplett. Und ihm, dem Autor, bleibt nur noch das Mitleid des Rezensenten. Er ist da ganz einfühlsam. Er nimmt den Leser mit in die Seele des Autors: »Man stelle sich das einmal vor: Monatelang, jahrelang hat sich Grass beinahe jeden Morgen an den Schreibtisch gesetzt, stets um den Rhythmus bemüht, die Worte, die Sätze aneinandergereiht, immer hoffend oder gar überzeugt, die störrische Welt ließe sich endlich doch vorladen oder, wie das früher hieß, evozieren. Und es kommt nichts dabei heraus. Was muß er gelitten haben … Jawohl, ihn müssen wir bedauern, nicht die Leser. Sie sind nämlich nicht bereit, sich ihre Freizeit verderben zu lassen. Sie geben die Sache nach hundert, spätestens nach hundertfünfzig Seiten auf. Werfen sie das Buch in die Ecke? Das wäre die schlimmste Reaktion nicht, denn sie könnte von Wut, Zorn, Protest zeugen. Aber diese ›Rättin‹ ruft keinerlei Widerstand hervor.«

Reich-Ranicki reiht Erledigungsadjektive wie an eine Perlenschnur: Erschöpft. Schwach. Dürftig. Banal. Verbraucht. Ohne Verstand. Und zu allem Überfluss: Ratten als Helden? Bitte, wen soll das interessieren? »Ich frage mich: Geniert sich Grass überhaupt nicht? Gibt es niemanden, der imstande gewesen wäre, ihn vor derartigen beschämend billigen Mitteln der Satire zu bewahren?« Ein Mann, so Reich-Ranickis Fazit, behauptet das Ende der Welt, weil er selbst am Ende ist. »Grass wäre nicht der erste Dichter, der aus seiner Misere eine allgemeine zu machen versucht.«

Ein Grass-Untergang. Reich-Ranicki schreibt nur mit. Er wirft ihm vor, von Politik keine Ahnung zu haben und es den Lesern immer wieder aufs Neue zu beweisen. Dass er den Frauen nur eine jämmerliche Rolle in der Welt zubillige. Dass seine Heldin, die Rättin, dumm sei und man gar nichts dagegen einwenden könne, denn so seien Ratten nun mal. Nur mache das den Roman leider unlesbar. Der postmenschliche Konflikt zwischen den Ratten und genmanipulierten Watsoncricks sei ihm total egal: »Wenn es ohnehin auf Erden keine Menschen mehr gibt, ist die Frage, wer die Oberhand behält – die Ratten oder die ›Watsoncricks‹ –, von kaum zu überbietender Gleichgültigkeit.«

Das war hart und verletzend. Und Günter Grass hatte nicht in Drachenblut gebadet, der Panzer seines Selbstbewusstseins war nicht undurchdringlich. Er wankte. Zwei Wochen nach dem Erscheinen von Reich-Ranickis Kritik kommt Freund Raddatz zu Besuch. Und trifft ein trauriges Häufchen mit Schnauzbart: »Abends beim ganz erloschenen Grass, wirkt wie eine zusammengeschossene, ehemals stolze Fregatte. Die FAZ – Kritik kann man das nicht mehr nennen, dieser beißwütige Mörderüberfall eines Literaturstalinisten – hat ihm den Rest gegeben.«

Er weiß es selbst. Es hat ihn wirklich erschüttert. Er ist Boxer in einem Duell, und der Gegner hat ihn schwer erwischt. An seine amerikanische Verlegerin Helen Wolff schreibt er eine weitere Woche später: »Du weißt, liebe Helen, daß ich nicht zum Klagen neige, aber Dir kann ich anvertrauen, daß die Vielzahl anhaltender Angriffe bei mir Spuren hinterläßt. In der Boxersprache heißt das: der Mann zeigt Wirkung. Meine so lange gewünschte Asienreise, die ich eigentlich nur aus wohlbedachten Gründen antreten wollte, bekommt so einen zusätzlichen Antrieb: ich mache mich auf die Flucht. Zwar bin ich seit ›Blechtrommel‹-Tagen einiges gewohnt – denn mit dem frühen Ruhm wuchsen Neid und Mißgunst –, aber der gegenwärtige Ton im Umgang mit mir ist von noch anderer Qualität. Er will mundtot machen, und den Leuten gelingt, was sie vorhaben. Der Wunsch zu verstummen verstärkt sich bei mir.«

Nach Asien also. Nach Indien. Auf der Flucht.

Das spricht sich rasch herum. Grass flieht vor der Kritik, vor einem Kritiker vor allem. Die Dichterin Sarah Kirsch spottet in einem Brief an Reich-Ranicki darüber: »Nun will er Ihretwegen gleich nach Kalkutta.« Und Hans Werner Richter ist mit dem Fliehenden, kurz vor dessen Abreise, solidarisch. Er weiß, wer derjenige ist, der Grass vertreibt: »Am Scheußlichsten hat es wieder Marcel Reich-Ranicki geschafft. Diese Kritik war sogar unter seinem Niveau.« Bei den Angriffen gehe es, so Richter, »immer um den Autor, die Person. Sie mißfällt, erregt Widerspruch, fordert Hohn und Spott heraus, ja, es bringt eine Art von Genugtuung, auf diese Person einzuprügeln.«

Im August ist es so weit. Grass fährt mit seiner Frau Ute, zahlreichen Büchern, fünfunddreißig Kupferplatten und der Olivetti nach Kalkutta. Über das Zeichnen kommt er langsam wieder zum Schreiben. Er führt Tagebuch – wie damals im Wahlkampf für Willy. So fängt es an: »Was hatten wir in Calcutta zu suchen? Was zog mich dahin? Die Rättin und den Überdruss an deutschen Schlachtfesten im Rücken zeichnete ich Müllberge, Straßenschläfer, die Göttin Kali, wie sie aus Scham die Zunge zeigt, sah Krähen auf gehäuften Kokosschalen, den Abglanz des Empire in grün überwucherten Ruinen und fand, so namentlich alles zum Himmel stank, vorerst keine Worte.«

Aber er findet sie schnell wieder, die Worte. Aus den Tagebuchnotizen entsteht schon bald sein Indien-Buch »Zunge zeigen« – und auch der alte Zweifel kommt wieder vor. Nicht mehr als Zweifel allerdings. Jetzt ist er »der Frankfurter Rezensent«: »Nach dem Wolkenbruch heute nacht dampft der Garten. Vorsicht! Keine überflüssigen Bewegungen! Allenfalls Lichtenberg lesen, dessen Prosa kühlt. Wie er die Kritiker zu seiner Zeit (mit Nachhall bis heute) trifft, wie er sich immer wieder – und nicht ohne Genuß – den ›Frankfurter Rezensenten‹ vornimmt. Gleich kommt mir, wie aufgerufen, ein gegenwärtiges Exemplar in die Quere, dessen eloquenter Pfusch sich ungeschmälerter Wirkung erfreut, weil weit und breit kein Lichtenberg dem Beckmesser sein einzig gültiges Werkzeug, die Meßlatte des Sozialistischen Realismus, nachweist. Dabei erinnere ich mich an seine umtriebige Präsenz während der letzten Treffen der Gruppe 47: ein amüsanter Literaturnarr, liebenswert noch in seinen Fehlurteilen. Erst als ihm die Chefetage der FAZ Macht zuschanzte – das große Geld weiß, was frommt –, wurden seine Verrisse übellaunig bis bösartig, mißriet er zu Lichtenbergs ›Frankfurter Rezensenten‹.«

Bald kommen sie zurück, die Indien-Flüchtlinge, das Buch erscheint, und Marcel Reich-Ranicki ist inzwischen pensioniert. Was jetzt? Ende des Duells? Jedes neue Grass-Werk darf von Verständnis und Freundlichkeit begleitet auf die Welt kommen?

So kommt es nicht. Das Zweite Deutsche Fernsehen hat sich für den Pensionär etwas ausgedacht. Oder, wie er es in seiner Autobiografie schildert: Er selbst, Reich-Ranicki, habe sich das ausgedacht.

Zwei Männer vom ZDF kommen zum Kritiker nach Hause, trinken Schnaps und wollen ihn fürs Fernsehen gewinnen. Schön, sagt Reich-Ranicki, aber wir machen es so, wie ich es will.

Schön, sagen die Herren. Wie wollen Sie es denn?

Wir reden zu viert über neue Bücher. Sonst nichts. Keine Filmchen, keine Animationen, keine Porträts, Interviews, nur ich und drei andere. Kritisch, unterhaltsam, klar und deutlich. Mit eindeutigen Urteilen.

»Das Literarische Quartett« war geboren. Zu alt für die Zeitung, jung genug fürs Fernsehen.

Für Günter Grass war das keine gute Nachricht. Schon in der dritten Sendung am 30. September 1988 wird das Indien-Buch besprochen. Der Frankfurter Rezensent und seine drei Mitstreiter nehmen es sich vor:

Reich-Ranicki: Wer ist denn der größte, der bekannteste, der berühmteste deutsche Schriftsteller unter den lebenden? Ich glaube, nach wie vor, Günter Grass. Von ihm gibt es ein neues Buch. Was steht denn da eigentlich drin, Herr Busche?

Busche: Ja, drin steht, was Günter Grass aufgeschrieben

und gezeichnet hat von seinem halbjährigen Aufenthalt in Indien. Und ich glaube, das Wichtigste an dem Buch ist, dass er in Indien war. (...)

Löffler: Wenn ich da nur je einen Moment lang bemerkt hätte, was nun eigentlich Günter Grass in Kalkutta gesehen und bemerkt hat. Er scheint ja mit sehr gemischten Gefühlen hingefahren zu sein, einerseits war es eine Flucht aus der Bundesrepublik, er nennt sich selbst einen Missvergnügungsreisenden, weil er das Gefühl hatte, er sei verpflichtet, dort auch einmal nach dem Rechten zu sehen. (...)

Karasek: Mich hat am meisten interessiert, warum er geflohen ist. Und es war als eine Art Bestrafung gemeint, ich glaube auch eine Bestrafung für Sie, Marcel. Er hat sich nämlich geärgert, was die deutsche Kritik mit ihm angestellt hat, und hat gedacht, jetzt geschieht's denen recht, wenn ich nach Indien gehe. (...)

Reich-Ranicki: Wozu soll ich eigentlich ein Buch über Kalkutta lesen? Mich persönlich interessiert Kalkutta überhaupt nicht. Wenn ich aber ein Buch über Kalkutta lesen möchte, dann doch nicht von einem Poeten, der dahingefahren ist für drei oder vier Monate, der sich etwas umgesehen hat, oder *(zu Löffler)*, wie Sie sagen, kaum umgesehen hat. Was hat er dort gesehen? Schmutz, Gestank, Elend, Armut. Das wissen wir doch. Inhaltlich sagt er uns gar nichts. (...)

Busche: *(zu Karasek)* Sie haben gesagt, er ist geflohen vor seinen deutschen Verhältnissen. Seine Flucht ist insofern misslungen, als der sich in Indien vom »Spiegel« bespitzelt fühlt und weil der »Spiegel« einen örtlichen Korrespondenten offenbar im Nachbarhaus eingemietet hat. Und Grass schreibt dann, wie der in der Abfalltonne der Familie Grass rumwühlt, um rauszufinden, was bei der Familie Grass so los ist. Insofern könnte man sagen: Flucht gescheitert, »Spiegel« schon hier, muss zurück nach Deutschland.

Reich-Ranicki: Was ist mit diesem Grass los? Wir sollten ihn doch nicht wie einen matten Pilger behandeln, der nun gestreichelt werden muss. Ich meine, der ist doch ein Talent sondergleichen. Aber er kann kein Thema mehr finden, ist ausgeschrieben. Deshalb ist er nach Indien gefahren. Er ist nicht nur geflohen aus der BRD, wo man ›Die Rättin‹ verrissen hat. Gut, das ist ein Grund. Aber er hätte ja genauso gut nach New York fahren können. Er hat dort, in Kalkutta, nichts Neues gesehen. Vielleicht weil er den Thomas Mann dort so aufmerksam gelesen hat, wofür ich viel Verständnis habe. Ist ja sehr schön. Aber er hat doch nichts gemerkt. Das Buch ist leer. Da ist doch was nicht in Ordnung.

Schließlich, nach einigem weiteren Hin und Her, stellt Marcel Reich-Ranicki abschließend fest: »Das Wichtigste ist: Grass hat da was versucht, es ist nicht recht geglückt, Schwamm drüber, gehen wir mal weiter.«

Der Ruhm Marcel Reich-Ranickis wuchs durch den Erfolg des »Literarischen Quartetts«. Auch Leute, die sich für Literatur bis dahin eher am Rande interessierten, kannten nun plötzlich diesen lispelnden Mann mit dem erhobenen Zeigefinger und dieser irren Leidenschaft für oder gegen Bücher. Eine Leidenschaft, die man aus dem Fernsehen kaum kannte – und dies nun ausgerechnet in einer Sendung über Bücher.

Sie waren zu viert, aber Reich-Ranicki war der unumschränkte König der Runde. Seine Leidenschaft setzte das ganze Quartett unter Dampf. Erstaunlich waren auch die Erfolge, die die Sendung auf dem Buchmarkt erzielte. Selbst übersetzte Autoren aus dem Ausland wie der Spanier Javier Marías oder der Niederländer Cees Nooteboom wurden durch diese deutsche Fernsehsendung nicht nur in Deutschland, sondern auch in ihren Heimatländern berühmt. Die Schallwellen der Show gingen über Ländergrenzen hinweg.

Aber dass er auch leidenschaftlich loben konnte, half nichts. Berühmt, geliebt, gefürchtet und legendär war der Gastgeber der Sendung für seine Verrisse, seine Wutausbrüche, sein öffentliches Leiden an den schlechten Büchern, die er lesen musste. Schauderhaft. Grauenvoll. Langweilig. Eine Qual. Niemand litt so laut und theatralisch und für die meisten Zuschauer im Publikum so nachvollziehbar wie Marcel Reich-Ranicki.

Und je größer der Ruhm des Autors eines Buches, desto enormer konnte der Kritiker darunter leiden. »Der Spiegel« machte ihn 1993 zur Titelfigur: eine – zurückhaltend ausgedrückt – historisch etwas unsensible Karikatur des Kritikers als beißwütige Dogge. Titel: »Der Zerreißer«. Reich-Ranicki fand die Karikatur grauenvoll. Der Ruhm hat ihn gefreut.

Und Günter Grass blieb sein liebster Gegner. Dessen Bücher eigneten sich einfach am besten für heftige Verrisse unter größter Anteilnahme des Publikums. Zuletzt waren die »Unkenrufe« dran gewesen, die 1992 erschienene Erzählung über eine polnisch-deutsche Friedhofsgesellschaft. Reich-Ranickis Verriss erschien im »Spiegel«. Unter der Überschrift »Wie konnte das passieren?« staunt der Kritiker erneut darüber, dass ein Autor mit dieser enormen sprachlichen Kraft kein Thema finde. Er nennt das deutsch-polnische Bündnis gut gemeint, spottet über die »hinlänglich bekannte Sehnsucht des Günter Grass nach seiner Schulzeit«, empört sich darüber, dass der Erzähler Grass »mit der Erotik noch nie zurande gekommen ist«, klagt, dass »nicht einmal handfeste Sauereien in dem Buch zu haben« seien, hofft, dass Grass seinen Protagonisten auf Seite 98 endlich aus dem Weg räumt. Doch der lebt noch bis Seite 299, und der Kritiker muss weiterleiden. Weiß aber trotzdem: Günter Grass »wird uns noch manch eine Überraschung bescheren. Zuzutrauen ist ihm alles«.

Günter Grass wird den Kritiker tatsächlich überraschen. Er schenkt ihm nämlich einen Druck, eine Radierung. Darauf vier diskutierende Buttköpfe. Grass hat ihn »Das Literarische Quartett« genannt. Den hundertsten Druck schenkt er ihm und schreibt folgende Widmung dazu: »Für Marcel Reich-Ranicki, verbunden mit der Frage: ›Wer ist wer?‹«

Ist das ein erneutes Friedensangebot? Ein Freundschaftsflehen? Oder einfach eine untaktische Freundlichkeit zur Erinnerung an frühere Zweifel-Zeiten?

Selbstmord oder Gegenschlag

1994–1995

ES SIND DIE JAHRE VOR dem letzten großen Duell. Abtasten, Rückversichern, Provozieren, Zurückweichen.

In einer Rede, die er 1994 aus Anlass der Verleihung des Großen Literaturpreises der Bayerischen Akademie der Schönen Künste in München hält, beschreibt sich Günter Grass als lebenslängliches Opfer der Kritik, spricht von »öffentlichen Auspeitschungen« von Kritikern, die ohne die Autoren »arbeitslose Sozialfälle« wären, attackiert die »permanente Selbstfeier des Sekundären«, »die Selbstherrlichkeit der Dirigenten«, die den Betrieb »auf parasitäre Weise« beherrschten. Und eigentlich meint er nicht »sie«, sondern »ihn«: »Der einzelne Entertainer, der sich als Quartett aufspielt, der literarische Stammtisch gibt den Ton an. Wer mag noch lesen, bei so viel Fernbedienung? Schalten wir ab.«

Sofort folgt der Gegenschuss: Reich-Ranicki schreibt einen Aufmacher im Feuilleton der »FAZ«. So sei es eben. Die Literatur sei in der Krise – und »wenn Seuchen um sich greifen, werden die Ärzte immer wichtiger«.

Doch – bei aller erneuten Schärfe des Gegenangriffs – scheint hier das Ende des Textes am wichtigsten zu sein. Zwar ironisch übertrieben – aber ist da nicht auch Sentimentalität dabei, Versöhnlichkeit? »Doch sein nächstes Buch – ich hoffe es, ich bin dessen beinahe sicher – wird gut und schön sein, wir werden ihn alle loben und preisen. Und unser Günter Grass? Er wird die deutsche Kritik in einem milderen Licht sehen, ja sogar für das ›Quartett‹ wird er ein freundliches Wörtchen haben, und das Entertainment wird ihn nicht mehr stören. Dann wird er mir wieder einmal einen Butt zubereiten – und wir werden von der Liebe reden, wie einst im Mai. Und von der Kritik, der schrecklichen, und von der Literatur, der herrlichen.«

Ein Jahr später ist es so weit. Es ist der 25. April 1995. Gustav-Freytag-Straße 36 im Frankfurter Dichterviertel. Ein Mietshaus aus hellen Klinkersteinen, eine breite Treppe führt hinab zur Haustür, Gegensprechanlage mit Kamera, im ersten Stock in einer Dreizimmerwohnung mit Balkon sitzen zwei Männer mit ihren Frauen unter Dichtern. Sie hängen alle an der Wand, dicht an dicht nebeneinander: Bertolt Brecht, Lessing, Thomas Mann, Gerhart Hauptmann, Max Frisch, noch ein Thomas Mann, Fontane, Siegfried Lenz, Wolfgang Koeppen und viele andere. Rechts und links Bücherwände bis unter die Decke, dazwischen ein großer Fernseher. Es ist der erste Besuch von Günter Grass bei Marcel Reich-Ranicki zu Hause.

Ein wenig befangen waren sie beide vor diesem Treffen schon. Viele Jahre lang hatten sie sich nur noch öffentlich angegriffen. Aber jetzt hier, nach dem Handschlag, der Begrüßung, dem ersten Hinwegfegen der Unsicherheiten, ist alles wie immer, wenn man sich sah.

Es liegt auch an den Frauen, natürlich. Die kommen beide überhaupt nicht auf die Idee, hier als Kombattanten eines Hahnenkampfes zu assistieren. Ute Grass und Teofila Reich-Ranicki. Sie sehen großartig aus, festlich, herzlich, selbstbewusst und leise. Sie kennen ihre Hähne. Sie spielen kein Spiel. Sie wollen Tee trinken, sich unterhalten, Teofila im schwarz-weißen Kostüm, weiße Bluse, Perlenohrringe, Ute Grass mit langen offenen Haaren, blaues Kleid mit weißen Sprenkeln, hellbraunes Tuch um den Hals. Reich-Ranicki festlich, schwarzes Jackett, hellblaues Hemd, Silberkrawatte mit blauen und roten Streifen. Grass natürlich ohne Krawatte, helles Hemd und grün-braunes Sakko darüber. Teofila Reich-Ranicki raucht ihre Menthol-Zigaretten, Grass seine Pfeife. Ja, die zwei Frauen übernehmen hier die traditionelle Dichter-Frauen-Rolle: leise, am Rand, Schmuck ihrer mächtigen Männer. Aber – so stellt man sie sich bei diesem Treffen vor – dabei sind sie natürlich die viel lässigeren, klügeren. Die den Herren ihre Bedeutung, die sie sich selber geben, zugestehen. Aber doch wahrscheinlich mit einem ironischen Lächeln. Das, wenn es sich einmal zu einem großen lauten Lachen verstärken würde, viele der hier geschilderten Kämpfe in ihrer doch auch komischen Substanz enthüllen würde. Es sind eben doch nur Worte. Bücher. Es geht heute nicht mehr um Leben und Tod.

Es gibt Tee, Kuchen, sie reden wohl über die Bilder an der Wand, tote Dichter, abwesende Kollegen, polnische Lyriker. Grass sucht vergeblich sich selbst an dieser Wand. Wo ist die Nonne mit Aal? Wo das Butt-Quartett? Wo ist Günter Grass? Und er verspricht dem Gastgeber gleich, wenn er wieder zu Hause ist, ein Exemplar seiner selbst zu schicken. Und noch einen Max Frisch dazu.

Über eine Sache reden sie nicht. Über die Blätter, die Günter Grass in der Tasche vorne in der Garderobe im Flur abgelegt hat. Der neue Roman. Sie werden ihn gleich im Saal der Jüdischen Gemeinde gemeinsam dem Publikum präsentieren. Geburt eines Romans, den die Deutsche Presseagentur schon vorab einen deutschen »Jahrhundertroman« nennen wird. Marcel Reich-Ranicki kennt noch keine Zeile daraus. Aber er freut sich. Freut sich vor allem erst mal auf das bevorstehende Ereignis. Ziemlich alle Kritikerkollegen der Republik sind angereist, drei Fernsehteams, zahlreiche Fotografen. Binnen zwei Stunden nach Ankündigung waren alle 700 Karten für die Lesung verkauft. Es wird ein Fest werden.

Totale Fassungslosigkeit hatte in Hamburg beim Feind des Kritikers und Freund des Dichters geherrscht, als Fritz J. Raddatz von diesem Plan erfuhr. Er schrieb am 1. März in sein Tagebuch: »Sein TODfeind, der Mann, den er angeblich tief verachtet – ›Dem gebe ich nie wieder die Hand‹ –, der ihn von ›Blechtrommel‹ bis ›Unkenrufe‹ auf das verächtlichste angegriffen hat, über dessen letzten geradezu berserkerhaften Verriß er bei mir am Telefon TATSÄCHLICH WEINTE: Dem übergibt er zur Taufe sein neues Kind. Ja, das muß man Charakter nennen. Wieder einer weniger. Ich will Grass vorerst und wohl für lange nicht sehen.«

Fritz J. Raddatz hat in seinem Schmerz und in seiner Enttäuschung nicht erkannt, wie eng und wie lange schon die beiden aneinandergebunden waren. Wie sehr Grass das Ende von Reich-Ranickis letztem Text ernst genommen hatte. Er und sein kluger Verleger Gerhard Steidl. Wie sehr und ehrlich Reich-Ranicki tatsächlich hoffte, wieder mal ein großes Buch von Günter Grass von Herzen loben zu können. Wie sehr Günter Grass unter dem Buch, dem Schreiben daran, den Hoffnungen, die sich daran knüpften, die er selbst daran knüpfte, gelitten hatte. Es hatte ihn an den Rand seiner Kräfte gebracht, er hatte »die Tucholsky-Krankheit«, wie Raddatz sie nannte und wie sie die Literaturgeschichte als die Erkrankung kennt, die Kurt Tucholsky in den letzten Lebensjahren allen Lebensmut geraubt hatte: Grass hatte seinen Geruchs- und Geschmackssinn verloren. Der Genussmensch Grass, der große Trinker und Esser und Raucher, schmeckte nichts mehr. Dazu ein ständiges Ohrenrauschen, latenter Hörsturz. »Ich habe mein Letztes gegeben«, hatte er gesagt. Der Riesenroman hatte ihn die letzte Kraft gekostet. Er wollte einfach mit aller Macht noch einmal den einen großen, riesenhaften, die Welt in Staunen versetzenden Großroman schreiben. Noch einmal eine »Blechtrommel«. Er war bereit, alles dafür zu geben.

Und natürlich wollte er seinen berühmten Zwillingsfeind unbedingt für sich nutzen. Er glaubte, dass er das Buch würde lieben können. Schließlich ging es auch um Fontane darin, den sie beide liebten. Schließlich war – im Verriss-und-Lobes-Rhythmus der vergangenen Jahre – einfach eine große Grass-Feier des Kritikers mal wieder dran.

Und es wurde festlich, sentimental und herrlich an diesem Abend. Reich-Ranicki hatte in einem ausführlichen Schreiben wie vor einem Staatsakt alles minutiös mit dem Dichter abgesprochen. Die Formulierungen auf den Plakaten, Honorar (2000,– Mark), das Hotelzimmer (Frankfurter Hof), Mikrofon oder nicht, stehen oder sitzen. So soll es kommen: »Es beginnt mit einer Einführung von mir, die maximal 15 Minuten dauert. Ich kann Sie beruhigen: Über den Gast wird von mir nur Freundliches gesagt. Während dieser meiner Einführung sitzen Sie in der 1. Reihe und können aufmerksam schweigen. Nach meiner Einführung lesen Sie mindestens 60 Minuten, wenn Sie es wünschen auch 70 oder 80 Minuten. Bei starkem Beifall, den ich als selbstverständlich voraussetze, ist eine Zugabe üblich.« Dann skizziert er noch das Kaffeetrinken bei ihm zu Hause, dabei sein wird auch »meine Frau, die Sie insgeheim immer noch liebt«. Dann sind die Planungen vorbei: »Noch nie hat ein Autor vor der Veranstaltung einen so ausführlichen Brief erhalten, aber Ihr Verlag wünscht alle diese Details. Bitte lassen Sie noch von sich hören. Daß ich mich auf Ihren Besuch außerordentlich freue, ist die pure Wahrheit und nicht übertrieben. Sehr herzlich, Ihr Marcel Reich.«

Die Lichter im Saal gehen aus. Auftritt Reich-Ranicki. Er erinnert sich und das Publikum an Großholzleute und den Tag, an dem Günter Grass zum ersten Mal aus der »Blechtrommel« las, an das andächtige Schweigen danach. Er nennt Grass einen Heimatdichter, aggressiv und sarkastisch, und lobt seine Lyrik. Nicht alles sei Günter Grass geglückt, aber das stetige Bemühen, sich selbst zu überbieten, scheide eben den großen von den mittelmäßigen Schriftstellern. Er wolle und hoffe, dass der neue Grass ein großes Werk sei.

Dann betritt der Autor die Bühne und liest fast anderthalb Stunden lang aus »Ein weites Feld«. Ohne Pause, ohne Versprecher. Die Reporter, die Reich-Ranicki beobachten, sehen, wie er sich den Schweiß von der Stirn wischt, einer will eine Träne gesehen haben.

Dann ist die Lesung vorbei, tosender Applaus, natürlich Zugabe, Grass liest noch drei Sonette aus »Novemberland«, noch mehr Applaus, das Publikum erhebt sich, Reich-Ranicki natürlich auch. Er unterbricht sein Klatschen nur kurz, um dem Dichter herzlich die Hand zu schütteln. Triumph.

Versöhnung. Herrlichkeit. Jetzt muss nur noch das Buch erscheinen.

Bis dahin sind es immerhin noch vier Monate. Zeit genug, um die Erwartungshaltung der Öffentlichkeit ins Enorme zu steigern. 4500 Leseexemplare von »Ein weites Feld« für Buchhändler und Kritiker, der Begriff des »Jahrhundertromans« der dpa, die auch der Großbuchhändler zweitausendeins lange vor Verkaufsbeginn als Überschrift über seine Anzeigen setzt. Darunter: »Dicker als die ›Blechtrommel‹, ähnlich süffig und spannend zu lesen.« Ein Bericht über die Lesung mit der Überschrift: »Der Meister ist wieder da!« Alles war bereit für den neuen großen Triumph des Günter Grass.

Anfang Juli beginnt Marcel Reich-Ranicki zu lesen – so wie wohl alle Kritiker und Buchhändler in jenem Sommer 1995. Der damalige Literaturredakteur des »Spiegel« und enge Vertraute Reich-Ranickis, Volker Hage, ist in San Remo im Urlaub, liest Grass und schreibt in sein Tagebuch: »Grass: Überall sitzen die Kritiker und stöhnen. Doerry in Dänemark, Schreiber daheim (er hat auch erst 20 Seiten geschafft), R.-R. im heißen Frankfurt bei Klimaanlage (er ist auf Seite 150) – letzterer weiß noch von anderen zu berichten: Karasek liest am Wörthersee, Corino ist schon fertig (und hat R.-R. berichtet, daß auch nach Seite 150 nichts kommt, kein Satz, keine Episode).« Und schließlich: »R.-R. ist völlig entsetzt. Spürbar ist, daß es ihm leid tut, daß er sich Sorgen macht. ›Was wird er machen nach all den vernichtenden Kritiken? Er kann nur noch Selbstmord begehen oder zu einem Gegenschlag ausholen: einem Pamphlet gegen die Kritik.‹«

Selbstmord oder Gegenschlag. Die Vorbereitungen zum letzten Duell laufen auf Hochtouren.

In der Zwischenzeit, notiert Hage am 21. Juli in Ascona, hat auch der »Spiegel«-Herausgeber Rudolf Augstein das Buch gelesen und mit Reich-Ranicki telefoniert. Auch Augstein findet den Roman miserabel. Ein mit dem Steidl-Verlag vertraglich vereinbarter Vorabdruck aus dem Roman wird storniert. Reich-Ranicki soll über das Buch schreiben.

Der fährt erst mal in den Urlaub in die Steiermark. Dort leiht er sich, wie Volker Hage am 15. August notiert, für 900 DM Leihgebühr Laptop und Faxgerät aus und schreibt. Am nächsten Tag, den 16. August, ist er schon fertig und faxt den Text in die Redaktion. Volker Hage notiert: »Eine meisterhafte Sache, wie wirklich nur er sie schreiben konnte. Auch Augstein ist begeistert, der sich die Fahnen nach Sylt faxen ließ (am Telefon zu Schreiber: ›Erst habe ich getrunken, weil ich darauf wartete, nun trinke ich weiter, weil es mir so gut gefällt.‹)«

Rasch ist entschieden, dass »Das weite Feld« die Titelgeschichte des kommenden Heftes wird. Das Interview, das Hage und Schreiber aus Anlass des neuen Buches mit Grass geführt hatten, wird nicht erscheinen. Nur die Kritik von Marcel Reich-Ranicki – eingeleitet von Volker Hage mit einem Text über die beiden: »Dichter und Kritiker: ein Paar.«

Es ist das erste Mal, das der Verriss eines Buches die Titelgeschichte von Europas größtem und einflussreichstem Nachrichtenmagazin ist. Auf dem Cover reißt ein aufgebrachter Marcel Reich-Ranicki den Grass-Roman in zwei Hälften – eine Fotomontage. Die Titelzeile: »Mein lieber Günter Grass …«, darunter: »Marcel Reich-Ranicki über das Scheitern eines großen Schriftstellers«.

Er hat ihm einen Brief geschrieben. Einen offenen Brief. Alle Lebensthemen der beiden spricht er an, Willy Brandt,

Antisemitismus, Fontane, Einsamkeit, Politik und Literatur. Er schreibt von seiner Bewunderung für Grass, und dass so ein Scheitern, wie wir es hier erlebten, auch für ihn, den Kritiker, schmerzhaft sei. »Nur eins verspreche ich Ihnen: Wer hier auf boshafte Witze und auf hämische Seitenhiebe wartet, der soll nicht auf seine Rechnung kommen. Denn schließlich geht es um eine todernste Sache – jedenfalls für Sie.«

Todernst – er meint es wirklich so. Wir wissen aus den Aufzeichnungen Volker Hages, dass er einen Selbstmord von Grass angesichts dieses Scheiterns für denkbar hielt.

Reich-Ranicki geht mit dem Adressaten und dem Publikum dieses offenen Briefes den Katalog seines Scheiterns durch. »Die Rättin«, »Die Unkenrufe« – und auch sein Scheitern als »Amateurpolitiker«: »Willy Brandt suchte Ihren Ratschlag – und hat Sie bald bitter enttäuscht. Denn er brauchte Sie, solange er um die Macht kämpfte – und als er Bundeskanzler war, wollte er nichts mehr von Ihnen wissen. Irre ich mich, wenn ich vermute, Sie hätten dies nie ganz verwunden?«

Er irrt sich nicht. Er weiß einfach, wie er ihn treffen kann.

Reich-Ranicki bleibt dann eine Weile beim »Amateurpolitiker« Grass. Der hatte in den Jahren um die deutsche Wiedervereinigung herum einen wortmächtigen publizistischen Kampf gegen die Vereinigung geführt. Hatte vor allem die Art der Vereinigung als Anschluss des einen an das andere Land scharf kritisiert. Es war »die Erfahrung Auschwitz«, die Grass dem nationalen deutschen Ansinnen entgegenhielt. Misstrauen gegen dieses Land, Angst vor diesem Land, die vor allem gespeist war aus der Erfahrung der eigenen Verführbarkeit. In seiner Frankfurter Poetik-Vorlesung unter dem Titel »Schreiben nach Auschwitz« hatte er 1990 seinen Glaubenssatz entworfen: »Gegen ein Selbstbestimmungsrecht, das anderen Völkern ungeteilt zusteht, gegen all das spricht (im Falle Deutschlands) Auschwitz, weil eine der Voraussetzungen für das Ungeheure, neben älteren Triebkräften, ein starkes, das geeinte Deutschland gewesen ist.« Und sich und das Land in eins gesetzt: »Allen Grund haben wir, uns vor uns als handlungsfähige Einheit zu fürchten. Nichts, kein noch so idyllisch koloriertes Nationalgefühl, auch keine Beteuerung nachgeborener Gutwilligkeit können diese Erfahrung, die wir als Täter, die Opfer mit uns als geeinte Deutsche gemacht haben, relativieren oder leichtfertig aufheben.«

Die Angst vor der Kontinuität oder der Wiederholung deutscher Geschichte – sie ist bei Günter Grass immer da. Auch seinem Roman »Ein weites Feld«, der eine deutsche Parabel über ein Jahrhundert hinweg erzählt, ist dieser Glaube eingeschrieben. Der Aktenbote und Fontane-Fan Theo Wuttke, genannt »Fonty«, und sein ewiger Schatten, der Spitzel Hoftaller, den Grass aus Hans Joachim Schädlichs Romanfigur »Tallhover« entwickelt, gehen durch Berlin, Brandenburg und die Lausitz, gehen Lebensstationen Theodor Fontanes und der deutschen Geschichte von 1848 über 1870/71 bis zur gesamtdeutschen Gegenwart der frühen Neunzigerjahre ab. Eine Unheilsgeschichte im Plauderton. Eine Romanfigur lässt Grass die DDR »eine kommode Diktatur« nennen.

Da erreicht Reich-Ranicki, von Grass immer wieder als Kritiker im Geiste des Stalinismus geschmäht, langsam Temperatur in seiner Kritik: »Mein lieber Günter Grass: Ich möchte nicht mit Ihnen über Ihre politischen Ansichten, die ich, verzeihen Sie, nicht immer ganz ernst nehmen kann, hier diskutieren. Es ist nicht meine Sache, Sie über die DDR zu belehren. Aber es ist mein Recht, mich zu wundern. Sie wissen so gut wie ich, dass das SED-Regime Millionen Menschen unglücklich gemacht hat, darunter, beispielsweise, unseren Kollegen Walter Kempowski und Erich Loest Jahre ihres Lebens geraubt hat. Sie wissen, besser als ich, daß und wie die Literatur in diesem Land unterdrückt wurde.« Und fährt fort: »Doch Ihr Roman kennt keine Wut und keine Bitterkeit, keinen Zorn und keine Empörung. Ich gebe zu, ich kann das nicht begreifen, es verschlägt mir den Atem.«

Noch weniger kann Reich-Ranicki die »ungeheuerliche Verurteilung der Bundesrepublik« begreifen. In Grass' Roman sieht sich ein jüdischer Professor, der in der DDR Ärger mit der Partei hatte, im Westen »antisemitischen Schikanen« ausgesetzt, die seine Karriere an der Universität verhindern. Er verübt schließlich Selbstmord, denn: »Für Juden ist hier kein Platz.« Seiner Frau empfiehlt er, nach Israel zu emigrieren.

Hier ringt der Jude Marcel Reich-Ranicki um Fassung: »Lieber Günter Grass, haben Sie eine Ahnung, wie es den Juden in der DDR ergangen ist, haben Sie nicht gehört, daß Tausende Juden aus der ehemaligen Sowjetunion (und auch aus anderen Ländern) in den letzten Jahren in der Bundesrepublik Asyl gefunden haben? Ich habe keine Lust, mich hier über dieses Thema zu verbreiten, nur eines ist für mich sicher: Sie wissen nicht, wovon Sie reden.«

Und wie stets in seinen Verrissen der Werke von Günter Grass – wenn man denkt, es geht nicht schlimmer, schreibt er: »Doch kommt es noch schlimmer.« Der Grass-Held »Fonty« will nach der Wiedervereinigung nicht mehr in Deutschland leben. »Seiner Enkeltochter schreibt er: ›Alles sagt mir: Nichts wie raus aus dem Land, in dem für alle Zeit Buchenwald nahe Weimar liegt, das nicht mehr meines ist oder sein darf.‹ Ganz abgesehen davon, dass Buchenwald auch zu DDR-Zeiten nicht weit von Weimar lag, kommt mir das bekannt vor. Haben Sie nicht, lieber Günter Grass, vor einigen Jahren, als eines Ihrer Bücher von bösen Kritikern verworfen wurde, lauthals erklärt: Jetzt nichts wie raus – und sind nach Indien geflohen?«

Marcel Reich-Ranicki, vor vielen Jahren in die Bundesrepublik geflohen mit dem festen Willen, niemals in diesem Land als Opfer aufzutreten, weist die Inszenierung des Dichters Grass als Opfer Deutschlands und der Deutschen und seiner Kritiker empört zurück.

Die Wirkung dieses Textes und der Titelseite war ungeheuer. Zeitungen schrieben von der öffentlichen Hinrichtung eines Autors, sahen eine neue deutsche Bücherverbrennung, eine Machtdemonstration, die Vernichtung eines Autors aus politischen Gründen. Es folgten viele Verrisse des Buches, einige Hymnen – eine Zusammenstellung aller Debattenbeiträge, die das Innsbrucker Zeitungsarchiv erstellte, umfasst 330 Seiten.

Kurz darauf kam auch noch das »Literarische Quartett« hinzu, in dem Reich-Ranicki, Hellmuth Karasek und Karl Corino völlig entfesselt einen negativen Superlativ auf den nächsten folgen ließen. Reich-Ranicki erklärte, Grass habe Vorstellungen von der Literaturkritik wie einstmals Joseph Goebbels. Sigrid Löffler, die »Ein weites Feld« auch nicht gut fand, versuchte, die Sache zu beruhigen: »Ach, Herr Reich-Ranicki, ich verstehe diese Erbitterung nicht. Es muss einem Autor auch erlaubt sein, mit einem jungen Geniewurf wie der ›Blechtrommel‹ einzusteigen und dann diese

Höhe nicht mehr zu erreichen, ohne dass es ihm die Kritiker andauernd vorhalten.« Aber die Männer sind nicht zu beruhigen.

Löffler: Also hängen wir doch bitte das Buch etwas niedriger.

Reich-Ranicki: Noch niedriger können wir es nicht hängen. Wir sagen doch schon, es ist wertlose Prosa, langweilig und unlesbar, und Sie sagen, wir sollen es niedriger hängen!

Löffler: Dann würden Sie es leben lassen.

Reich-Ranicki: Ich kann etwas, was tot ist, nicht leben lassen.

Löffler: Sie haben es totgeredet.

Und so weiter.

Doch das tote Buch lebte ganz fidel. Schon am Tag nach dem Erscheinen des »Spiegel«-Titels hatte der Steidl-Verlag gemeldet, dass die erste Auflage von 100 000 Büchern verkauft sei, die zweite von 50 000 Exemplaren sei »fast weg«, die dritte Auflage zwischen 50 000 und 100 000 weiteren Exemplaren sei in Vorbereitung. Ein Triumph.

Und ein Desaster. Günter Grass, der sich mit seiner Frau in ihr gemeinsames Haus auf der dänischen Insel Mön zurückgezogen hatte, sagte, so schreibt es Michael Jürgs in seiner Grass-Biografie, er hätte beim Anblick des rasenden Marcel Reich-Ranicki auf der Titelseite des »Spiegel« »am liebsten in den Wald gekotzt«. Und als ihn Peter Rühmkorf anrief, der in Folge des Verrisses seine Freundschaft zu Reich-Ranicki öffentlich kündigte, erklärte Grass, er habe der literarischen Welt den Rücken gekehrt und gehe nun jeden Morgen in den Wald, um zu aquarellieren: »Um die Bäume zu porträtieren, das glaubt man gar nicht, was das alles für Individuen sind. Jede Buche eine Persönlichkeit für sich.«

Günter Grass im Wald, Buchen betrachtend. Der Kampf ist vorbei. Was sollte jetzt noch kommen? »Den will ich nie mehr sehen«, sagt Grass. Und: »Mit dem: kein Wort mehr!« Und: »Dem geb ich nie mehr die Hand.«

Und Reich-Ranicki sagt, dass es ihm egal sei, dass die Meinung des Autors über den Kritiker ohnehin nur mit dessen jeweils letztem Urteil zusammenhänge. Im Übrigen sei Grass offenbar ausgeschrieben, matt, ohne Ideen, ohne Stoff, müde, am Ende.

Die Feindschaft der beiden ist nun legendär, eine öffentliche Zwillingsfeindschaft. Kein Interview mit dem einen oder dem anderen, in dem sie nicht wechselweise aufeinander angesprochen werden. Wie schlecht schreibt Grass wirklich? Ist Versöhnung möglich? Warum ist Reich-Ranicki so ein erbärmlicher Kritiker? Was machen Sie, wenn Sie ihn treffen?

Feindschaft – ein Gesellschaftsspiel.

Nobelpreise

1999–2005

DIESES GESELLSCHAFTSSPIEL HÄTTE SO noch viele Jahre weitergehen können. Entzweit für immer. Doch dann kam der Sommer 1999. Grass hatte mal wieder ein Buch veröffentlicht: »Mein Jahrhundert«, für jedes Jahr eine Geschichte. Reich-Ranicki hatte es im Quartett »misslungen« genannt und einen weiteren Beleg für »die große Krise des großen Schriftstellers Günter Grass«. Dann, zwei Tage nach der Sendung, am 15. August, erscheint »Mein Leben«. Marcel Reich-Ranickis Lebensgeschichte.

Er hatte sich zur Zeit der Enthüllungen seiner Tätigkeit für den polnischen Geheimdienst im Jahr 1994 zur Niederschrift seiner Autobiografie entschlossen. Eigentlich wollte er es nicht. Er hatte Angst, hat er später einmal bekannt. Angst davor, die dunklen Jahre noch einmal zu erleben, schreibend die Vertreibung, die Jahre im Getto, den Tod der Eltern, des Bruders, all die Tode noch einmal zu erleben. Auch sein unbedingter Wille, nicht Opfer zu sein, nicht Bittsteller, auf keinen Fall jemand, mit dem man Mitleid hat, stand dem entgegen.

Aber die öffentlichen Mutmaßungen, Verdächtigungen und enthüllten Wahrheiten über sein früheres Leben ausgerechnet durch Tilman Jens, den Sohn seines Lebensfreundes Walter Jens – was damals, 1994, die Zerstörung dieser so wichtigen Freundschaft bewirkt hatte –, war für Reich-Ranicki ein erschütterndes Erlebnis. Er wollte sein Leben, die Geschichte seines Lebens in der eigenen Hand haben. Die Macht über sein Leben zurückerhalten.

Die Veröffentlichung dieses Buches hat alles geändert. Der Mann, den das ganze Land in den letzten Jahren vor allem als wütenden Reißwolf, als Bulldogge mit gefletschten Zähnen, als leidenschaftlichen Zerstörer kennengelernt hatte, war nun ein anderer. Seine Überlebensgeschichte und die seiner Frau Tosia erschütterten die Menschen. Der ruhige Ton, in dem er Ungeheuerliches berichtete, vor allem seine Weigerung, die Deutschen im Kollektiv anzuklagen für diese Verbrechen, die Liebe zur deutschen Kultur und Literatur über all diese Zerstörungen, über den Völkermord, den Mord an seiner Familie hinweg, der Glaube an Thomas Mann und die Möglichkeit der Errettung durch die deutsche Kultur, das Überleben in einem dunklen Keller mit den Mitteln der Weltliteratur: War das Versöhnung, was er den Deutschen mit diesem Buch anbot? Eine Brücke über eine unüberbrückbare Trennung hinweg?

Nein, es war die Offenbarung einer Wunde, die nie zu schließen war. In den Interviews, die nach Veröffentlichung des Buches erschienen, wies Marcel Reich-Ranicki immer wieder darauf hin, dass er kein Deutscher sei. Im Gespräch mit Matthias Döpfner sagte er: »Ich war nie Deutscher, ich werde es auch nie sein. Ich lasse das Wort deutsch in Bezug auf meine Person zwar gelten, aber immer nur als Adjektiv.

Nie als Hauptwort. Ich bin ein deutscher Kritiker, ein deutscher Literat. Aber ich bin kein Deutscher.« Und auf die Frage, ob er, wenn er wählen könne, noch einmal als Jude oder als Nichtjude auf die Welt kommen wolle, sagte er: »... dann würde ich selbstverständlich als Nichtjude geboren werden wollen. Da gibt es keinen Augenblick des Zweifels. Es ist kein Vergnügen, einer Minderheit anzugehören.«

Und dann war da noch die Geschichte seines Bruders Alexander. Der in allem das Gegenteil von ihm selbst gewesen war. Klein, zart, schmächtig, schüchtern und vor allem liebenswert, ganz und gar frei von Arroganz oder gar Aggressivität. Der keine »Lebensnummer« erhalten hatte bei der »Großen Selektion«. Der am 4. November 1943 von Einheiten der SS, zusammen mit 15 000 anderen Gefangenen, erschossen worden war. Mit dem kurzen Porträt seines Bruders hatte Reich-Ranicki, indem er ihn ausdrücklich als seinen »Gegentyp« bezeichnete, auch ein Selbstporträt geschrieben. Alexander Reich schien über *den* Ring zu verfügen, über Nathans Ring, so wie Lessing ihn beschrieben hatte, den Ring mit der geheimen Kraft, denjenigen vor Gott und den Menschen angenehm zu machen, der ihn in dieser Zuversicht trägt. Es ist nur ein Halbsatz, den Reich-Ranicki hinzufügt, der so viel über ihn und sein Leben verrät: Dieser Ring sei es gewesen, »nach dem ich mich ein Leben lang gesehnt habe«.

Die Kritikerin der »Zeit«, Iris Radisch, schrieb in ihrer Rezension von »Mein Leben« gleich nach dem Erscheinen: »Vielleicht hat er diesen Ring jetzt gefunden. Er ist, was sonst, aus Papier. Er ist, was sein Schöpfer am meisten auf der Welt liebt: ein Roman, der Roman seines Lebens.«

Das Buch wurde ein unglaublicher Erfolg. Mehr als eine Million Exemplare wurden verkauft, es stand monatelang auf Platz eins der »Spiegel«-Bestsellerliste, Lizenzen in achtzehn Länder wurden verkauft. Ein Triumph. Auch über seine Gegner. »Ich darf in aller Bescheidenheit sagen, dass keiner der Romane, die etwa Martin Walser oder Günter Grass in den letzten zehn Jahren veröffentlicht haben, eine auch nur vergleichbare Auflage erreicht hat. Das freut mich, weil ich von diesen Herren oft zu hören bekam, ich sei überhaupt nicht kreativ, ich könne ja nur – als Kritiker – etwas schreiben, wenn sie, die Schriftsteller, vorher etwas produziert hätten.«

Aber vor allem stellte sich wirklich so etwas wie Zuneigung, ja Liebe ein. Man muss ihn erlebt haben, in den Jahren danach, wenn er wieder mal einen Preis bekam: Goethe-Preise, Ehrendoktor-Titel – das wurde jetzt inflationär. Einmal wurde er in der Frankfurter Paulskirche geehrt, während eine große Studenten-Demonstration stattfand. Jeder Gast der Feierlichkeiten wurde ausgepfiffen, Ministerpräsident, Innenminister, Kultusminister, sonstige verachtete Gäste, doch als er kam, der Kritiker, da verstummten die Pfiffe, und es gab Applaus. Er ging da hindurch, etwas verwundert, aber lächelnd, winkte den Demonstranten zu. Etwas ungläubig. Aber froh. Er hatte jetzt diesen Ring.

Dann kam der 30. September 1999. Die Reich-Ranickis fliegen von Frankfurt nach Zürich, Günter Grass bereitet sich zu Hause in Behlendorf auf einen Zahnarzttermin vor. Ein wenig unruhig ist er schon. Es könnte sein, dass gleich das Telefon klingelt. Es könnte sein, dass ein Triumph bevorsteht. *Der* Triumph.

Das Telefon klingelt, Grass schickt seine Frau, die nimmt

das Gespräch entgegen, meldet sich, lauscht, sagt »O Gott«. Da weiß er Bescheid. Der Nobelpreis für Literatur. Endlich. Er hat ihn. Lang erhofft. Lang erwartet. Jetzt fährt er erst mal zum Zahnarzt.

In Zürich fahren Marcel und Teofila Reich-Ranicki gerade mit dem Taxi vom Flughafen zum Hotel, als sie die Nachricht erreicht. Er sagt zu seiner Frau: »Na also, endlich! Es ist gut so, dass er den Preis bekommen hat.« So wird er es später in einem Interview schildern.

Denn soll er sich seinen eigenen, frisch erkämpften Triumph durch den Triumph jenes anderen, den die Welt inzwischen seinen Erzfeind, seinen Todfeind nennt, schmälern oder kaputt machen lassen? Kommt nicht infrage. Er macht den Triumph des anderen kurzerhand zu seinem eigenen. Zu seinem Sieg. Und wenn es trotz alledem der Sieg des anderen bleibt, so soll doch wenigstens jeder wissen, wem er diesen zu verdanken hat. Es ist, wird er erklären, »mein persönlicher Sieg. Denn ich habe seit langer Zeit – auch öffentlich im Fernsehen – gesagt: Wenn ein deutscher Schriftsteller den Nobelpreis kriegen soll, dann Günter Grass. Und ich habe, glaube ich, ein klein wenig dazu beigetragen, dass Grass den Preis erhalten hat.«

Also: Nobelpreis für beide. Der eine hat den Ring gefunden und den Deutschen und der Welt sein Leben als unerhörte Rettungsgeschichte erzählt, der andere ist unverrückbar in der ehrenvollsten Ruhmeshalle der Weltliteratur. Und Reich-Ranicki stellt sich daneben.

»Haben Sie ihm denn schon gratuliert?«, wird er ein paar Tage nach Bekanntgabe gefragt. Reich-Ranicki antwortet: »Nein.« – »Werden Sie es noch tun?« – »Nein. Warum sollte ich? Er hat mir auch noch nie zu irgendetwas gratuliert. Es gratulieren ihm nun so viele Menschen, ich werde mich da nicht hineindrängen.«

In diesem Gespräch, das im »Spiegel« am 4. Oktober 1999 erscheint, erklärt er auch, warum er sich so besonders freut, dass Grass diesen Preis bekommt. Deutschland sei einfach mal wieder dran gewesen mit einem Nobelpreis, sagt er, und nun solle man sich mal vorstellen, Martin Walser wäre der Preis zugefallen: »Das wäre ein schwerer Schlag für mich. Oder gar dem dümmlichen Peter Handke! Eine Katastrophe.«

Auf die Frage, was denn gegen Walser spreche, erklärt er: »Ich habe neulich das Wort von Außenminister Joseph Fischer gehört: ›Ich habe nicht nur gelernt: Nie wieder Krieg! Ich habe auch gelernt: Nie wieder Auschwitz!‹ Das hat, glaube ich, Grass gelernt, Walser nicht unbedingt.«

Ein Wort des Vertrauens an Günter Grass. Daran ändert auch dessen Verbindung von Auschwitz-Erinnerung und Ablehnung der Wiedervereinigung nichts: »Ich halte diese Verbindung von Auschwitz-Gedenken und Bedenken gegen die Wiedervereinigung für absoluten Unsinn. Diese Äußerungen gehören zu den vielen politischen Dummheiten, die wir von Grass zu hören bekommen haben. Er hat den Preis nicht als Politiker erhalten, sondern als Sprachkünstler.«

Im weiteren Verlauf des Gesprächs – der Interviewer Mathias Schreiber geht mit ihm noch mal sein ganzes Grass-Leben durch – wird er auf die immer wiederkehrenden Vorwürfe von Grass, er sei mit seinen Kriterien beim sozialistischen Realismus stehen geblieben, angesprochen. Reich-Ranicki antwortet: »Wissen Sie, ich muss Grass dankbar sein: Er wehrt sich gegen negative Kritik, er betet seit Jahren dasselbe herunter, aber niemals, immerhin, gibt es bei ihm antisemitische Akzente.«

Und sie sprechen über das »Spiegel«-Titelbild mit dem zerrissenen Buch, das Grass in den letzten Jahren immer wieder als Hauptgrund seiner Unversöhnlichkeit bezeichnet hatte. »Ich bedaure außerordentlich, dass dieser Verriss mit einem Titelbild verbunden wurde, auf dem ich ein Buch zerreiße.«

Ist das die Entschuldigung, die Grass seit Jahren gefordert hatte? Zumindest wohl so etwas wie eine Entschuldigung.

Ob es denn also jetzt zu einer Versöhnung kommen könne? Er sei zu Versöhnung immer und mit allen bereit. Aber abgesehen davon, hänge es ja ohnehin nur davon ab, wie er Grass' nächstes Buch beurteile. Und da wird er dann wieder enorm hoffnungsfroh: »Der Kerl, der Grass wird uns alle noch überraschen mit irgendetwas Schönem.« Und schließlich: »Ich wünsche es ihm – und mir.«

Drei Tage später schon erscheint in der »Woche« die Reaktion von Grass. Deutsche literarische Gipfeldiplomatie. Die Emissäre eilen von Kombattant zu Kombattant. »Ihr Erzfeind Marcel Reich-Ranicki hat im ›Spiegel‹ die Frage aufgeworfen, ob es nun nicht an der Zeit sei, sich zusammenzusetzen. Haben Sie dazu Neigung?« Grass erklärt, dieses Titelbild habe das Tischtuch zwischen ihnen zerrissen, Reich-Ranicki könne das nicht wie einen Lapsus behandeln. Das habe ihn »tief verletzt«. Ob er ihm aber die Hand gäbe, wenn er ihn zufällig träfe? »Dann würde ich ihm das sagen. Es ist ja nicht so, daß ich ihm aus dem Weg gehen oder um die Ecke schleichen würde. Das ganz gewiß nicht. Ich habe Jahrzehnte unter ihm leiden müssen und hatte trotzdem immer ein vergnügliches Verhältnis zu ihm, weil ich ihn auch nicht überschätzt habe, wie viele das tun. Ich kenne seine Grenzen und ich weiß, daß er seine beste Zeit noch in der Gruppe 47 hatte, als andere Kritiker ihm widersprachen und er sich diesem Widerspruch stellen mußte. Der Größenwahn ist bei ihm erst durch die Macht der Medien, insbesondere des Fernsehens entstanden. Allein schon, daß er sich nicht zu schade ist, sich mit Stichwortgebern zu umgeben, ist ein Jammer für ihn.«

Und zack: zwei Tage später Reich-Ranickis Antwort in der »FAZ«. Als habe er auf diese Reaktion von Grass gewartet. Eigentlich habe er heiter antworten wollen, mit Witz und Ironie. Aber er wolle es lieber lassen. Die Sache, um die es geht, sei zu ernst. Worum es geht? Um ihre Geschichte. Eine Bilanz. Und die Hoffnung, dass diese Geschichte noch nicht zu Ende ist. »Wir kennen uns schon über vierzig Jahre, ich schreibe über Ihre Bücher seit bald vierzig Jahren. Sind Sie sich dessen bewußt, daß uns ungleich mehr verbindet als trennt? Was uns verbindet, läßt sich mit einem Wort sagen: die Literatur. Und noch etwas: Sie hätten, sagen Sie, Jahrzehnte unter mir leiden müssen. Ich glaube es Ihnen. Aber auch ich habe in diesen Jahrzehnten viel gelitten – an Ihnen, an Ihren Büchern. Halten sich unsere Leiden die Waage? Wohl nicht, aber ich bin sicher, daß ich Ihnen ungleich häufiger ein Unrecht angetan habe als Sie mir.«

Nein, für das Titelbild entschuldigen möchte er sich nicht. Er sei in Urlaub gewesen, er sei dafür nicht verantwortlich. Außerdem tarne Grass mit diesem Scheinkampf um das Titelbild seine wahre Verletzung: die durch den Text erlittene nämlich. Und dafür könne sich Reich-Ranicki nun mal nicht entschuldigen.

Und dass Grass ihm Größenwahn vorwirft? »Endlich kann ich Ihnen erwidern: Recht haben Sie, so ist es. Ohne Größenwahn gibt es keine Kritik – und das gilt natürlich auch für mich. Und gibt es ohne Größenwahn Literatur? Vielleicht ist es gerade der Größenwahn, der uns – allem Ärger zum Trotz – verbindet?«

Der Nobelpreis sei auch für ihn »eine ganz große Genugtuung«. Und er schließt: »Ich weiß, es paßt Ihnen nicht: Wir sitzen im selben Boot. Und vielleicht werden wir auch irgendwann (viel Zeit haben wir leider nicht mehr) am selben Tisch sitzen und miteinander reden: über die Kritik, die schreckliche, und über die Literatur, die schöne, die wunderbare.« Und nun, fünf Tage nachdem er eine Gratulation öffentlich abgelehnt hatte, auch noch dies: »Ich gratuliere Ihnen zum Nobelpreis und ich grüße Sie, mein lieber Günter Grass, sehr herzlich und nicht ohne Sentimentalität.«

Grass grüßt nicht zurück. Er denkt vor allem überhaupt nicht daran, seinen Nobelpreis – und sei es nur symbolisch – mit irgendwem zu teilen. Schon gar nicht mit Reich-Ranicki, dem er dies Bild nicht verzeiht, solange er sich nicht entschuldigt.

Und so trifft den jüdischen Kritiker, der Grass öffentlich ein Kritik-Verständnis wie Joseph Goebbels vorgeworfen hatte, der Bannfluch an heiligem Orte. In seiner Nobelpreisrede, im Dezember in Stockholm gehalten, erklärt er feierlich: »Ich komme aus dem Land der Bücherverbrennung. Wir wissen, dass die Lust, das verhaßte Buch in dieser oder jener Form zu vernichten, immer noch oder schon wieder dem Zeitgeist gemäß ist und gelegentlich telegenen Ausdruck, das heißt Zuschauer findet.«

Nennst du mich Goebbels im deutschen Fernsehen – nenne ich dich Goebbels in Stockholm. Das wird schwierig mit dem Frieden. Und Reich-Ranicki hatte ja recht. Sie hatten nicht mehr viel Zeit.

Also beschleunigt der Kritiker die Sache. Im Jahr 2001 schreibt er in seiner Kolumne in der »Frankfurter Allgemeinen Sonntagszeitung«, in der er in kurzen Texten die Galerie seiner Dichter-Porträts vorstellt, über das Selbstbild von Grass mit Unke – nachdem er über Weihnachten und das Bibel-Wort »Liebe deinen Nächsten wie dich selbst« sinniert hatte – plötzlich und recht unvermittelt: »Hm. Liebe ich Grass? Kritiker dürfen und müssen oft übertreiben, um überhaupt verstanden zu werden. Doch muss alles seine Grenzen haben. Ob ich Grass liebe, dessen bin ich mir gar nicht so sicher. Aber ich schätze und bewundere ihn.«

Er ist sich gar nicht so sicher, ob er ihn liebt? Da hat er sich spät im Leben noch einmal zu einer ganz neuen Tonlage entschlossen. Und der auf seine Unbestechlichkeit so stolze Mann fügt dann auch noch halb im Scherz hinzu, er habe gehört, es gebe da ein schönes Porträt ihres gemeinsamen Freundes Siegfried Lenz, das hätte er gerne. »Wenn Sie es mir zuschicken wollten (mit oder ohne Rechnung), verspreche ich Ihnen, bei passender Gelegenheit wieder Freundliches über Sie zu schreiben.«

Günter Grass schickte gar nichts zu. Meldete sich auch nicht. Erklärte keine Liebe. Schwieg. Dann, wieder ein Jahr später, wurde das »Literarische Quartett« eingestellt, dafür bekam der inzwischen 81-Jährige eine One-Man-Show im ZDF unter dem Titel »solo«. Gleich in der ersten Sendung feierte er die neue Novelle von Günter Grass, »Im Krebsgang«, über den Untergang der Wilhelm Gustloff am Ende des Zweiten Weltkriegs vor Danzig mit den Worten: »Ich habe bei der Lektüre des Buches an manchen Stellen Tränen in den Augen gehabt. Und ich will sagen: ich weine nicht unter meinem Niveau.« Das Buch gehöre zum Besten und

Erschütterndsten, was Grass in seinem Leben geschrieben habe. Er sei sicher: Es beginne ein neuer Abschnitt im Werk von Günter Grass. Und auch das nächste Buch, da sei er sicher, werde ihn wieder erschüttern und ergreifen »und unsere Bewunderung zur Folge haben«.

Gut. Genug der Liebe. Grass meldet sich im Oktober 2002 in einem Fernsehinterview, er schließe eine Versöhnung mit Reich-Ranicki nicht aus. Der antwortet wieder mit einem offenen Brief. Wie der Staatschef einer Feindesmacht erklärt er »die Friedensverhandlungen für eröffnet«, akzeptiere aber – da Grass immer noch diese Titelbild-Entschuldigung fordert – keinerlei Vorbedingungen.

Daraufhin passierte wieder nichts.

Im nächsten Sommer machte Marcel Reich-Ranicki zusammen mit Tosia und ihrem Sohn Andrew, der inzwischen als Mathematik-Professor in Edinburgh arbeitete, dessen Frau Ida und Enkelin Carla Ferien am Timmendorfer Strand. Sie fahren nach Lübeck, um das Buddenbrook-Haus, das alte Wohnhaus der Familie Mann, das heute ein Thomas-Mann-Museum ist, zu besuchen. Dort sind gerade Reich-Ranickis Dichter-Porträts in einer Ausstellung zu sehen. Direktor Hans Wisskirchen führt sie durchs Haus und erklärt wie nebenbei, dass übrigens auch Günter Grass gerade in Lübeck sei, im Günter-Grass-Haus, das sei nicht weit, ob er den nicht treffen wolle. Reich-Ranicki sagt »Ja«, und für den nächsten Tag wird ein Treffen vereinbart.

Und da sind dann die beiden, wie wir sie ganz am Anfang beschrieben haben. Mit dem rot karierten Hemd der eine, der blauen Freizeitjacke der andere, der Pfeife, dem Lächeln, nein, dem offenen Lachen. Andrew ist dabei, Ute Grass und die Sekretärin Hilke Ohsoling. Das Treffen findet oben im ersten Stock des Hauses statt, unter niedriger Holzbalkendecke. Ein großer Raum, an einer Seite eine offene Küche, an einer Wand eine Holzbank, ein großer Tisch und am schmalen Ende des Raumes, in der Arbeitsecke, da setzen sie sich hin. Der eine auf einem Schreibtischstuhl, der andere auf einem Sessel aus Holz. »Welch Glanz in meiner Hütte«, hatte Grass zur Begrüßung gesagt. Und Andrew Ranicki erinnert sich lachend: »Es war schon ein Eiertanz.« Aber in gelöster Stimmung. Nach einer Stunde ist das Treffen vorbei, und Andrew und sein Vater fahren wieder an den Timmendorfer Strand, ans Meer. Es ist das letzte Mal, dass Günter Grass und Marcel Reich-Ranicki sich treffen.

Aber schon einen Monat später schreibt Marcel Reich-Ranicki wieder eine Hymne. Eine Hymne auf den Lyriker Günter Grass. Sein neuer Gedichtband »Letzte Tänze« war erschienen, und es ist viel von Abschied darin die Rede, Rückschau, ein letztes Beschwören der alten Kräfte, kurz bevor sie ganz vergehen.

»Wir sind mit ihm alt geworden, wir sind mit ihm jung geblieben«, schreibt Reich-Ranicki. »Er, Günter Grass, ist der Dichter unserer Generation, der in den zwanziger und dreißiger Jahren Geborenen.« Unsere Generation. Das Gemeinsame. Über alles Trennende hinweg. Kraftvoll und nicht weniger jugendlich als sein Debüt von vor fünfzig Jahren sei das neue Buch, schreibt Reich-Ranicki. Ein Buch über Paare sei es. Frau und Mann zumeist, doch der Kritiker macht deutlich, für jeden, der es sehen will, dass er auch sich selbst, sich selbst und den Dichter dort in den Paarschaften des Bandes erkennt: »›Jenseits des Schreckens tanzende Paare‹. Darum geht es diesem Buch: um den Schrecken unserer Epoche und um uns, die wir trotz allem leben.«

Es gehe um die, »die vom Krieg übriggeblieben waren« und die sich nun, im weiteren Verlauf ihres Lebens, »auf den Tanzböden der Vorstadt ›das Überleben und sonst noch ein paar Nummern beweisen‹.«

Vergänglichkeit, Grass finde dafür »ein wunderbares Bild«:

Laß uns tanzen im Schnee, damit wir
Solang er noch liegt, Spuren machen
Im knirschenden Weiß
Die bleiben, bleiben …

Die Kellner räumen ab, und »Wir ahnen, daß demnächst, wenn nicht sogleich, Schluß ist, hoffen aber auf Zugaben bis zuletzt.« So Grass. Und so zitiert ihn Reich-Ranicki. Ein Gedicht über zwei Buchen, das heißt: »Zum Paar gefügt«. Es beschert Marcel Reich-Ranicki, so schreibt er, »eine Erschütterung der reinsten Art. Es wird uns, vermute ich, überleben.«

Zwei Jahre später steht ein halb runder Geburtstag des Kritikers an, der 85. Ein Sammelband mit Glückwünschen soll erscheinen. Hubert Spiegel von der »FAZ« stellt ihn zusammen, ehemalige Bundespräsidenten, Herausgeber, Verleger, Chefs, Stars, Freunde und Kollegen schreiben über ihren Reich-Ranicki. Nur einen Text schickt ihm Hubert Spiegel sofort nach Eintreffen per Fax nach Baden-Baden in Brenners Parkhotel, wo er gerade Urlaub macht. Den Text von Günter Grass, in dem er schreibt: »So hängen wir aneinander und tragen uns unsere Zerwürfnisse nach.« Über ihr Treffen in Lübeck schreibt er: »Der wechselseitigen Abhängigkeit bewusst, gingen wir schonend miteinander um.« Er habe den Besucher so gesehen: »Die ihm nachgesagte Unerbittlichkeit ist, so schien es mir, von den Rändern ein wenig faserig, durchsichtig geworden; das macht ihn umgänglicher. Er stellte sogar Fragen, vermutlich aus aufkeimendem Selbstzweifel. Ich hätte ihn umarmen sollen. Das sei hiermit nachgeholt.«

Eine Umarmung auf Papier.

Nur wenige Minuten nachdem das Fax abgeschickt war, rief Reich-Ranicki schon bei Hubert Spiegel an. Er war hocherfreut und sagte: »Wissen Sie was? Grass hat recht. Wir hätten einander wirklich umarmen sollen.«

Jetzt war es dafür zu spät.

Aber man kann wenigstens noch diese eine letzte Sache aus dem Weg räumen. Zehn Jahre liegt das Titelbild jetzt zurück. Auch in dem zarten Geburtstagstext schreibt Grass noch von seiner Verletzung.

Marcel Reich-Ranicki legt sich daraufhin in seiner Kolumne, die er zu dieser Zeit in der »Frankfurter Allgemeinen Sonntagszeitung« schreibt und in der er unter dem Titel »Fragen Sie Reich-Ranicki« jede Woche Leserfragen beantwortet, selbst eine Frage vor. Unter dem Namen »Inge Schmidt aus Stuttgart« fragt er sich, ob ihn der Beitrag von Günter Grass zu seinem Geburtstag auch so beeindruckt habe. Die Antwort: »Ja, dieser Artikel hat mich tief beeindruckt, er hat mich sogar gerührt. Denn ich bin, ob man es mir glaubt oder nicht, ein sentimentaler Mensch, sehr empfänglich für Zeichen des Wohlwollens oder gar der Herzlichkeit.«

Und endlich schreibt er auch noch einmal über das Titelbild. »Heute weiß ich es: Ich hätte mich um das Bild kümmern und die Fotomontage verhindern sollen. Daß ich es nicht getan habe, bedauere ich.«

Dass Grass erstmals »aufkeimende Selbstzweifel« bei ihm

erkannt zu haben glaubte, sei nicht ganz richtig. Er, den Grass einst selbst »Zweifel« nannte, schreibt: »Der Selbstzweifel hat meine berufliche Laufbahn unentwegt begleitet. Doch vielleicht nicht in hinreichendem Maße, vielleicht ist manch eine meiner Kritiken, wenn auch nicht unbedingt falsch, so allzu scharf geraten.« Und am Ende wendet er sich wieder direkt an Grass: »Ich weiß schon, ich habe Ihnen, bald ein halbes Jahrhundert über Sie schreibend, manch einen Schmerz bereitet. Auch wenn ich mir in schwachen Stunden sage, daß dies unvermeidbar war, tut es mir dennoch leid. Ich wiederhole Ihren letzten Satz: ›Noch haben wir Zeit für weitere Mißverständnisse und Liebesbeteuerungen.‹«

Darauf hatte Günter Grass zehn Jahre lang gewartet. Noch am selben Tag antwortet er und schreibt einen ausführlichen Brief. Es sei gut, dass er dem leidigen Thema ein Ende gesetzt habe, schreibt Grass. »Und da Ihnen in Ihrem langen und wechselvollen Leben gewiß oft genug Verletzungen zugefügt worden sind, werden Sie, und sei es nachträglich, ermessen können, wie sehr mich damals nicht Ihre Kritik, wohl aber dieser vernichtende ›Aufmacher‹ getroffen hat.«

Es ist der letzte Brief, den Günter Grass an Marcel Reich-Ranicki schreiben wird. Es ist gut. Er hofft, dass Reich-Ranicki vielleicht die Zeit finden wird, den Roman noch einmal zu lesen. Er schreibt von Thomas Mann, der Ironie und seiner Empörung darüber, dass eine Redakteurin des »Spiegel« den Lübecker Autor auf die »Buddenbrooks« reduzieren wollte. »Lotte in Weimar« etwa sei doch ein Meisterwerk, »darin, lieber Marcel, werden Sie mir gewiß zustimmen«.

Und wie damals, als sie sich vor nun fast sechzig Jahren zum ersten Mal trafen, kommt Grass auch jetzt, beim Schreiben seines letzten Briefes an Reich-Ranicki, gerade von einer

Reise nach Danzig zurück. Seiner Heimatstadt. Er hatte sich mit Übersetzern aus Anlass der Neuübersetzung der »Blechtrommel« »sozusagen am Tatort« getroffen, neun Tage lang. Noch einmal die Stadt, noch einmal die Polnische Post, der eingravierte Franz an der Eingangstür, noch einmal Oskar, der Spielzeughändler Markus, der mit sich nahm alles Spielzeug dieser Welt, noch einmal Zigeunermusik. Grass schreibt: »Diesmal war es ein besonderes Vergnügen, zumal ein junger Priester im Inneren der neugotischen Herz-Jesu-Kirche, die ja in dem besagten Roman eine nicht unwesentliche Rolle spielt, die polnische Ausgabe der ›Blechtrommel‹ aus der Soutane zog und mich bat, sein Exemplar zu signieren. Da sehen Sie mal, was zeitlicher Abstand aus Büchern macht! Freundlich und mit guten Wünschen für Ihre Frau grüßt Sie Ihr Günter Grass.«

Zwei Buchen

2006–2015

so könnte die geschichte enden. Ein letztes Mal Danzig. Ein letzter Brief. Eine letzte Versöhnung. Und fast wäre es auch so gekommen. Denn was danach kam, war Schweigen. Das Schweigen des Kritikers im Jahr 2006, als »Beim Häuten der Zwiebel«, das autobiografische Buch von Günter Grass, erschien und eine Welt zusammenbrach. »Günter Grass: Ich war Mitglied der Waffen-SS« lautete die Überschrift auf Seite eins der »FAZ« im August.

Es war wirklich ein Schock für das Land. *Die* literarisch-moralische Instanz der Bundesrepublik hatte die Mitgliedschaft in der furchterregenden Mördertruppe der Nazis ein Leben lang verschwiegen. Er, der so oft mit erhobenem Zeigefinger andere Menschen moralisch zurechtgewiesen, sie aufgefordert hatte, zu ihrer Vergangenheit zu stehen, der Menschen so oft von hohem Moralpodest herab gerüffelt hatte, scheinbar unerschütterlich selbstgewiss – dieser Mann hatte dieses Geheimnis ein Leben lang mit sich herumgetragen. »Zu fragen ist:«, schreibt er jetzt in seinem Bekenntnisbuch, »Erschreckte mich, was damals im Rekrutierungsbüro unübersehbar war, wie mir noch jetzt, nach über sechzig Jahren, das doppelte S im Augenblick der Niederschrift schrecklich ist?«

Das Ungesagte seines Lebens. Das er so oft angedeutet, aber niemals ausgesprochen hatte. In den »Hundejahren«, als er die Wunderbrille erfand, die verschwiegene Vergangenheiten sichtbar machte, im »Tagebuch einer Schnecke«, als ihn der SS-Mann Augst nicht ruhen ließ und er schrieb: »Manches verschweige ich«, und hinzufügte: »Jeder hat etwas versäumt, das sich nicht nachholen läßt.« Und schon ein fernes Zwiebelbuch anzukündigen schien, wenn erst mal der Stopfen gelöst sein wird: »Wo beginnt die Enthäutung einer Person? Wo sitzt der Zapfen, der die Bekenntnisse unter Verschluß hält?«

Dieses Schweigen war ja ganz gewiss auch ein Motor seines Schreibens gewesen. Das Ungesagte. Die Schuld. Das Misstrauen gegen sich selbst. Das Wissen ob der eigenen Verführbarkeit. Die Angst vor sich selbst, vor den geheimen Kräften, die in uns sind, und vor seinem Land.

Er hat es auch schon in seiner großen Auschwitz-Rede gesagt, 1990, vor Studenten im überfüllten Audimax der Universität in Frankfurt: »Eher bleibt Ungenügen nach fünfunddreißig Jahren Bilanz. Etwas, das noch nicht zu Wort kam, muß gesagt werden. Eine alte Geschichte will ganz anders erzählt werden.« Und endete: »So wird meine Rede zwar ihren Punkt finden müssen, doch dem Schreiben nach Auschwitz kann kein Ende versprochen werden, es sei denn, das Menschengeschlecht gäbe sich auf.«

Und jetzt, 2006, hatte er also beschlossen, das Ungesagte zu sagen beziehungsweise zu schreiben. Ein wenig hofft er wohl, er könne es halbwegs unauffällig in die Welt schmuggeln. Die nackte, klare, unzweideutige »FAZ«-Schlagzeile hat ihn ungeheuer empört. Dabei war es einfach nur die nackte Wahrheit. Eine Weltsensation. Und Reich-Ranicki schwieg. »Von mir: kein Wort«.

Auch Günter Grass hatte geschwiegen, als 1994 die Geheimdiensttätigkeit Reich-Ranickis bekannt geworden und ein landesweit diskutierter Skandal gewesen war. Ihr Kampfplatz, ihr Boxring war die Literatur.

Am Ende also: Schweigen?

Nein. Das Ende war ein Gedicht.

Es erschien am 4. April 2012 zeitgleich in den großen europäischen Tageszeitungen »La Repubblica«, »El País« und »Süddeutsche Zeitung«. Es trug den Titel »Was gesagt werden muß« und somit fast den identischen Titel wie die größte, schärfste und wirkungsvollste Kritik, die Marcel Reich-Ranicki über ein Buch von Grass geschrieben hatte: »... und es muß gesagt werden« war der Verriss des Romans »Ein weites Feld« im »Spiegel« überschrieben gewesen. Doch was hier, im Gedicht von Günter Grass, gesagt werden musste, war etwas anderes. Es ist ein Gedicht über das Schweigen und Verschweigen.

Warum schweige ich, verschweige zu lange
Was offensichtlich ist

So fängt es an. Sein Schweigen ist ein allgemeines. Eine Art Weltschweigen über das Offensichtliche:

Das allgemeine Verschweigen dieses Tatbestandes,
dem sich mein Schweigen untergeordnet hat,
empfinde ich als belastende Lüge

und Zwang, der Strafe in Aussicht stellt,
sobald er mißachtet wird;
das Verdikt »Antisemitismus« ist geläufig.

Aus Angst vor dem Vorwurf »Antisemitismus« verschwieg das »Ich« dieses Gedichts, das eher ein rhythmischer Leitartikel ist, das Offensichtliche. Schweigen als Lüge. Er will das jetzt nicht mehr.

Warum aber schwieg ich bislang?
Weil ich meinte, meine Herkunft,
die von nie zu tilgendem Makel behaftet ist,
verbiete, diese Tatsache als ausgesprochene Wahrheit
dem Land Israel, dem ich verbunden bin
und bleiben will, zuzumuten.

Warum sage ich jetzt erst,
gealtert und mit letzter Tinte:
Die Atommacht Israel gefährdet
den ohnehin brüchigen Weltfrieden?

Noch einmal eine Weltsensation unter dem Namen Grass. Israel erließ ein Einreiseverbot für den Schriftsteller. Der israelische Ministerpräsident Benjamin Netanjahu sagte, es überrasche ihn nicht, dass ein Schriftsteller, der 60 Jahre lang seine Mitgliedschaft in der Waffen-SS verschwiegen habe, den einzigen jüdischen Staat für die größte Bedrohung des Weltfriedens halte. Der deutsche Außenminister Guido Westerwelle erklärte, »Israel und Iran auf eine gleiche moralische Stufe zu stellen, ist nicht geistreich, sondern absurd«. Und der iranische Vize-Kulturminister Dschawad Schamakdari gratulierte Günter Grass in einem Brief: »Ich habe Ihr warnendes Gedicht gelesen, das auf so großartige Weise Ihre Menschlichkeit und Ihr Verantwortungsbewusstsein zum Ausdruck bringt.«

Jetzt schweigt Marcel Reich-Ranicki nicht mehr. Ein Gedicht – das geht ihn an. Noch einmal ein Duell. Noch einmal in den Kampf. Aber eine Kritik schreiben, das kann er, das will er nicht mehr. Er ist 91 Jahre alt. Vor einem Jahr ist seine Frau Tosia gestorben. Das Mädchen, um das er sich kümmern sollte, wie ihm seine Mutter damals im Getto aufgetragen hatte. Ohne sie war er nicht mehr ganz. Seine Autobiografie hatte er mit einem Zitat von Hugo von Hofmannsthal beendet: »Ist ein Traum, kann nicht wirklich sein, daß wir zwei beieinander sein.«

Nach ihrem Tod lassen auch seine Geisteskräfte nach. Die Erinnerungen an die Erlebnisse des Krieges werden immer stärker und quälen ihn. Er hat Angst vor dem Tod. Er spricht oft darüber. Dass danach nichts mehr kommt. Grauenvoll.

Also schreiben will er nicht über das Gedicht von Grass. Aber darüber reden: gern.

Noch einmal Gustav-Freytag-Straße. Der helle Klinkerbau, die Treppe hinab. Seine Haushälterin Sakina, die sich viele Jahre ihres Lebens liebevoll um die Reich-Ranickis gekümmert hat und jetzt ganz intensiv um ihn allein, macht auf. Er sitzt in seinem tiefen schwarzen Fernsehsessel. Die Bilder hängen nicht mehr an der Wand. Sie sind längst im Museum. Auf der Couch saß immer Tosia, links am Rand, auf dem Tischchen daneben den Aschenbecher, immer rauchend. Er atmet schwer, tupft sich immer wieder den Schweiß von der Stirn. Er kann während des Gesprächs binnen einer Sekunde von Einschlafen auf Höchstspannung umschalten. Er hat sich immer schon unglaublich schnell gelangweilt. Jetzt reicht schon eine langweilige Sekunde, um wegzudämmern.

Was er gedacht habe, als er das neue Grass-Gedicht las?

»Dass es eine Gemeinheit ist. Das war das Erste. Mir war das völlig klar. Dass Israel den Weltfrieden bedrohe und diese Dinge, das genügte schon. Das ist eine Gemeinheit, so etwas zu publizieren. Außerdem ist es auch noch großer Unsinn.«

Der Grund für die Gedicht-Attacke sei ganz einfach: Grass sei immer schon an Sensationen, Affären, Skandalen interessiert gewesen. Und jetzt sei es ihm endlich wieder gelungen: ein großer Skandal. »Eine riesige Aufmerksamkeit, die ein Schriftsteller sonst nicht bekommt.«

Ist das Antisemitismus, Grass ein Antisemit? »Nein«, sagt er. Ein Stratege: »Natürlich ist es kein Zufall, dass dieses Gedicht vor der Pessach-Feier publiziert wurde, einem der wichtigsten Feste der Juden. Das ist ganz klar. So haben es die Araber, die Palästinenser mit den Juden immer gemacht. Vor Pessach kamen die schärfsten Attacken.«

Das ganze Werk von Grass sei geprägt von Attacken. »Er war immer zum Angriff bereit.« Dann geht er das Gedicht Zeile für Zeile durch, er sagt, das sei ja ganz und gar schlecht und in seiner Zeit als Literaturchef der »FAZ« hätte er das ganz gewiss niemals abgedruckt. »Ich sehe keine Reime. Gut, Reime müssen nicht sein. Gut, dann muss es Rhythmus sein. Nein. Gibt es nicht. Dann muss es das Vokabular sein, die Wörter, die Melodie. Es muss irgendwas sein. Es ist schrecklich. Es ist poetisch gar nichts. ›Mit letzter Tinte‹. Das ist natürlich sehr gut.«

»Das finden Sie gut?«

»Das Bild? Ja, das finde ich sehr gut.«

»Ist das nicht etwas abgegriffen? Schreibt Grass überhaupt noch mit Tinte?«

»Nein! Bestimmt nicht! Das ist doch ein Symbol! Ja. Mit letzter Tinte, das ist sehr gut. Verflucht noch mal!«, ruft er noch mal und haut auf die Lehne seines Sessels, wie er das im Fernsehen immer gemacht hatte, wenn er etwas »fabelhaft« fand. Jetzt findet er »mit letzter Tinte« fabelhaft in einem insgesamt »ekelhaften Gedicht«, wie er sagt.

Und er findet noch etwas anderes fabelhaft, in diesem Frühjahr in seinem schwarzen Sessel. Das Motto, das er aus einem Werk von Günter Grass ausgewählt hat und das er dem Sammelband vorangestellt hat, in dem er seine Grass-Kritiken herausgab. »Zeigen Sie her!«, ruft er und liest: »Das ist natürlich fabelhaft.«

Es ist das Zitat über die Weichsel, den Kindheitsstrom, in den die Blutsbrüder ihr Messer warfen. »Die Weichsel ist ein breiter, immer breiter werdender, trotz der vielen Sandbänke schiffbarer Strom.« »Das ist natürlich genial!«, lacht er in sich hinein. »Ich weiß es, weil ich doch an der Weichsel gelebt habe, damals als Kind.«

Das Gespräch ist vorbei, alles wurde noch einmal besprochen, das Gedicht, die Zigeunermusik, das erste Treffen der zwei, der Wodka, der Zwerg in der Anstalt, die Angst damals. Und ganz zum Schluss, auf die allerletzte Frage, worauf er noch warte oder hoffe, sagt er: »Auf die Nachricht vom Tod von Günter Grass.«

Das Schweigen danach. Was hat er da gesagt? Wie hat er das gemeint? Wünscht er ihm, dem anderen, wirklich den Tod?

Nein, das wohl nicht. Aber er hat wohl ihre gemeinsame Geschichte wirklich als ein Duell gesehen, als einen Zweikampf zwischen dem einen repräsentativen großen deutschen Dichter seiner Epoche, der damals, in seiner Jugend, auf der anderen Seite stand, als die Deutschen ihn aus dem Land warfen, seine Familie töteten und auch ihn töten wollten, ihn und seine Frau. Und ihm, dem Überlebenden. Er wollte übrig bleiben, als Letzter. Und einen Nachruf schreiben, auf ihn, den anderen.

Es ist anders gekommen. Anderthalb Jahre später, es war der 18. September 2013, Frank Schirrmacher, Mitherausgeber der »FAZ«, besuchte ihn noch einmal an diesem Tag. Er war schwach und müde, lag im Bett. Als Schirrmacher ihn aufforderte: »Herr Reich-Ranicki. Wir brauchen Sie. Der Grass hat wieder etwas angestellt«, sei er plötzlich ganz wach geworden, wird Schirrmacher erzählen. »Er versuchte aufzustehen und mitzumischen. Das sah man ihm richtig an. Aber er war zu schwach.«

Kurz darauf ist Marcel Reich-Ranicki im Alter von 93 Jahren gestorben.

Günter Grass hatte unterdessen für sich und seine Frau vom Tischler schon mal Särge anfertigen lassen. Auch das hat er aufgeschrieben, in seinem letzten Buch »Vonne Endlichkait«, er arbeitete bis kurz vor seinem Tod daran. Kurz nach der Lieferung der Särge in ihrem Haus in Behlendorf entfernen sie, Ute und Günter Grass, die schützenden Planen, ziehen die Schuhe aus und legen sich hinein. »Wie seltsam, jeweils den Atem des Anderen zu hören«, schreibt Grass später. Beim Aussteigen ist ihm seine Frau behilflich. Später bedauert sie, kein Foto von mir gemacht zu haben, im Sarg. »Du sahst so zufrieden aus.«

Am 13. April 2015 ist Günter Grass gestorben, anderthalb Jahre nach Marcel Reich-Ranicki. Er konnte keinen Nachruf mehr auf ihn schreiben. Aber das Gedicht, das ihm in seiner letzten Hymne auf den Gegner, den Feind, den Zwilling so besonders gut gefallen hatte und von dem er schrieb, dass es sie beide überleben werde. Es heißt »Zum Paar gefügt« und es geht so:

Zum Paar gefügt
Zwei Buchen einer Wurzel
Sacht bewegt, sobald ich
Um ihren Tanz den Kreis beschreibe.
Die Stämme glatt und nah bei nah,
daß grad ein Luftzug
die Haut noch streichelt.
Erst im Geäst sind sie behende,
nackt winterlich verzweigt
vor leergeräumtem Himmel.
So bleiben sie im Takt,
verzückt in leichter Beuge.
Weiß nicht, welche ist sie, welche er.
Zwei Buchen tanzen auf der Stelle.

Nachwort

Als er das sagte, in seinem tiefen Sessel versunken, nach dem Interview, das ich mit ihm geführt hatte, dass er noch warte, auf die Nachricht vom Tod von Günter Grass, da kam mir zum ersten Mal der Gedanke, dass er dieses Ringen mit jenem anderen aus Danzig wirklich als ein Duell gesehen hat. Als einen Zweikampf. Er oder ich. Nur einer konnte ihn gewinnen und das letzte Wort haben. Immerhin ist er älter geworden, 93. Grass starb mit 87. »Wie sie mit neunzig noch lügen / und ihren Tod vertagen / bis er Legende wird« hatte der früh in seinem Gedicht »Zwischen Greise gestellt« geschrieben. Und ganz zum Schluss, als Reich-Ranicki schon tot war, schrieb Grass noch in seinem letzten Gedichtband unter dem Titel »Mit langem Atem« über »telegene Scharfrichter, denen – ihr ahnt es – das letzte Wort versagt bleibt.«

Das letzte Wort. Der Kampf hörte auch nach dem Tod des anderen nicht auf.

Zwei so laute Männer. Und doch ist dieses Buch hier über die beiden, so scheint mir, eher ein Buch über das Schweigen geworden. Deutsches Schweigen. Der eine sprach viele Jahre lang nicht über sein Überleben im Getto, weil er von beinahe niemandem gefragt wurde, auch weil er nicht stören, endlich dazugehören wollte. Sprach auch viele Jahre nicht über seine Tätigkeit für den polnischen Geheimdienst. Der andere schwieg beinahe ein Leben lang von seiner Mitgliedschaft in der SS. Schwieg, indem er darüber immer wieder verschlüsselt schrieb. Was für ein lautes Schweigen.

Vor gut einem Jahr bin ich an die Weichsel gefahren, ihren Fluss. Zunächst nach Włocławek, im Juni ein verlassenes Städtchen mit einem hügeligen Stadtpark, einem einsam stehenden kleinen Palast als Hotel, das da steht, am Rande des Grüns, wie aus einem k. u. k. Roman in die Gegenwart kopiert. Mit einer Ritterrüstung im Foyer und kalten Marmorböden und keinen Gästen. Nicht weit von hier ein braunes, dreistöckiges Haus, ein Schaufenster mit weißen Rosen, weißen Damenschuhen, einem weißen Sessel und einem Einschussloch in der Fensterscheibe. Durch eine dunkle Toreinfahrt, die großen Mülltonnen im Hof quillen über, Müll stapelt sich daneben, ein Kinderfahrrad, ein Bobbycar, ein roter Plastikstuhl, ein schwarzes Auto. Das Treppenhaus ist völlig heruntergekommen, zerstörte Briefkästen, Graffiti, zerschlagene Fenster, die Steintreppen kaputt. Nichts hier in der Piekarska-Straße 4 deutet darauf hin, dass hier, vor beinahe hundert Jahren ein Junge auf die Welt kam, der die deutsche Literatur der zweiten Jahrhunderthälfte als Kritiker prägen wird wie kein Zweiter. Zur Weichsel sind es von hier aus nur ein paar Hundert Meter. Die Eisenbrücke, die damals ins Wasser gestürzt war, ragt stolz über den Fluss. Ein paar alte Fischerboote am Ufer. Die untergehende Sonne spiegelt sich rot leuchtend im Wasser. »Was der Weichsel gut zu Gesicht steht, was einen Fluß wie die

Weichsel färbt: Sonnenuntergänge, Blut, Lehm und Asche. Dabei sollte der Wind sie haben. Nicht alle Befehle werden ausgeführt; Flüsse, die in den Himmel wollen, münden in die Weichsel«, heißt es in den »Hundejahren«.

Dort oben bei ihm, nicht weit von dem Ort, an dem die Weichsel in die Ostsee mündet, erinnert man sich an den berühmten Bewohner, der hier einst zu Welt gekommen ist. An dem handtuchschmalen Haus im Labesweg ist eine Tafel für Günter Grass angebracht, an einem Platz ganz in der Nähe ein schöner Springbrunnen mit vielen kleinen Fontänen. Auf einer Bank sitzt der Dichter mit der Pfeife als Skulptur, neben ihm sein berühmter Zwerg. Einige wollten Grass die Ehrenbürgerschaft der Stadt Gdansk wieder aberkennen, nachdem seine SS-Mitgliedschaft bekannt geworden war. Und das ganze ehrende Erinnern sein lassen. Sie haben sich nicht durchgesetzt.

Dann seine Ostsee, das Haus der Kunstlehrerin, die ihm die verbotenen Bilder zeigte, sein Strand, über den er im frühen »Kleckerburg«-Gedicht schrieb: »hier, wo ich meine ersten Schuhe / zerlief, und als ich sprechen konnte, / das Stottern lernte: Sand klatschnaß, / zum Kleckern, bis mein Kinder-Gral / sich gotisch türmte und zerfiel.« Und ganz zum Schluss, kurz vor dem Tod noch einmal: »Als Kind hab ich am Wellensaum / der Ostsee, die an Stränden reich, / mit Sand, klatschnaß, / mir Burgen hochgetürmt, gekleckert; kaum fertig, sind sie, rings umspült / und windgetrocknet schnell zerfallen, / sie alle sind ganz schnell zerfallen.«

Heute steht hier eine Hüpfburg, umzäunt, grellgelb und luftgefüllt, eine Wasserrutsche, Beachvolleyballnetze, feiner Sand, die Ostsee plätschert leise vor sich hin. Ein »Blubb, piff, pschsch« kann ich ehrlich gesagt nicht heraushören.

Dann Warschau, die leuchtend bunte, wieder aufgebaute Altstadt, die Wohnungen der Reichs, dort, wo die Brücke übers Getto führte, sind heute symbolisch Drähte über die Straße gespannt. Das Hotel Bristol, prachtvoll, leuchtend weiß, schwarze Limousinen drängen sich davor. Ein rundes Plüschsofa im Foyer, weiße Lilien, weiße Rosen, ein gigantischer Kronleuchter. Geschäftiges Kommen und Gehen und Telefonieren. Hier könnte auch heute noch ein betrunkener Dichter sitzen und unbemerkt schlafen und auf einen Kritiker warten, der ihn nicht kennt.

Ein paar Straßen weiter der Platz, der heute »Skwer Willy' ego Brandta« heißt. Ein rotes Backsteinmäuerchen, ein Relief des deutschen Kanzlers von damals auf den Knien, ein siebenarmiger Leuchter, ein Kranz, darunter: »Willy Brandt 7 XII 1970«.

Die Tränen in den Augen des Kritikers oder des alten Kanzlers. Reich-Ranickis Satz: »Wer, zum Tode verurteilt, den Zug zur Gaskammer aus nächster Nähe gesehen hat, der bleibt ein Gezeichneter – sein Leben lang.«

Am Ende dann: ein Grab in Frankfurt. Andrew Ranicki, Teofilas und Marcels Sohn, sagt einem Fernsehsender, es sei schon etwas besonders in seiner Familie, dass die beiden überhaupt ein Grab haben. Die meisten anderen haben keins. Nach der Trauerfeier kamen noch ein paar Freunde und Andrews Familie in der Wohnung in der Gustav-Freytag-Straße zusammen. Wir sitzen auf dem Balkon, im Fernsehen läuft das heute-journal, in dem von der Trauerfeier berichtet wird. In seinem Sessel ein Bild von ihm und eine Rose.

Beim Schreiben dieses Buches ist mir seine Einsamkeit noch mal deutlicher bewusst geworden. »Irgendwo muss man doch dazugehören«, hatte er mir mal gesagt, als ich ihn fragte, ob das nicht auch merkwürdig war in der Gruppe 47, mit so vielen ehemaligen Wehrmachtsangehörigen. Irgendwo dazugehören. Und dann wurde er noch im Nachhinein vom Familienvater Richter in dessen Erinnerungen quasi ausgebürgert. »Irgendwie ein Außenseiter«, der »nicht ganz dazugehörte« und frecherweise von »wir« sprach, als er über die Gruppe schrieb. In einer Sache immerhin hatte Richter recht gehabt: »Insofern besaß er eine gepanzerte Haut, konnte ihn niemand wirklich treffen.«

Die ungeheuerliche Geschichte mit der »Zeit«. Dreizehn Jahre in derselben Stadt, dreizehn Jahre wachsender Ruhm und jede Woche schickt er Texte ein und wird nicht einmal in die Redaktion eingeladen. Weil er »rabulistisch« ist? Die Angst vor dem Juden, vor dem Überlebenden, vor der eigenen Schuld vielleicht? Der Scham?

Bei der »Frankfurter Allgemeinen Zeitung« schließlich, wo er wirklich eine Art Heimat fand, einen geschützten Raum, eine Festung, die er ausbaute zu einer Bastion der Macht – aber auch nur durch Schweigen von Beginn an. Weil er eben Joachim Fest nicht sagte, dass es eine Ungeheuerlichkeit ist, einem Überlebenden des Holocaust bei einer Veranstaltung zu einem Hitlerbuch ganz arglos einen von Hitlers engsten Mitarbeitern vorzustellen, als sei das die normalste Sache der Welt. Es ihm bei der Feier nicht sagte und all die Jahre des Zusammenarbeitens auch nicht. Schweigen, um dazuzugehören.

»Manches verschweige ich: meine Löcher«, schrieb Grass im »Tagebuch einer Schnecke«. Und als er 1990 im überfüllten Audimax der Universität Frankfurt kurz vor Ende seiner Auschwitz-Rede sagte: »Etwas, das noch nicht zu Wort kam, muß gesagt werden. Eine alte Geschichte will ganz anders erzählt werden«, da war ich unter den Zuhörern und wusste, wie wir alle, natürlich nicht, was er damit meinte.

Er hat lange genug gelebt, um es noch ganz anders zu erzählen. Um diesen einen doppelten Buchstaben erweitert.

Zwei Schnecken auf dem kleinen Weg am Feldrand zwischen dem Grab in Behlendorf und dem letzten Wohnhaus von Günter Grass. Sie ziehen dunkle Spuren auf dem Asphalt. Keine Menschen. Vollkommene Stille. Am Waldrand eine Holzbank, auf der steht mit Filzstift in Kinderschrift geschrieben: »Für Ute und Günter. Nur ein schönes Spaziergangsende, wenn niemand die Bank entwende! März 2015 Franz Elia«. Einen Monat später ist Günter Grass gestorben. Sein Zweifel anderthalb Jahre zuvor. Das letzte Wort hatte er.

Danke

Andrew Ranicki (†), der mir in einer Jurte in Edinburgh auf seinem Handy das Foto des letzten Treffens der beiden Duellanten zeigte und mir erzählte, wie es damals war.

Andrzej Wirth (†), der mir von seinen Vorbereitungen des ersten Treffens der beiden berichtete. Und mir die Uniform seines Vaters zeigte, der in London im Exil gewesen war, einer jener Exil-Polen, über die Marcel Reich-Ranicki Informationen sammeln sollte.

Michael Jürgs (†), der mich mit Anna Grass in Verbindung brachte und der die großartige Grass-Biografie schrieb, die hier für dieses Buch so wichtig war.

Marcel Reich-Ranicki (†), den ich, jenseits des Fernsehens, zum ersten Mal 1994 in Heidelberg sah, wo er einen Vortrag über Friedrich Schlegel hielt und zum nächsten Mal dann im Sommer 2001, wo er plötzlich vor mir saß, in den Redaktionsräumen des Feuilletons der »Frankfurter Allgemeinen Sonntagszeitung« in Berlin, um mit mir zu verhandeln, auf welcher Seite seine geplante Kolumne stehen müsse.

Hilke Ohsoling, langjährige Sekretärin von Günter Grass, die heute noch im Günter-Grass-Haus in Lübeck arbeitet, in jenem Raum, in dem die zwei sich zuletzt begegneten.

Volker Hage, der mir so vertrauensvoll seine Notizen und Tagebucheinträge zur Verfügung stellte und mir viel über die beiden erzählt hat.

Uwe Neumann, für die Veröffentlichung und detailgenaue Kommentierung des Briefwechsels.

Sowie Rachel Salamander, Thomas Anz, Uwe Wittstock, Antonia Baum, Hubert Spiegel, David Rupp.

Helge Malchow, Matthias Landwehr und Stephanie Kratz.

Bibliografie

Akademie der Künste Berlin: *Die Gruppe 47 und die deutsche Nachkriegsliteratur.* Ausstellungskatalog. 1988

Anz, Thomas: *Marcel Reich-Ranicki.* Dtv. 2004

Arnold, Heinz Ludwig: *Die Gruppe 47.* Rowohlt. 2004

Böttiger, Helmut: *Die Gruppe 47.* DVA. 2012

Brandt, Willy und Grass, Günter: *Der Briefwechsel.* Hrsg. von Martin Kölbel. Steidl. 2013

Gnauck, Gerhard: *Wolke und Weide.* Klett-Cotta. 2009

Grass, Günter: *Werkausgabe.* Hrsg. von Volker Neuhaus. Luchterhand. 1987

Ders.: *Werkausgabe.* Hrsg. von Volker Neuhaus und Daniela Hermes. Steidl. 1997

Ders.: *Letzte Tänze.* Steidl. 2003

Ders.: *Beim Häuten der Zwiebel.* Steidl. 2006

Ders.: *Vonne Endlichkait.* Steidl. 2015

Ders. zusammen mit Heinrich Detering: *In letzter Zeit. Ein Gespräch im Herbst.* Steidl. 2017

Hage, Volker: Tagebücher. Unveröffentlicht.

Hage, Volker und Schreiber, Mathias: *Marcel Reich-Ranicki. Ein biographisches Porträt.* Dtv. 1997

Herweg, Nikola: *Günter Grass' ›Blechtrommel‹ in Großholzleute.* Deutsche Schillergesellschaft. 2017

Jürgs, Michael: *Günter Grass. Eine deutsche Biografie.* Aktualisierte Neuausgabe. C. Bertlesmann. 2015

Kästner, Erich: *Doktor Erich Kästners Lyrische Hausapotheke: 56 Gedichte im Warschauer Getto aufgeschrieben und illustriert von Teofila Reich-Ranicki.* DVA. 2000

Lettau, Reinhard (Hrsg.): *Die Gruppe 47. Bericht. Kritik. Polemik.* Luchterhand. 1967

Mann, Thomas: *Brief an den Dekan der Philosophischen Fakultät zu Bonn.* In: *Achtung Europa. Essays 1933–1938.* Hrsg. von Hermann Kurzke und Stephan Stachorski. S. Fischer. 1995

Neumann, Uwe: *Kein weites Feld. Zum Briefwechsel zwischen Günter Grass und Marcel Reich-Ranicki.* In: *Freipass.* Band 3. Ch. Links. 2018

Oberhammer, Georg und Ostermann, Georg (Hrsg.): *Zerreißprobe. Der neue Roman von Günter Grass ›Ein weites Feld‹ und die Literaturkritik. Eine Dokumentation.* Innsbrucker Zeitungsarchiv. 1995

Raddatz, Fritz J.: *Unruhestifter. Erinnerungen.* Propyläen. 2003

Ders.: *Tagebücher 1982–2001.* Rowohlt. 2010

Reich-Ranicki, Marcel: *Nachprüfung. Über deutsche Schriftsteller von gestern.* Dtv. 1990

Ders.: *Über Ruhestörer. Juden in der Literatur.* Dtv. 1993

Ders.: *Mein Leben.* DVA. 1999

Ders. mit Sigrid Löffler und Hellmuth Karasek: *… und alle Fragen offen. Das Beste aus dem Literarischen Quartett.* Heyne. 2000

Ders.: Meine Bilder. Porträts und Aufsätze. DVA. 2003

Ders.: *Unser Grass.* Dtv. 2005

Ders.: *Marcel Reich-Ranicki antwortet auf 99 Fragen.* Hrsg. von Hans-Joachim Simm. Insel. 2006

Ders.: *Für alle Fragen offen. Antworten zur Weltliteratur.* DVA. 2009

Reich-Ranicki, Teofila und Reich-Ranicki, Marcel: *Wir sitzen alle im gleichen Zug.* Ausgewählt von Hans-Joachim Simm. Insel. 2003

Richter, Hans-Werner: *Mittendrin. Die Tagebücher 1966–1972.* C.H. Beck. 2012

Ders.: *Im Etablissement der Schmetterlinge. 21 Portraits aus der Gruppe 47.* Wagenbach. 2018

Richter, Toni: *Die Gruppe 47 in Bildern und Texten.* Wagenbach. 2002

Roth, Joseph: *Briefe 1911–1939.* Hrsg. von Hermann Kesten. Kiepenheuer & Witsch. 1970

Rühmkorf, Peter: *Ich habe Lust, im weiten Feld … Betrachtungen einer abgeräumten Schachfigur.* Wallstein. 1996

Schirrmacher, Frank: *Das imperative Ich. Verabredung mit einer Kunstfigur.* Frankfurter Allgemeine Zeitung, 11.10.1997

Ders.: *Marcel Reich-Ranicki. Sein Leben in Bildern.* DVA. 2000

Seghers, Anna: *Das siebte Kreuz.* Aufbau. 1955

Spiegel, Hubert (Hrsg.): *Welch ein Leben. Marcel Reich-Ranickis Erinnerungen. Stimmen. Kritiken. Dokumente.* Dtv. 2000

Ders. (Hrsg.): *Begegnungen mit Marcel Reich-Ranicki.* Insel. 2005

Vormweg, Heinrich: *Günter Grass.* Überarbeitete und erweiterte Neuausgabe. Rowohlt. 2002

Walser, Martin: *Brief an einen ganz jungen Autor. Oder: Das Vorrecht, kritisiert zu werden.* Die Zeit. 13. April 1962

Wiedemann, Barbara: *Die Gruppe 47 und das Hotel ›Kleber Post‹ in Saulgau.* Deutsche Schillergesellschaft. 2017

Wirth, Andrzej: *Flucht nach vorn: Gesprochene Autobiographie.* Hrsg. von Thomas Irmer. Spectormag. 2013

Wittstock, Uwe: *Marcel Reich-Ranicki. Geschichte eines Lebens.* Karl Blessing. 2005

Zweig, Stefan: *Sternstunden der Menschheit. Vierzehn historische Miniaturen.* S. Fischer. 1964

Günter Grass

1927 Geboren am 27. Oktober in der Freien Stadt Danzig

1939 Am 1. September Beginn des Zweiten Weltkriegs nach dem deutschen Angriff auf die polnische Westerplatte in Danzig

1944 Günter Grass meldet sich freiwillig zur Wehrmacht und wird nach Einsätzen als Luftwaffenhelfer und im Reichsarbeitsdienst am 10. November zur Division »Frundsberg« der Waffen-SS eingezogen

1945–1946 Nach Verwundung bei Spremberg in Brandenburg in amerikanischer Kriegsgefangenschaft in Bayern

1947–1948 Praktikum bei einem Steinmetz in Düsseldorf

1948–1952 Studium der Grafik und Bildhauerei an der Kunstakademie Düsseldorf

1953–1956 Fortsetzung des

Marcel Reich-Ranicki

1920 Geboren am 2. Juni in Włocławek, Polen, als Marcel Reich

1928 Insolvenz der Baufirma des Vaters

1929 Umzug nach Berlin

1935 Wechsel vom Werner-Siemens-Gymnasium auf das Fichte-Gymnasium in Berlin-Wilmersdorf

1938 Abitur
April: Ablehnung seines Immatrikulationsantrags an der Friedrich-Wilhelm-Universität Berlin aufgrund seiner jüdischen Abstammung
Oktober: Ausweisung nach Polen, Fahrt nach Warschau zu seiner Familie

1940 Zwangsumsiedlung ins Warschauer Getto
Arbeit als Übersetzer bei dem von der Besatzungsbehörde eingerichteten »Judenrat«

1942 Am 22. Juli Bekanntgabe der Deportation der

Studiums an der
Hochschule für Bildende
Künste Berlin

1954 Heirat mit der Schweizerin Anna Margarete Schwarz

1955 3. Preis beim Lyrikwettbewerb des Süddeutschen Rundfunks
Erste Teilnahme an einem Treffen der »Gruppe 47«

1956 Umzug nach Paris
Erste Buchveröffentlichung mit dem Lyrik-Band »Die Vorzüge der Windhühner«

1957 Geburt der Zwillinge Franz und Raoul

1958 Reise nach Danzig und Warschau, erste Begegnung mit Marcel Reich-Ranicki
Preis der »Gruppe 47« für das erste Kapitel von »Die Blechtrommel«

1959 Veröffentlichung des Romans »Die Blechtrommel«, mit dem ihm der literarische Durchbruch gelingt

1960 Rückkehr nach Berlin

1961 Novelle »Katz und Maus«
Geburt von Tochter Laura
Beginn seiner langjährigen

Bewohner des Warschauer Gettos. Noch am selben Tag Heirat mit Teofila (Tosia) Langnas

1943 3. Februar: Flucht aus dem Getto. Marcel und Tosia Reich finden Unterschlupf bei der Familie Gawin bei Warschau

1944/45 Im September 1944 Befreiung Warschaus durch die Rote Armee. Tosia und Marcel Reich schließen sich der polnischen Armee an. Zunächst Arbeit als Zensor bei der polnischen Geheimpolizei, danach als Einsatzleiter beim polnischen Auslandsnachrichtendienst

1946 Eintritt in die Polnische Vereinigte Arbeiterpartei
Besuch Berlins als Mitglied der polnischen Militärmission

1948 Als Konsul der Republik Polen in London und Arbeit für den polnischen Auslandsnachrichtendienst.
Namensänderung in Marcel Ranicki
Geburt des Sohnes

Unterstützung
Willy Brandts als
Redenschreiber und
Berater

1963 Roman »Hundejahre« als Abschluss der Danziger Trilogie

1965 Gründung des »Wahlkontors deutscher Schriftsteller« zur Unterstützung Willy Brandts
Georg-Büchner-Preis und Ehrendoktorwürde des Kenyon College. Zahlreiche weitere Auszeichnungen und Verleihungen der Ehrendoktorwürde folgen
Geburt von Sohn Bruno

1966 Uraufführung von »Die Plebejer proben den Aufstand« im Berliner Schiller-Theater

1967 Reise nach Israel als erster deutscher Schriftsteller nach Aufnahme der diplomatischen Beziehungen zwischen Deutschland und Israel

1969 Wahlkampftour für Willy Brandt
Roman »örtlich betäubt«

Andrew Alexander Ranicki
am 30. Dezember

1949 Endes des Jahres Rückkehr nach Warschau

1950 Entlassung aus dem Dienst des Geheimdiensts und des Außenministeriums
Ausschluss aus der Kommunistischen Partei
Einige Wochen Einzelhaft

1951 Beginn seiner Tätigkeit als Lektor und freier Autor

1953/54 Publikationsverbot

1958 Erste Begegnung mit Günter Grass im Hotel Bristol, Warschau
Übersiedlung nach Westdeutschland, zunächst nach Frankfurt am Main
Freier Literaturkritiker für die »Frankfurter Allgemeine Zeitung«, Annahme des Doppelnamens Reich-Ranicki
Erste Teilnahme an einem Treffen der »Gruppe 47«, Wiederbegegnung mit Günter Grass, der aus dem ersten Kapitel der noch unveröffentlichten »Blechtrommel« vorliest

1972 Erzählung »Tagebuch einer Schnecke«
Vorübergehender Rückzug aus dem politischen Leben
Trennung zwischen Günter und Anna Grass, Scheidung folgt im Jahr 1978

1977 Roman »Der Butt«

1979 »Das Treffen in Telgte«
Heirat mit Ute Grunert

1980 »Kopfgeburten oder Die Deutschen sterben aus«

1986 Roman »Die Rättin«
Mehrmonatiger Aufenthalt in Kalkutta, Indien

1995 »Ein weites Feld« – sein letzter Roman

1999 Verleihung des Literaturnobelpreises

2002 Novelle »Im Krebsgang«

2003 Gedichtband »Letzte Tänze«

2006 »Beim Häuten der Zwiebel« – seine Autobiografie, in der er nach über sechzig Jahren bekannt gab, dass er als 17-Jähriger ab Herbst 1944 bis Kriegsende der Waffen-SS angehörte

1959 Ende des Jahres Umzug nach Hamburg

1960–1973 Mit dem Verriss der »Blechtrommel« Beginn seiner Zeit als Literaturkritiker bei der Wochenzeitung »Die Zeit«

1967 Letztes reguläres Treffen der »Gruppe 47« im oberfränkischen Waischenfeld

1972 Erste Ehrendoktorwürde an der Universität Uppsala. Zahlreiche Auszeichnungen folgen. Als Gastprofessor hält er Vorträge und Vorlesungen an Universitäten in Europa und den USA

1973–1988 Leitung der Literaturredaktion der »Frankfurter Allgemeinen Zeitung«

1977 Treffen zum 30-jährigen Jubiläum der »Gruppe 47« im oberschwäbischen Saulgau

1977–1986 Als einer der Gründerväter Mitglied der Jury des Ingeborg-Bachmann-Preises

2012 Veröffentlichung des Prosagedichts »Was gesagt werden muss«, in dem er die israelische Politik gegenüber dem Iran kritisiert. Der Text löst eine breite gesellschaftliche Debatte aus

2015 Günter Grass stirbt am 13. April in Lübeck

1988–2001 Leitung der Sendung »Das Literarische Quartett« im ZDF

1994 Bekanntwerdung seiner Tätigkeit beim polnischen Auslandsgeheimdienst durch Tilman Jens

1999 Veröffentlichung seiner Autobiografie »Mein Leben«

2003 Letzte Begegnung mit Günter Grass in Lübeck

2011 Tod von Tosia Reich-Ranicki am 29. April

2012 Rede im Deutschen Bundestag zum Tag des Gedenkens an die Opfer des Nationalsozialismus

2013 Am 18. September stirbt Marcel Reich-Ranicki in Frankfurt am Main

Volker Weidermann

Ostende.

1936, Sommer der Freundschaft

160 Seiten, btb 74891

Ein belgischer Badeort mit Geschichte und Glanz: Hier kommen sie alle noch einmal zusammen, die im Deutschland der Nationalsozialisten keine Heimat mehr haben. Stefan Zweig, Joseph Roth, Irmgard Keun, Kisch und Toller, Koestler und Kesten, die verbotenen Dichter. Sonne, Meer, Getränke – es könnte ein Urlaub unter Freunden sein. Wenn sich die politische Lage nicht täglich zuspitzte, wenn sie nicht alle verfolgt würden, ihre Bücher nicht verboten wären, wenn sie nicht ihre Heimat verloren hätten. Es sind Dichter auf der Flucht, Schriftsteller im Exil. Volker Weidermann erzählt von ihrer Hoffnung, ihrer Liebe, ihrer Verzweiflung – und davon, wie ihr Leben weiterging.

»Liebevoll und vorsichtig malt Weidermann sich und uns aus, wie es gewesen sein könnte in diesem Sommer des Abschiednehmens.«

Elke Heidenreich

Gabriele Tergit

Effingers

Roman

912 Seiten, btb 71972

Die Wiederentdeckung eines Jahrhundertromans

»Effingers« ist ein Familienroman – eine Chronik der Familie Effinger über vier Generationen hinweg. Außer dass sie Juden sind, unterscheidet sich ihr Schicksal in nichts von dem anderer gutsituierter gebildeter Bürger im Berlin der Jahrhundertwende. Alle fahren sie im sich immer wiederholenden Lebenskarussell, das sich durch Glück, Schmerz, Leichtsinn, Erfolg und Scheitern dreht. Erst als der Nationalsozialismus sich breitmacht, wird aus dem deutschen Schicksal der Effingers ein jüdisches.

»Sogstoff! Lesen! Wirklich!«

Volker Weidermann, Das literarische Quartett

»Tergit schreibt leicht, musikalisch, mit einem guten Gehör dafür, wie die Leute so reden, und einem feinen, zutiefst humanistischen Witz.«

DIE ZEIT

Günter Kunert

Die zweite Frau

Roman

204 Seiten, btb 77006

Die Wiederentdeckung eines Klassikers der deutschsprachigen Literatur.

Ein Roman, geschrieben vor über 45 Jahren – damals »absolut undruckbar«, wie Günter Kunert wusste, der zu jener Zeit in der DDR lebte. Ein Manuskript so frech, brisant und »politisch unmöglich«, sodass er es tief in seinem Archiv vergrub, vergaß und nur zufällig wiederfand.

»Ein funkelndes Stück Literatur.«
Deutschlandfunk Kultur

»Ein tollkühner Roman über die DDR.«
3sat Kulturzeit

btb

Nava Ebrahimi

Sechzehn Wörter

Roman

320 Seiten, btb 71754

Ingeborg-Bachmann-Preisträgerin 2021

Als ihre Großmutter stirbt, diese eigenwillige Frau, die stets einen unpassenden Witz auf den Lippen hatte, beschließt Mona, ein letztes Mal in den Iran zu fliegen. Gemeinsam mit ihrer Mutter wagt sie die Reise in die trügerische Heimat. Die Fahrt wird für Mona zu einer Konfrontation mit ihrer eigenen Identität und ihrer Herkunft, über die so vieles im Ungewissen ist.

»Grandioser Debütroman.«
taz

»In Zeiten aufgeregter Kulturkampf-Rhetorik ist diese neue Erzählstimme eine Wohltat.«
DLF Büchermarkt

btb